Flößerei im Weserraum

Nicola Borger-Keweloh · Hans-Walter Keweloh

Flößerei
im
Weserraum

Leben und Arbeiten
in einem alten Gewerbe

Verlag H.M. Hauschild GmbH · Bremen

Abb. auf dem Umschlag:
Weserfloß im 20. Jahrhundert
(Slg. Weserbund/Wagner, Vlotho)

© 1991 by Verlag H. M. Hauschild GmbH, Bremen

Umschlagentwurf: Gernot Braatz, Bremen
Gesamtherstellung: H. M. Hauschild GmbH, Bremen

ISBN: 3-926 598-51-4

Inhaltsverzeichnis

Vorwort

Obgleich im Weserraum bis in die jüngere Vergangenheit betrieben, ist die Flößerei ein Handwerk, das heute im Norden Deutschlands weitgehend in Vergessenheit geraten ist. Dabei war sie früher ein wesentlicher Faktor für die Holzversorgung des Mittel- und vor allem des holzarmen Unterweserraums.

Das Buch soll die Flößerei, ihre Voraussetzungen, ihren Stellenwert in den vergangenen Jahrhunderten sowie ihre verschiedenartigen Erscheinungsformen auf den einzelnen Flüssen im Stromgebiet der Weser ebenso vor Augen führen wie Arbeit und Leben der Flößer.

Die Stadt Achim, die in diesem Jahr ihr 900jähriges Jubiläum feiert, hat 1990 eine Ausstellung zu diesem Themenkreis angeregt. Sie wird im September 1991 in Achim gezeigt. Erfreulicherweise werden sich dank dem Entgegenkommen der Stadt und der Leihgeber 1992 mit Hann.-Münden, Wernshausen, Höxter und Nienburg weitere Ausstellungsstationen anschließen, die dem Projekt eine große Öffentlichkeit verschaffen sollen.

Im Vorfeld dieser Ausstellung hat uns die Stadt Achim die Erforschung der Flößerei im Weserraum ermöglicht. Dankbar stellen wir fest, daß uns die Verantwortlichen bei unserer Arbeit völlig freie Hand gelassen haben. Diese Art von Forschungsförderung durch eine kleinere Stadt ist beispielhaft. Wir hoffen, daß das Ergebnis das Vertrauen rechtfertigt.

Im zurückliegenden Jahr haben wir umfangreiches Archivmaterial gesichtet. Vor allem aber hatten wir Gelegenheit, Gespräche mit Männern zu führen, die in der Vergangenheit als Flößer tätig waren. Ihre Erzählungen und Erläuterungen wurden ergänzt und veranschaulicht durch ein umfangreiches privates Fotomaterial.

Das Buch, das nun als Ergebnis dieser Untersuchungen vorliegt, gibt einen umfassenden Einblick in die Flößerei im Weserraum. Ihr bisheriges Bild wird durch zahlreiche neue Aspekte und Details wesentlich erweitert. Mit Sicherheit gibt es noch aufschlußreiches Archivmaterial, vielleicht auch noch Lebensberichte von Flößern, die unsere Ergebnisse abrunden und ergänzen können. Wir würden uns freuen, wenn das Buch die Forschung in diesem Sinne anregen würde.

Viele haben zu diesem Projekt beigetragen. An erster Stelle ist die Stadt Achim mit dem Dezernenten des Kulturamtes, Herrn Weiß, mit seinem Leiter, Herrn Keller, und dem Organisator des Ausstellungsprogramms, Herrn Haas, zu nennen.

Unser Dank gilt auch dem Landschaftsverband der ehem. Herzogtümer Bremen und Verden sowie der Volksbank für die finanzielle Beteiligung.

Daneben haben zahlreiche Privatpersonen, Archive und Museen unsere Arbeit gefördert. Wir danken den Flößern Louis Alrutz, Gottfried Henne (†), Karl Meyer und Willi Wasmuth für bereitwillige Auskunft über ihre Arbeit. Zu danken haben wir weiterhin den Mitarbeitern im Archiv der Stadt Alfeld, Herrn Dr. Hofmeister im Staatsarchiv Bremen, Herrn Dr. Brüning im Archiv der Stadt Höxter, Herrn Dr. v. Pezold im Archiv und Museum der Stadt Münden, Herrn Dr. Matthes vom Niedersächsischen Staatsarchiv in Wolfenbüttel.

Unterstützung erfuhren wir darüber hinaus durch Herrn Dr. Delfs in Hankensbüttel, Herrn Sumpf in Gimte, Herrn Hampe in Oberode sowie Frau Bürgermeisterin Lochner und die Herren Hoßfeld, Pfaff und Reum in Wernshausen. Dankbar sind wir dem Verlag H. M. Hauschild GmbH, Bremen, für die vorbildliche Betreuung und die Tatsache, daß er das Buch in sein Verlagsprogramm aufgenommen hat.

Nicola Borger-Keweloh   Hans-Walter Keweloh

Bremerhaven, im Juli 1991

Flößerei im Weserraum

Ist heute von Flößerei die Rede, so denken viele unwillkürlich an den Süden Deutschlands, an Bayern, den Schwarzwald und vielleicht noch an den Frankenwald. Das nördliche Deutschland wird in die Betrachtungen kaum einbezogen. Dies gilt auch für die Weser und ihre Nebenflüsse.

Dabei haben über Jahrhunderte hinweg im Weserraum sowohl die Trift, d. h. die Schwemmung von einzelnen Stammstücken von 1, 2, 3 und in Einzelfällen sogar von 5 m Länge auf Bächen und Flüssen über kürzere Entfernungen, als auch die gebundene Flößerei, bei der die Baumstämme zu Fahrzeugen, den Flößen, zusammengebunden und als solche über große Strecken auf dem Wasserweg zum Bestimmungsort befördert wurden, eine bedeutende Rolle gespielt.

Während die gewerbliche Flößerei auf den bayerischen Flüssen wie Inn und Isar, Lech und Regen oder auf den Floßgewässern des Schwarzwaldes wie Kinzig, Murg, Enz und Nagold schon um die Wende vom 19. zum 20. Jahrhundert zu Ende gegangen war, schwamm erst im Juli 1964 das letzte kommerzielle Floß weserabwärts. Über Mittellandkanal und Ems erreichte es seinen Bestimmungsort Papenburg.[1]

Gerade auf der Weser war der Flößerei lange eine goldene Zukunft vorausgesagt worden. So stellte der königlich hannoversche Forstdirektor Burckhardt 1864 in seiner Beschreibung der forstlichen Verhältnisse des Königreichs fest: „Schon Eisenbahnen beleben den Sägemühlenbetrieb, noch mehr aber der wohlfeile Wasserweg."[2] Einige Seiten weiter unterstreicht er zwar auf der einen Seite die Nützlichkeit der teuren Eisenbahn für den Transport wertvollerer Hölzer wie Schnittwaren und zugerichteter Werkhölzer, hebt jedoch auf der anderen Seite die Bedeutung der Flößerei hervor. „Desto mehr sucht der Holzhandel für größere Entfernungen die *Wasserstraßen* [Hervorhebung im Original] auf; sie vermitteln in Flößen und Schiffen den wohlfeilsten Holztransport, und die Eisenbahnen werden wohl niemals den Transport mit gleicher Billigkeit beschaffen können."[3]

Burckhardt vertrat hiermit eine Meinung, die noch in der Forstwissenschaft des 20. Jahrhunderts verbreitet war. „Menschlichem Ermessen nach wird für den Transport auf große Entfernungen der Wasserweg immer den Vorzug vor der Eisenbahn haben", schreibt 1925 Hans Hausrath im Artikel Transportwesen in einem Handbuch für Forstwissenschaft.[4] Dabei sah er allerdings für die Flößerei auf den kleinen Flüssen in den Waldgebieten schon damals das Ende gekommen, da sie der industriellen Nutzung der Wasserkraft in diesen Gebieten doch allzu hinderlich war.[5]

Entsprechend weisen die Autoren eines Handbuchs über die Nutzung der Forste noch 1966 darauf hin, daß auf den großen Flüssen Weser, Main und Rhein „der Transport des Holzes im Wasser einen Teil seiner noch vor hundert Jahren ganz überragenden Bedeutung behalten" habe.[6] Die genannten drei Flüsse sind zu diesem Zeitpunkt also als einzige von den zahlreichen Flüssen und Bächen übriggeblieben, auf denen ursprünglich in Deutschland Floßholz transportiert wurde.

Knapp zwanzig Jahre früher, im Februar 1948, hatte Karl Löbe in einem Bericht an die Hauptverwaltung der Binnenschiffahrt des amerikanischen und britischen Besatzungsgebietes die Bedeutung der Weserflößerei noch wesentlich nachdrücklicher herausgestrichen. Er konnte damals immerhin noch auf etwa 20 tätige Flößereiunternehmungen hinweisen, die nach seinen Berechnungen 1947 etwa 44 000 Festmeter Holz auf der Weser verflößt hatten. Er stellt dar, daß diese Transportkapazität noch erheblich gesteigert werden könnte, falls die bis dahin mangelhafte Versorgung der Betriebe mit den nötigen Eisenmaterialien wie Nägeln, Krampen, Bindedrähten, Ankern und Drahtseilen verbessert würde. Seinen Bericht schließt er: „Es gibt an

Weserfloß in den 50er Jahren (Alrutz)

der Oberweser kleine Ortschaften, in denen das Flößen Familientradition ist und wo fast jede Familie direkt oder indirekt mit der Flößerei verbunden ist. Das
harte Leben und die verhältnismäßig geringen Ver-
dienstmöglichkeiten werden aus Liebe zum Beruf in
Kauf genommen. Eine stärkere Einschaltung der Flö-
ßereibetriebe, insbesondere in die Exportholzprogram-
me, ist nicht nur aus Gründen der Kostenersparnis und
zweckmäßigeren Raumausnutzung der Eisenbahn und
Binnenschiffahrt zu empfehlen, sondern auch aus sozialen Gründen angebracht."[7]

Diesen gewünschten Aufschwung hat die Weserflößerei in der Folgezeit allerdings nicht mehr genommen.
Schon bald erholten sich Eisenbahn und Schiffahrt von

den Folgen des Zweiten Weltkrieges und machten zusammen mit dem Lastkraftverkehr der Flößerei das
Frachtgut Holz streitig. Männer wie der in Gimte lebende Louis Alrutz oder der in Gieselwerder wohnen-
de Willi Wasmuth, die nach dem Ersten bzw. Zweiten
Weltkrieg den Beruf des Flößers ergriffen hatten, weil
sie in der Flößerei die Möglichkeit sahen, für sich und
ihre Familien den Lebensunterhalt zu verdienen, suchten schon Ende der 50er Jahre nach anderen Verdienst-
möglichkeiten.

Ganz typisch für die Entwicklung ist der Berufsweg
von Gottfried Henne aus Oedelsheim. Als gelernter
Schmied war er Ende der 20er Jahre in der Weltwirt-
schaftskrise für einen Weserschiffer tätig. Als ihn ein

Weserfloß in den 50er Jahren (Slg. Keweloh)

Weserflößer aufforderte, als dritter Mann auf einem Floß mitzufahren, knüpfte er erste Verbindungen zur Flößerei. 1934 erwarb Henne das Floßführerpatent und gründete einen eigenen Flößereibetrieb. Nach dem Zweiten Weltkrieg ergriff er schon 1949 die Gelegenheit, eine gesicherte Stellung bei der Wasserschifffahrtsverwaltung anzutreten. Seiner Einschätzung nach wurde nämlich die Weserflößerei mit dem Bau neuer Schleusen zu teuer und damit unrentabel.

Mit dem letzten kommerziellen Weserfloß in der Mitte der 60er Jahre ging ein Gewerbe zu Ende, das über Jahrhunderte hinweg die Holzversorgung der waldärmeren mit dem Überschuß der waldreichen Gebiete gewährleistet hatte.

Die Bedeutung von Wald und Holz

Ursprünglich hatte der Wald einmal der Versorgung einer bäuerlichen Gesellschaft gedient, die alles, was zur Befriedigung der Notdurft des Menschen nötig war, in der unmittelbaren Umgebung fand. Ebenso wie Hof- und Ackerland hatte jeder auch seinen Anteil an der Gemeindeweide und am Gemeindewald erhalten.

Mit dem Heranwachsen der Städte im Mittelalter und mit der Ausbildung einer handwerksmäßig organisierten gewerblichen Produktion wuchs der Bedarf an dem Rohstoff Holz. Es ist heute nur schwer vorstellbar, wie groß dieser Bedarf in der Vergangenheit war.

11

Sämtliche Lebensbereiche des Menschen wurden vom Holz betroffen. Kein Haus, kein Gebäude konnte ohne große Mengen Bauholz errichtet werden. Selbst als in den Städten nicht mehr nur in Fachwerk, sondern auch in Stein gebaut wurde, konnte man auf Holz nicht verzichten. Immer noch wurde sehr viel Gerüstholz, vor allem aber Holz für die Errichtung der Dachstühle und Decken benötigt.

Wie groß die hierfür erforderlichen Holzmengen waren, läßt das Beispiel der Münchener Liebfrauenkirche erkennen, für deren Dachstuhl Meister Heinrich, der Erbauer dieser Kirche, in den Jahren 1473 bis 1475 das Holz von 92 Isarflößen mit zusammen rund 630 Festmetern Rundholz verbaute. [8]

Der Bedarf war so groß, daß man ganz selbstverständlich das noch verwertbare Holz abgerissener Bauwerke wiederverwendete, ja sogar über größere Entfernungen verflößte. So gab 1763 König Georg I. von Hannover der landgräflich-hessischen Regierung die Genehmigung, neben frisch gefälltem Tannenholz auch das beim Abriß einer Bäckerei und einer Werrabrücke angefallene, wiederverwendbare Bauholz ohne Hinderung durch die Stadt Münden von Witzenhausen nach Karlshafen zu verflößen. Dabei handelte es sich u. a. um 2452 „noch gut brauchbare Dielen", um 1038 1 ½zöllige, 15 Fuß lange Tannenbohlen, um 3054 Tannenlatten, um 29 Stück 15 Fuß lange, 12zöllige Hauptbalken, um je 29 kurze und lange Säulen, um 58 Dachstuhlbalken sowie um weitere Säulen, Balken und Dachsparren. [9] Als dies Holz trotz allem in Münden angehalten wurde und die Auslieferung zu scheitern drohte, beschwerte man sich hessischerseits in Hannover, daß „lange das herrschaftliche Bauwesen dadurch zum großen Schaden zurück gesetzt worden" sei. [10]

Gerade herrschaftliche Bauvorhaben erforderten soviel Holz, daß man sich immer wieder darum bemühte, die Mengen ohne Hinderung und zollfrei auf den entsprechenden Flüssen transportieren zu lassen.

So ersuchte am 16. März 1700 das Stift Hildesheim den Herzog von Braunschweig-Wolfenbüttel, 420 Fuder Tannendielen und 382 Stück verschiedene Sorten Tannenbauholz für den Bau eines kurfürstlichen Jagdhauses in Linsburg im Kreis Nienburg zoll- und abgabefrei zu gestatten. [11]

Eine vergleichbare Bitte erging im Juni 1704 für das zu einem Lusthausbau in Herrenhausen auf der Leine herunterzuflößende Bauholz ebenso wie Ende 1705 wiederum für den kurfürstlichen Tiergarten in Linsburg. [12]

Selbst im 19. Jahrhundert war die Stadt Hamburg nach einem großen Brand zum Wiederaufbau auf das Bauholz aus dem Weserraum angewiesen. [13]

Im Norden wurde zwar viel mit Ziegelsteinen gebaut, doch deren Herstellung war ohne Holz ebenfalls nicht zu denken. Es war für das Brennen der Steine unerläßlich.

Überhaupt war der Bedarf an Brennholz insbesondere in den Städten immens. Über Jahrhunderte hinweg war es die dominierende Energiequelle zur Beheizung der Haushalte und zum Kochen der Mahlzeiten. Für den herrschaftlichen Haushalt war es ebenso unentbehrlich wie für denjenigen des Tagelöhners.

Auch für viele Handwerke war Holz unabdingbar. Der Bäcker brauchte es zum Backen ebenso wie der Brauer zum Brauen des Bieres. Der Töpfer, der seine Tonwaren brennen mußte, war ebenso darauf angewiesen wie der Schmied, der das Eisen erhitzen mußte, um es in die gewünschte Form zu bringen. Der Schreiner verwendete es zur Anfertigung sämtlicher Möbel ebenso wie der Wagenmacher zum Bau von Kutschen und Wagen. Selbst das Geschirr der Leute wurde mancherorts aus Holz gefertigt.

Besonders sind die Böttcher bzw. Faßmacher zu erwähnen. Ohne die aus gutem Eichenholz, dem sogenannten Stabholz, gefertigten Fässer war im Mittelalter kein Handel zu treiben. Die Fässer waren, vergleichbar dem heutigen Container, das allseits benutzte Verpackungsmittel, das den Fernhandel überhaupt erst möglich machte. Nicht nur Wein und Bier, sondern auch der weitaus größte Teil aller verhandelten Waren bis hin zu Büchern wurden in Fässern verpackt und auf dem Land- oder Seeweg transportiert. Die Bedeutung der Fässer für das Transportwesen früherer Zeiten macht verständlich, daß gerade eine Kaufmannsstadt wie Bremen dafür Sorge tragen mußte, daß ein Gewerbe wie das der Böttcher und Faßmacher immer mit dem notwendigen Rohmaterial für die Herstellung der Fässer versorgt war.

Ein wahrer „Holzfresser" in der Vergangenheit waren die Salinen. Das Salz war ein wichtiger Handelsartikel und wurde durch die Verdampfung der Sole, des salzhaltigen Wassers, in großen Sudpfannen gewonnen.

Im Gebiet des heutigen Niedersachsens gab es schon sehr früh zahlreiche Salinen. Für die karolingische Zeit seien erwähnt Bodenfelde im Kreis Northeim, Salzdahlum bei Wolfenbüttel oder Sülbeck bei Einbeck. Im 11. und 12. Jahrhundert traten weitere wie Münden am Deister, Salzhemmendorf oder auch die bekannteste all dieser Salinen, nämlich Lüneburg, hinzu. Noch 1838 waren allein im Königreich Hannover 14 Salzwerke in Betrieb. An der Werra gab es mit Salzungen und Sooden bedeutende Salinen. Schon 1556 gab es einen Salzgräfen, der die Aufsicht über die Brennholzflößerei für die Salinen hatte. All diese Salinen benötigten Unmengen Holz. [14]

Wie umfänglich dieser Verbrauch war, macht das Beispiel der Lüneburger Saline deutlich. Sie allein verbrauchte im 15. und 16. Jahrhundert jährlich zwischen 30 000 und 45 000 Klafter Holz, was umgerechnet bis zu 72 000 Kubikmetern entspricht. Der Lüneburger Chronist Gebhardi bezifferte in seinen Collectaneen am Ende des 18. Jahrhunderts den Verbrauch eines jeden Siedehauses für das Jahr 1525 auf insgesamt 398 Faden Holz. Das entsprach einem Marktwert von 491 Mark. 1637 hatte sich der Holzbedarf eines Siedehauses sogar auf 600 Faden im Wert von 2100 Mark gesteigert. 1545 gab es in Lüneburg 54 Siedehäuser. [15] Aus

Die Darstellung des Gerüstes eines Fachwerkhauses mit einem Floß und einer Stadtsilhouette im Hintergrund unterstreicht die Bedeutung des Floßholzhandels für die Deckung des Bauholzbedarfs. Holzschnitt, 1546

diesen Mengen wird verständlich, warum man die Lüneburger Saline dafür verantwortlich macht, daß aus einer einstmals waldreichen Gegend heute eine Heidelandschaft, die Lüneburger Heide, geworden ist.

Ein weiterer Großabnehmer waren die Bergwerke. Allein im Harz benötigte der Bergbau beispielsweise in dem Jahr 1839 ca. 600 000 Kubikmeter Holz. [16]

Auch die Hütten waren vom Holz abhängig. So mußten aus dem Solling neben zahlreichen Glashütten drei Eisenhütten in Uslar, Dassel und Holzminden sowie

13

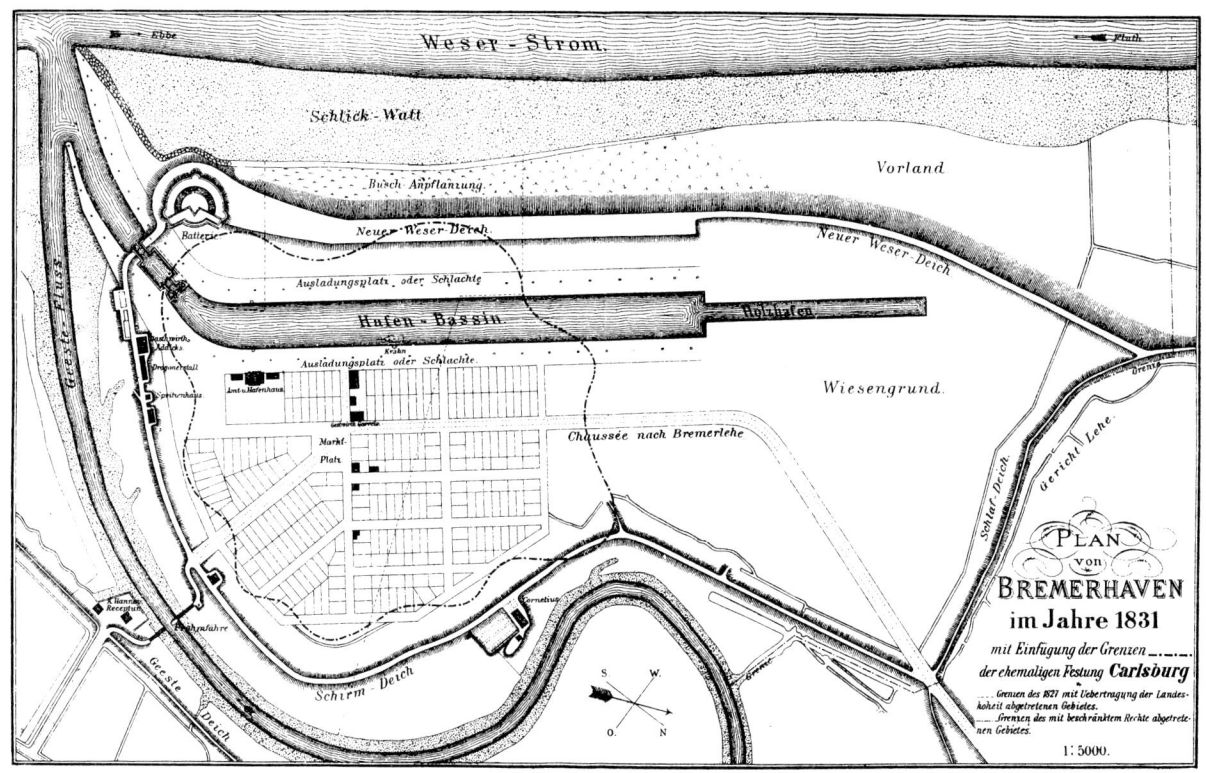

Bremerhaven im Jahre 1831 mit dem ersten Hafenbecken und anschließendem Holzhafen

die Kupferhütte in Uslar mit Brennholz versorgt werden.

Als Herzog Julius von Braunschweig Mitte des 16. Jahrhunderts enorme Anstrengungen unternahm, um Flüsse und Bäche seines Herrschaftsgebietes flöß- und schiffbar zu machen, wollte er auf diese Weise die Holzversorgung seiner Residenz Wolfenbüttel, aber ebenso die der Seigerhütten im Harz sicherstellen. Letzteres macht auch deutlich, in welch engem Zusammenhang eine systematische Flößbarmachung von Gewässern und Frühindustrialisierung standen. [17]

Besonders groß aber war die Holznachfrage in den Küsten- und Hafenstädten mit dem zusätzlichen Bedarf im Schiffbau. Boots- und Schiffbauer stellten spezielle Anforderungen an die Qualität der Marine- und Schiffbauhölzer, und es war nicht immer einfach, diese Hölzer zu beziehen. Schon das Holz der Bremer Hansekogge, die Ende des 14. Jahrhunderts beim Bau in Bremen sank, 1962 dann in der Weser wiederentdeckt und geborgen wurde und heute im Deutschen Schifffahrtsmuseum in Bremerhaven gezeigt wird, wurde mit Eichenholz aus dem Weserbergland gebaut. Dies haben die dendrochronologischen Untersuchungen nachweisen können. Als im 19. Jahrhundert die speziellen Schiffbauhölzer immer rarer wurden, machte man sich in der Forstwissenschaft sogar Gedanken darüber, wie man diese Hölzer, vor allem die Krummhölzer, züchten könnte. Man experimentierte mit Gewich-

14

Die Bremerhavener Rickmers-Werft im 19. Jahrhundert. Während auf dem Bauplatz die zum Schiffbau notwendigen Hölzer bereitliegen, lagert weiteres, in Flößen eingebundenes Holz im firmeneigenen Holzhafen. Öl/Holz.
Unbekannter Maler   *(Deutsches Schiffahrtsmuseum Bremerhaven)*

ten, die das Holz in die gewünschte Form ziehen sollten, bzw. mit Manschetten, die das Wachstum beeinflussen sollten. [18]

Doch nicht nur der Schiffbau, sondern auch die Errichtung der schiffahrtstechnischen Bauten wie Kajen, Schleusen, Brücken usw. sorgte für eine erhöhte Nachfrage. Der badische Forstrat Karl Friedrich Victor Jägerschmid zählt Anfang des 19. Jahrhunderts unter der Überschrift „Wasser-, Schleusen-, Brücken-, Damm-, Uferbefestigungs-, Straßen- und Wegbauholz" allein 21 verschiedene Bauholzsorten in unterschiedlichen Abmessungen auf. [19] 1802 schreibt Ludwig Wallrad Medicus, Professor an der Staatswirthschafts Hohen-Schule in Heidelberg, in einer Anleitung zur Forstwissenschaft: „Die Erfordernisse des Schif- und Hafenbaus in Seepläzen, vorzüglich am stärksten Eichenholze, sind

unermeßlich, und übertreffen, …, alles was man sich Groses in diesem Fache denken kann, daher sie jeden in Erstaunen sezen müssen, der große Seehäfen gesehen hat." [20]

So ist es nicht verwunderlich, daß bei der Gründung Bremerhavens im Jahr 1827 die Frage der Holzversorgung von besonderer Bedeutung war. Schon bei dem Bau des ersten Hafenbeckens, des Alten Hafens, wurde in dessen Verlängerung auch ein Holzhafen eingerichtet, in dem das ankommende Holz gelagert werden konnte. Bei der Erweiterung und dem Ausbau der Hafenanlagen spielte immer wieder die Frage nach der Einrichtung von Holzhäfen eine gewichtige Rolle. [21] Größere Werften wie z. B. die Rickmers-Werft verfügten sogar über eigene Holzhäfen, in denen Holz gelagert wurde, bis man es auf dem Schiffbauplatz benötigte. Noch 1877 wurde ein Holzhafen angelegt, der über einen Kanal mit Geeste und Weser verbunden war. Dieser Hafen ist in Rudimenten noch heute vorhanden und erinnert mit dem Namen „Holzhafen" an die ursprüngliche Bestimmung.

Doch nicht erst seit diesem Zeitpunkt wurde Holz in großen Mengen im Unterweserraum benötigt. Wie groß der Holzmangel war und wieviel man bei größeren Bauvorhaben heranschaffen mußte, wird deutlich bei der Errichtung der Carlsburg, einem Befestigungswerk der Schweden im Bereich, wo die Geeste in die Weser mündet. Im November 1680 beantragten die beiden für den Bau Verantwortlichen, Knochenhauer und Timme, einen königlichen Paß, „damit 1.200 Bäume, Bretter und Latten und andere Materialien, soviel auf die Flöße genommen werden können, nach dem Herzogtum Bremen und den benachbarten Orten die Weser heruntergebracht werden" [22].

Gleichzeitig richtete man an den schwedischen König die Bitte, Holz aus Gotland zu importieren. In einem weiteren Brief an die Regierung in Stade wurde mitgeteilt, daß der Baumeister Timme im Lüneburgischen, und zwar in Rietehagen, einem Ortsteil von Hodenhagen im Kreis Soltau-Fallingbostel, mit einigen Händlern wegen des für die Carlsburg benötigten Holzes verhandele. Dabei handelte es sich u. a. um 2000 eichene Pfähle und 100 000 Tannen. Für den Transport dieses Holzes war es laut Timme notwendig, sich an die kurbrandenburgische Regierung zu Minden, an den Herzog von Celle, an Hannover und Wolfenbüttel, an den Bischof zu Münster, den Grafen von der Lippe, an die Stadt Bremen sowie an die oldenburgische Regierung zu wenden. [23]

Die Verhandlungen mit den Holzhändlern führten zu einem Vertragsabschluß am 7. Februar 1681. Geliefert werden sollten 1000 Eichenbalken und 5000 Tannenpfähle, Tannendielen, Latten etc. Der Kaufpreis für die Ware betrug 35 792 Reichstaler und 48 Grote, und es wurde vereinbart, daß mit dem ersten offenen Wasser ein Teil der Ware zur Carlsburg geliefert würde. [24] Die extreme Abhängigkeit unserer Vorfahren vom Holz, wie sie am Beispiel der Seestadt Bremerhaven faßbar wird, hat Werner Sombart zur Aussage bewogen, daß das Holz „eine notwendige Voraussetzung der abendländischen Kultur so gut wie die Feldfrucht und das Haustier" gewesen sei. [25]

Der große Holzbedarf der Städte führte früh zu einer Auszehrung und Verwüstung der stadtnahen Wälder. Immer weiter mußte man ausgreifen, wollte man die stetig steigende Nachfrage befriedigen. Aus entlegenen, bis dahin unerschlossenen Waldungen wurde das lebenswichtige Holz über immer größere Entfernungen transportiert.

Der mit der steigenden Nachfrage parallel steigende Holzpreis ließ die Transportkosten in gewissen Grenzen in den Hintergrund treten. Holz, das bis zu diesem Zeitpunkt wertlos auf dem Stamm verrottet war, wenn man es vor Ort nicht zu Holzkohle verarbeitet oder in Glashütten im Wald genutzt hatte, wurde mit einem Mal für den Waldbesitzer wertvoll.

Einer uneingeschränkten Nutzbarmachung sämtlicher, auch der entferntest gelegenen Holzvorräte stand aber die Unzugänglichkeit der meisten Waldgebiete hinderlich entgegen. Meist waren sie weder durch Straßen noch durch Wege aufgeschlossen. Waren solche einmal vorhanden, befanden sie sich in aller Regel in solch erbärmlichem Zustand, daß der Transport von Baumstämmen auf der Achse über größere Entfernungen gänzlich undenkbar und unmöglich war.

Selbst im 20. Jahrhundert stellte das Gewicht der schweren Holzfuhren für die Straßen noch eine Gefährdung dar. Als im Juni 1927 der Landwirt Wilhelm Markus aus Höxter die Stadt um Genehmigung bat, 70 Festmeter Tannenholz, das er auf der Weser verflößen wollte, auf öffentlichen Wegen und Straßen zum Fluß anfahren zu dürfen, wurde ihm das nur mit der Auflage gestattet, daß er „nicht den neuen Weg befahren" dürfe. [26]

Den einzigen Ausweg boten die Wasserstraßen, die Bäche und Flüsse. Der Transport auf dem Wasser — sei es in Form der Trift oder sei es in Form der gebundenen Flößerei — ermöglichte die Holzbringung von den waldreichen in die waldärmeren Gebiete. Da der Wert des Holzes im Verhältnis zu seinem Volumen und Gewicht nur gering war, durften die Transportkosten nicht zu hoch sein. „Die Holzpreise, besonders in holzreichen Gegenden, sind indessen meistens noch so gering, daß man nicht allein überall, wo die Lokalität die Flösung gestattet, solches gern benuzet, sondern auch alles anwenden muß, um Gegenden flosbar zu machen, die von Natur dazu nicht tauglich sind", schreibt 1802 Medicus, und er fährt fort: „Denn bei dem blosen Landtransporte würden in den meisten Fällen die Transportkosten den ganzen Werth des Holzes übersteigen, und den ganzen Waldertrag absorbiren." [27]

Nur der Wassertransport gewährleistete also in der Vergangenheit den Holztransport zu angemessenen Kosten, so daß man mit Schwappach feststellen kann, daß „sich der Holzhandel und damit auch die Entwicklung der Forstwirtschaft stets an die Wasserstraßen angelehnt" haben. [28]

Holz auf dem Wasserweg

„Das Quellgebiet der Weser gehört zu den waldreichsten und im Gegensatze dazu das Mündungsgebiet der Weser und noch mehr dasjenige der Ems zu den holzärmsten Landschaften Deutschlands", stellt 1902 der Geheime Baurat Keller fest. [29]

So war es ein glücklicher Umstand, daß große Waldgebiete durch ein relativ dichtes Wasserstraßennetz aufgeschlossen waren.

An der Weser selbst liegen Reinhardswald und Solling. Der Thüringer Wald wird über die Werra und ihre Nebenflüsse Schleuse, Rosa, Schmalkalde und Truse auf-

Werraflöße in den 30er Jahren (Nattermann)

geschlossen. Kaufunger Wald und Bramwald sind über Werra und Fulda zu erreichen, die sich dann in Hannoversch-Münden zur Weser vereinigen. Bei Verden fließt die Aller in die Weser. Sie stellt die Verbindung zu mehreren Flußsystemen her, die den Harz von beiden Seiten für die Flößerei aufschließen. Bei Schwarmstedt trifft die Leine auf die Aller. Kurz vor Hannover, unmittelbar nachdem sie Hildesheim passiert hat, mündet die Innerste in die Leine. Während die Innerste aus dem nördlichen Harz kommt, stellt die Rhume die Verbindung zum Südharz her. Vereint mit der Söse, fließt sie bei Northeim in die Leine. Weiter östlich münden Fuhse und Oker in die Aller. Letztere erschließt mit ihren Nebenflüssen Ecker und Radau den Südharz sowie mit der Schunter den Elm. Von Norden treten Oertze, Ilme und Ise zur Aller hinzu. Sie erschlossen ursprünglich versumpfte Waldgebiete am Rande der Lüneburger Heide. Diese Flüsse werden ergänzt durch kleine und kleinste Bäche.

Erst dieses dicht geknüpfte Wasserstraßennetz, das den

Für die Flößerei genutzte Wasserstraßen im Weserraum

Geschlepptes Floß auf dem Mittellandkanal (Wasmuth)

Zugang selbst zu entfernter gelegenen Waldgebieten ermöglichte und den Transport des Nutzholzes auf dem Landweg auf ein Minimum beschränkte, machte die großen Holzreserven für die Städte entlang der Weser, vor allem für den holzarmen Küstenraum verfügbar. Bedauernde Klagen, wie sie Friedrich Wilhelm König Ende des 18. Jahrhunderts für einige Provinzen in Deutschland anhob, die zwar Holz im Überfluß besaßen, denen aber „die Natur bequeme Mittel, solches zum Gebrauch empfänglich zu machen", nämlich die Floßbäche, versagt hatte [30], waren im Weserraum unnötig.

Als schließlich 1915 der Mittellandkanal fertig war, wurden mit dem Rheinland, vor allem aber mit West-

falen und dem holzarmen Mündungsgebiet der Ems weitere Absatzmärkte für dieses Holz erreichbar.

In einer Studie aus dem Jahr 1897 stellt ein Forstmeister dar, welch günstigen Einfluß die Kanalisierung der Oberweser und besonders der Bau des Mittellandkanals auf die Forstwirtschaft und den Holzhandel aus dem Weserraum hätte. [31]

Den Floßverkehr auf der Werra kennzeichnet er für diesen Zeitpunkt als „kaum noch nennenswert", da in Münden in den letzten Jahren „nur noch ca. 80 thüringische Flöße zu je 80—100 fm angekommen seien". Mit der Erbauung des Mittellandkanals verbindet er die Prognose, daß angesichts der damit verbesserten Absatzchancen nach den weserabwärts gelegenen Plät-

19

zen und nach Westfalen „eine vermehrte Benutzung der flößbaren Werra sehr wahrscheinlich" sei. [32]

Mit dem Bau des Kanals trat die vorhergesagte Belebung des Flößereigeschäftes wohl wirklich ein. Heute noch lebende Weserflößer wie Louis Alrutz, Willi Wasmuth oder der 1989 verstorbene Henne berichten über zahlreiche Floßfahrten nach Westfalen, nach Osnabrück oder an die Ems, ja sogar nach Rotterdam und Amsterdam. An die Ems führte schließlich auch die letzte kommerzielle Floßfahrt aus dem Oberweserraum im Jahr 1964.

Die Trift

Die Trift, d. h. die Beförderung von Scheitholz bzw. Knüppelholz in Stücken von 1, 2, 3 und in seltenen Fällen auch einmal von 5 m Länge in unverbundenem Zustand auf dem Wasserweg, war im Stromgebiet der Weser vor allem auf deren Nebenflüssen im Bergland verbreitet.

Zum einem wurde auf der oberen und mittleren Werra nachweislich seit der zweiten Hälfte des 16. Jahrhunderts getriftet. Diese Trift wurde vor allem zur Sicherung des Brennholzbedarfs der Salinen in Salzungen und Sooden-Allendorf eingerichtet. Daneben erhielt auch der herzogliche Hof in Meiningen über die Schleuse und die obere Werra Brennholz, das in Schleusingen und Themar auf das Wasser gebracht worden war.

Ebenfalls in der zweiten Hälfte des 16. Jahrhunderts unternahm Herzog Julius von Braunschweig, an ältere Maßnahmen seines Vaters anschließend, große Anstrengungen, um mittels der Scheitholzflößerei auf Ecker, Innerste, Oker, Radau und zahlreichen weiteren kleinen Bächen die Versorgung seiner Hütten und Bergwerke im Harz, beispielsweise des Rammelsbergs bei Goslar, sowie seiner Residenz in Wolfenbüttel sicherzustellen.

Der Brennholzversorgung einer Residenz diente wohl ebenfalls seit dem 16. Jahrhundert auch die Scheitholzflößerei auf der Fulda, da schon für 1613 eine Floßordnung überliefert ist. Mit Hilfe der Trift ließ der Landesherr in Kassel das Holz aus dem Amt Rotenburg und aus anderen, an der Fulda gelegenen Waldungen heranschaffen.

Die vierte umfangreichere Holztrift fand seit dem späten 17. Jahrhundert auf Ilme und Leine sowie seit Anfang des 18. Jahrhunderts auch auf der Diesse statt. Sie diente zur Versorgung des Hofes in Hannover mit dem Holz aus dem Solling.

Brennholztrift
(Delfs)

Um das Scheitholz auf den genannten Bächen und Flüssen voranbringen zu können, war häufig in deren Quellbereichen die Einrichtung von Wasserstaubecken, den sogenannten Schwemmweihern oder Klausstuben, erforderlich. Sie ermöglichten die Beförderung des Holzes selbst bei geringer Wasserführung der Triftgewässer. Ein solcher Schwemmteich wurde z. B. 1680 bei der Einrichtung der Brennholzflöße an Leine und Ilme gebaut. 1737 folgte ein weiterer an der Diesse. Nicht überall aber waren solche Schwemmteiche für die Trift erforderlich. An der Werra beispielsweise konnte man angesichts ausreichender Wasserführung des Flusses auf deren Anlage verzichten.

Verantwortlich für den gesamten Ablauf einer Trift war ein von der Herrschaft beauftragter oder ernannter Floßaufseher oder Floßkommissar. Häufig war dies ein höherer Forstbeamter. Diesem war ein Floßmeister unterstellt. Über die Aufgaben eines solchen Floßmeisters schrieb 1766 J. G. Estor: „Die Obliegenheiten des

Edict wegen Bestrafung der Dieberey bey dem Sollingschen Floß-Holtze. 1753
(AStAL)

Floßmeisters sind mancherley. Wann die Flöße wohl eingerichtet und nützlich seyn soll, muß anfänglich mit demselben wegen einer jeglichen Flösse, über das Schlagen, Anfuhr und Flösserlohn ein Geding errichtet werden ...

Der Floßmeister soll nach Verordnung des Forstamtes an den Orten, wo das Floßholz angewiesen worden ist, solches zu rechter Zeit schlagen lassen, damit es behörig austrocknen kan, dasselbe sodann richtig liefern lassen, und wann es abgefahren wird, ist darauf zu sehen, daß alles rein ausgefahren und zu dem Wasser gebracht werde."[1]

Triftholz wurde übrigens in der Regel ein Jahr, bevor es auf die Reise geschickt wurde, gefällt. Mit Fuhrwerken wurde es aus den Forsten auf einen Lagerplatz am Triftgewässer geschafft und dort aufgestapelt. Hier blieb es zur Austrocknung gewöhnlich ein Jahr liegen, da das trockene Holz schwimmfähiger war als das noch im Saft stehende.

Auf Anordnung des Floßkommissars wurde das Holz dann bei ausreichendem Wasserstand auf einmal eingeworfen und zum Bestimmungsort getriftet. Rechtzeitig vor Beginn einer solchen Brennholzflöße mußte er den Uferanliegern das Unternehmen anzeigen. Verbunden waren diese Ankündigungen häufig mit dem Hinweis, daß das Gewässer instand zu setzen sei, damit eine reibungslose Beförderung des Holzes gewährleistet werden könne. So teilte der königlich hannoversche Forstkommissar am 16. Juni 1830 von Relliehausen aus, wo er seinen Sitz hatte, dem Rat der Stadt Alfeld mit, daß die Ufer der Leine für die im Juli beginnende Flöße zu räumen und daß „auch etwaige Schadhaftigkeiten am Mühlendamm unter der langen Brücke, wodurch das Waßer in den Freystrohm sich verlaufen könnte", auszubessern seien.[2]

Die Adressaten des Schreibens gaben diese Verordnungen an die Betroffenen weiter. So forderte die Stadt Alfeld ihre Bürger auf, den Auflagen zur Beseitigung etwaiger Hindernisse unverzüglich nachzukommen. Anderenfalls werde man die Räumung der Ufer von hinderlichen Baumstämmen und festgewachsenem Buschwerk auf Kosten der Uferanlieger durchführen lassen und diese gleichzeitig bestrafen.[3]

Die Reinigung der Ufer war vor jeder Trift erforderlich, da diese Form des Holztransportes ohne solche Maßnahmen noch verlustreicher gewesen wäre als dies ohnehin schon der Fall war. Immer wieder verfingen sich trotz vorgenommener Säuberung Scheite und Stammstücke an den Ufern der Gewässer. Diese Gefahr war besonders groß bei talaufwärts gehendem Wind, „welcher die Geschwindigkeit des Floßholzes verlangsamte, und die Scheite an das Ufer trieb"[4].

Ein weiterer, einzukalkulierender Verlustgrund war ein zu hohes spezifisches Gewicht mancher Holzsorten, das die Schwimmfähigkeit der Stücke beeinträchtigte und sie auf den Grund der Gewässer absinken ließ. Sie waren „senk", wie man dies in der Fachsprache auszudrücken pflegt. Dies galt in besonderem Maß für Knüppel- und Stangenholz, das im Gegensatz zum aufgespaltenen Stammholz, dem Scheitholz, langsamer trocknete. Auf Grund mangelnder Schwimmfähigkeit gerieten in der Regel 2—10 % des Triftholzes in Verlust.[5]

Um die Holzverluste möglichst gering zu halten, mußte der Floßkommissar neben Floßaufsehern eine große Zahl von Hilfskräften einstellen, die entlang der Triftstrecke das Holz mit Stangen vom Ufer abzuhalten hatten. Sie mußten auch in einer Nachsuche das auf den Grund abgesunkene Holz auffischen.

Zwar sollten diese Hilfskräfte eigentlich den Holzverlust möglichst gering halten, doch scheinen sie ihn häufig statt dessen befördert zu haben. Diese Vermutung legt der Bericht des Floßkommissars Friedrichs nahe, der am 26. August 1805 in einem Schreiben an den Alfelder Rat vermerkt, daß die bei der Brennholzflöße im nämlichen Jahr angestellten Hilfskräfte einer Anzeige der Floßmeister zufolge „Spitzbuben und schlechte Bengels" gewesen seien, da sie Floßholz auf eigene Rechnung verkauft hätten.[6] Zwei Jahre zuvor, im September 1803, hatte der Floßkommissar in einem Schreiben an die Stadt die Vermutung geäußert, daß sich die bei der Flöße angestellten Leute eine Zusammenarbeit mit Holzdieben in der Stadt zuschulden hätten kommen lassen.[7]

Solche Vergehen waren angesichts der großen Zahl der bei einer Holzflöße beschäftigten Hilfskräfte nur sehr schwer zu verfolgen, da der Floßaufseher eine Vielzahl von Leuten zu beaufsichtigen hatte.

Auf der Ise wurden z. B. 1661 für die Trift von 2035 Kubikmestern Holz 112 Hilfskräfte beschäftigt. [8] Um 1695 gab es dort einen fest eingestellten Vorflößer, „der die Aufsicht über 60 und mehr Flößereihilfskräfte hatte" [9].

Auf der Werra kamen die Anlieger Hessen und Sachsen-Meiningen in einer Vereinbarung über die Abstimmung der Trift 1742 u. a. überein, während der Flöße „Postierungen" zu stellen, und zwar jeweils 30 Hilfskräfte. [10]

Auf breiteren Flüssen reichte die Verteilung von Posten an den Ufern nicht immer aus. So mußten auf der Leine auch Leute von Kähnen aus die Scheite lenken. Gleiches berichtet Nattermann für die Werra. [11]

Als Hilfskräfte zur Scheitholzflößerei wurden in der Regel die Bauern aus den jeweils anliegenden Ortschaften herangezogen. Sie waren zu dieser Arbeit im Rahmen der für die Herrschaft zu leistenden Spanndienste verpflichtet. Dies galt etwa für die Bauern an Oker, Ecker und Radau. [12]

Nicht immer leistete man diese Spanndienste nach dem Wunsche der Herrschaft. Als 1659 auf der Ise eine Probeflöße stattfinden sollte, mußte vorher der Bachlauf dafür hergerichtet werden. Der mit der Durchführung der Flöße beauftragte Oberförster Ehrhard berichtete dabei dem Hof in Celle, „daß von den verpflichteten Leuten zum Wasserräumen 484 Mann ausblieben". Etliche blieben einmal und etliche zwei- und dreimal aus. Die zu unbezahlten Spanndiensten verpflichteten Bauern waren verständlicherweise nicht gern bereit zu arbeiten. [13]

Allerdings waren solche Dienste für die Herrschaft nicht immer unentgeltlich zu leisten. 1766 heißt es dazu bei Estor: „Wenn die Flösse durch das Gebüsche und ander Hindernisse aufgehalten werden wollen, können solche Hindernisses zwar aus dem Wege geräumt werden, jedoch werden die Unterthanen solche Dienste auf ihre Kosten zu thun für schuldig nicht geachtet." [14]

Diese Aufräumarbeiten wurden aber nicht überall abgegolten. 1662 verweigerten die Bauern an der Ise ihren Dienst bei der Fällung und Anlieferung sowie bei der Trift sogar ganz. Angesichts solcher Vorkommnisse muß man es als weitsichtig bezeichnen, wenn schon anläßlich des ersten Plans zur Flößbarmachung der Ise 1571/72 eine Entlohnung der Bauern mit Brot, Hering und Bier vorgeschlagen wurde. Nach den schlechten Erfahrungen 1659 und 1662 verstand man sich seit 1674 an der Ise dazu, den Bauern für Waldarbeit und Trift Lohn zu zahlen. Außerdem sagte man zu, bei den Triftzeiten auf die anderen Arbeiten der Bauern Rücksicht zu nehmen. Auf dieser Basis funktionierte die Trift auf der Ise schließlich problemlos. [15]

Überall dort, wo das Triftholz zum Verbrauch aus dem Wasser herausgeholt werden mußte, wurden sogenannte Fang- oder Holzrechen errichtet. Jägerschmid beschreibt Ende des 18. Jahrhunderts verschiedene Arten solcher Fangrechen. [16]

Da diese Baulichkeiten immer auch ein Hindernis im Wasser darstellten, z. B. für die Fischerei, war es angenehm, wenn ein solcher Rechen nur bei Bedarf, d. h. zur Triftzeit, errichtet wurde und ansonsten nicht als störendes Hindernis im Flußbett verblieb. Einen solch beweglichen Rechen, der jeweils nur für die Dauer der Trift eingebaut wurde, gab es beispielsweise in Sooden in der Werra.

War das Holz durch den Rechen angehalten und von den Triftarbeitern mit Haken aus dem Wasser gezogen worden, wurde es in Holzmagazinen und Holzöfen zum Trocknen und anschließenden Verkauf bzw. zum herrschaftlichen Verbrauch aufgestapelt. An Residenzorten wie Meiningen, Kassel, Wolfenbüttel, Hannover oder Celle gehörten die Lagerplätze mit den großen Vorräten an Brennholz zum alltäglichen Erscheinungsbild.

Doch nicht nur für Residenzstädte, sondern auch für die anderen Städte war die Errichtung von Holzmagazinen durchaus förderlich. Auf solchen Nutzen verwies J. G. Estor, indem er feststellte, daß ein Holzmagazin dazu dienen könne, „dem Unterthanen das Holz jederzeit in einerley Preise zu verschaffen"[17]. Besonders nützlich fand er Holzmagazine für die Universitätsstädte, da „der Student weder allezeit mit Geld zum Holzkauf nicht versehen ist, noch öfters an den Vorrath gedenket, noch jederzeit den Plaz findet, sein Winterholz sicher aufzubewahren"[18].

Gleiche Überlegungen mögen die Verantwortlichen Anfang des 18. Jahrhunderts bei der Gründung der Göttinger Universität geleitet haben. Zwar fand man die Leine nicht dafür geeignet, das zur Verbesserung der Wohnbauten notwendige Bauholz auf dem Wasserwege zur Stadt zu bringen, doch wurde auf ihr Brennholz von Friedland nach Göttingen getriftet, wo es Professoren-, Studenten- und Einwohnerschaft gleichermaßen zugute kam.[19]

Die Langholzflößerei

Die Langholz- oder auch gebundene Flößerei ist in ganz Deutschland wohl älter als die Trift. Dies gilt auch für den Weserraum, für den Delfs in der Verleihung des Stapelrechts an die Stadt Münden im Jahr 1247 mit Bestimmungen zur Behandlung von Dielen-, Stab-, Balken- und Stammholzflößen den ältesten urkundlichen Nachweis für diese Langholzflößerei sieht.

Verbreitet war diese Form des Holztransportes nicht nur auf den größeren Flüssen wie der Weser selbst oder auf Fulda, Werra, Aller und Leine, sondern auch auf einer großen Zahl von deren Nebenflüssen und Seitenbächen. Erwähnt seien — ohne Anspruch auf Vollständigkeit zu erheben — u. a. der Werranebenfluß Schleuse, die Zuflüsse der Aller wie Ise und Oertze aus der Heide oder wie die Oker mit ihren Nebenflüssen Radau und Ecker aus dem Harz, sowie Rhume, Söse und Innerste als Leinenebenflüsse.

An all diesen Flüssen gab es zahlreiche Einbindestellen, das sind die Plätze, an denen die Flöße zusammengebunden wurden. Diese folgten in verhältnismäßig kurzen Abständen im Bereich der Waldgebiete am Flußufer aufeinander. Noch 1952 verweist Jürgen Delfs darauf, daß sich an der Weser auf der Strecke von Münden bis Karlshafen insgesamt 30 Einbindestellen auf beiden Uferseiten befinden, „die meist nur 2—3 km voneinander entfernt sind"[1].

War es ursprünglich so, daß man jeden Kilometer als Gewinn betrachtete, um den man den Landweg des Holzes verkürzen konnte, lag der Grund in den miserablen Straßenverhältnissen. Doch hatte diese Maxime der kurzen Wege auch noch Gültigkeit, als Straßen- und Wegeverhältnisse schon wesentlich besser geworden waren. Jeder Kilometer auf dem Landweg erhöhte den Endpreis des Holzes, da die weitaus billigste Methode weiterhin der Wassertransport war.

Vor dem Transport des Holzes stand als erster Schritt des Floßholzgeschäfts selbstverständlich die Fällung des Holzes. Dieser Arbeit kam außerordentliche Bedeutung zu. Dies macht die Tatsache deutlich, daß Jägerschmid allein der Beschreibung dieser Arbeitstechnik, d. h. der Benutzung von Säge und Beil beim Fällen der Bäume, insgesamt 19 Seiten widmet und auf weiteren 16 Seiten beim Holzfällen zu beachtende Regeln darlegt.[2] Von Sponeck betont: „Auf tuechtige Holzhauer kommt es besonders bei der Faellung des Hollaenderholzes und überhaupt der Baumholzstaemme sehr viel an. Ein ungeschickter Arbeiter kann sowohl dem Wald als dem Entrepreneur [Händler] Schaden zufuegen."[3] Das Fällen der Bäume war Aufgabe von ortsansässigen Arbeitern, die hierfür angeheuert und im Stücklohn bezahlt wurden. Die Arbeit war hart, da sie möglichst in den Monaten, in denen die Bäume nicht im Saft standen, also im Winter, durchgeführt werden sollte und die Waldungen oft fern der Siedlungen lagen. Die Holzhauer errichteten dann in den Wäldern manchmal Hütten, in denen sie essen, ihre Werkzeuge aufbewahren und gelegentlich auch einmal schlafen konnten.

Anders als in Süddeutschland wurde übrigens schon recht früh die Axt beim Fällen der Bäume durch die Säge abgelöst. Im Schwarzwald wehrten sich die Bauern gegen die Einführung der Säge lange Zeit mit großem Erfolg, da sie befürchteten, daß sie bei der durch die Säge ermöglichten schnelleren Fällung der Bäume einen einträglichen Nebenerwerb verlieren würden. So gibt es im Süden, anders als im Norden, auch heute noch zahlreiche Waldarbeiter, die die Technik der Holzfällung mit der Axt beherrschen.

Schon im Wald wurde die Zurichtung des Stammes auf das gewünschte Maß und in die gewünschte Form vorgenommen. Mit dieser Arbeit konnte selbst ein geübter Holzhauer durchaus zwei Tage beschäftigt sein, da der Stamm entastet, geschält und auf die richtige Länge gebracht (abgelängt) werden mußte.

Langholzfloß auf der Weser
(Delfs)

Blick von der Fähre bei Herstelle auf den Floßbindeplatz. Georg Graf von Münster. Lavierte Federzeichnung. 1803 (Westfälisches Landesmuseum für Kunst und Kulturgeschichte)

Der Floßeinbindeplatz Bursfelde
(Stindt)

Holzfällen mit der Säge im Weserbergland, um 1935
(Stindt)

Ausziehen eines einzelnen Stammes aus dem Wald mit Kette und Lottbaum (Stindt)

Die Zurichtung des Holzes war abgestimmt auf die Wünsche und Bedürfnisse der Abnehmer und in jeder Landschaft eine jeweils eigene. In sich noch stark differenziert, richtete sich die Sortierung des Holzes im Stromgebiet der Weser vor allem nach den Bedürfnissen des Bremer Marktes. Am Rhein und seinen Nebenflüssen war diese Holzsortierung durch das Absatzgebiet Holland bestimmt, an der Isar nahm man Rücksicht auf Münchener, zuweilen auch auf österreichische oder ungarische Bedürfnisse.

Die sogenannten Riesen, Holzrutschen, auf denen das Holz aus höheren Berglagen zu den tiefer gelegenen Einbindeplätzen herabgleiten konnte, die in Bayern und im Schwarzwald weit verbreitet waren, gab es im Flußgebiet der Weser nicht.

War das Holz zugerichtet, wurde es aus dem Wald ausgeschleppt. Die sogenannte Rückung des Holzes erfolgte im Weserraum ausschließlich mit Pferden, die das Holz mit Ketten bzw. Lottbaum und Kette aus den Forsten herauszogen. Selbst als in den 60er Jahren unseres Jahrhunderts schon Forstschlepper zur Verfügung standen, verwiesen Knigge und Schulz in ihren Darlegungen für die angehenden Forstwirte auf die Bedeutung der Pferde für die Holzrückarbeiten, die sich „bis auf den heutigen Tag erhalten" hat.[4] Gerade in schwierigem Gelände machte sich ihr Einsatz bezahlt,

Anfuhr des Floßholzes mit Pferdefuhrwerken zur Werra
(Slg. Hoßfeld)

Abladen des Holzes am Floßbindeplatz
(Stindt)

Über die steile Uferkante des Floßbindeplatzes Bodenfelde an der Weser wird ein Stamm ins Wasser geworfen (Delfs)

wurde doch durch den behutsameren Umgang im Wald das junge, heranwachsende Holz besser geschont als bei der Rückung mit Forstschleppern.

Aus den Forsten herausgerückt, wurde das Holz auf Pferdefuhrwerke verladen und zu den Einbindestellen am Wasser gebracht. Die Pferdefuhrwerke wurden nahezu überall von kleinen bäuerlichen Betrieben gestellt, die sich auf diese Weise einen willkommenen Nebenverdienst verschafften. Das Treiben beim Holztransport schildert anschaulich Wilhelm Bomann. „Schon früh am Morgen ertönte das Wagengerassel und der Peitschenknall der Holzfuhrleute, die das Holz weiter nach den Einbindestellen brachten. Es war häufig eine schwierige Arbeit, die riesigen Baumstämme mit Hilfe der Hebelade auf die Wagenachsen zu heben." [5]

Der Floßbau

Die Einbindestellen selbst mußten in allererster Linie für die Holzfuhrwerke leicht erreichbar sein. Sie hatten aber auch noch andere Anforderungen zu erfüllen. „Das Ufer soll hier flach ansteigen, um das Wenden und Schleppen der einzelnen Stämme zu erleichtern, und doch soll in der Bachmitte eine Tiefe von 60 cm vorhanden und die Möglichkeiten, das Wasser auf diese Höhe zu stauen, gegeben sein. Die Einbindestelle muß ferner geräumig sein und das Ufer soll Gelegenheit zum Lagern und Sortieren der Hölzer bieten." [6] Ein flaches Ufer erleichterte die Arbeit der Flößer wesentlich, besonders wenn der Einbindeplatz sich lang und schmal am Ufer entlang erstreckte, da dann das Holz nur noch ins Wasser gerollt und nicht über eine größere Distanz auf Land bewegt werden mußte. Im Wasser nämlich war das Holz mit Hilfe der Strömung einfacher und mit wesentlich geringerem Kraftaufwand zu dirigieren. Nicht immer aber erfüllten die Einbindeplätze alle Anforderungen gleichermaßen. So gab es solche, wo das Holz über eine steile Uferkante einige Meter ins Wasser herabgestürzt werden mußte. Dabei war die Gefahr groß, daß das Holz beschädigt wurde, wenn es beispielsweise auf ein anderes, schon im Wasser befindliches Holz fiel.

Besonders wichtig aber war es, daß der Platz geräumig war, da das gesamte zu verflößende Holz erst einmal auf die Einbindestelle geschafft werden mußte, um dort sortiert zu werden. Dies war notwendig, da nicht jeder Stamm an jeder beliebigen Stelle des Floßes gebraucht werden konnte. Mit geschultem Blick beurteilten die Flößer jeden einzelnen Stamm und schätzten seine Beschaffenheit ein, um ihm dann den richtigen Platz im Floßkörper zuzuweisen.

Das Fassungsvermögen der Einbindeplätze an der Weser schwankte zwischen 100 und 1500 Festmetern, wobei die größten Plätze, der Tivoli in Münden und die Einbindestelle in Höxter, 1000 bzw. 1500 Festmeter Holz fassen konnten.[7]

Die günstigere Beschaffenheit eines Einbindeplatzes machte sich für den Flößer im 20. Jahrhundert, abgesehen von dem geringeren Arbeitsaufwand, auch sonst vorteilhaft bemerkbar, bekam er doch für den transportierten Festmeter Holz einen Festpreis. Dieser belief sich in den 30er und 40er Jahren für die Strecke von der Oberweser nach Bremerhaven für den Festmeter auf 2 Mark. In den 50er Jahren erhielt Willi Wasmuth aus Gieselwerder für den Transport von Gieselwerder nach Dortmund immerhin 5,20 DM pro Festmeter. Angesichts solcher Akkordlöhne kann es nicht verwundern, wenn beispielsweise die Flößer einen Platz wie Veckerhagen, wo man das Holz auf einer Schräge zum Wasser herunterziehen konnte, demjenigen in Gewissenruh vorzogen, wo man das Holz mühsam mit einem Kanthaken den Berg heraufwälzen mußte. Die schwierigere Arbeit konnte den Flößer einen halben, manchmal sogar einen ganzen Tag Arbeit kosten, ohne daß er auch nur einen Pfennig mehr verdient hätte.

Floßeinbindeplatz Tivoli in Hann.-Münden (Delfs)

Bevor die Flöße eingebunden wurden, mußte das Holz aber noch vermessen und gekennzeichnet werden. Dies war zumindest im 20. Jahrhundert Aufgabe des Holzhändlers, in dessen Auftrag der Flößer das Holz beförderte. Der Holzhändler stellte mit einem Holzmesser, der Kluppe, die mittlere Stammstärke und mit einem Bandmaß die Stammlänge fest, um so die Festmeterzahl eines jeden Stammes zu errechnen. Diese Angabe wurde mit dem Reißer, einem Ritzmesser, zusammen mit einer fortlaufenden Nummer für einen jeden Stamm in diesen eingeritzt. Gleichzeitig wurden diese Angaben in einer Holzliste festgehalten, die am Ende der Floßfahrt dem Holzkäufer ausgehändigt wurde. Dieser konnte anhand solcher Listen prüfen, ob er auch wirklich das ihm zugedachte Holz erhalten hatte und ob jeder Stamm auch den Maßangaben entsprach.

*Vermessung und Registrierung von Weserfloßholz 1935/36. Holzhändler Karl Rosemeier
(Slg. Keweloh)*

Floßbau auf der Weser. Einbinden im Wasser
(Slg. Weserbund/Wagner, Vlotho)

Mit einem Waldhammer wurde darüber hinaus ein Eigentumszeichen in das Holz eingeschlagen. Nach Jägerschmid wurden auch z. T. mit dem Reißer die Anfangsbuchstaben des Namens des Empfängers eingerissen oder dessen Handlungszeichen eingeschlagen.[8] Diese Zeichnung des Holzes sollte dem Diebstahl vorbeugen. Sie war übrigens nicht erst in der Gegenwart, sondern schon in der Vergangenheit üblich. 1613 erließ Moritz, Landgraf zu Hessen, Graf zu Katzenelnbogen, die „Ordnung, wie es mit 1. Ein- und Durchgang der Schiffe und Schiffsleute durch die Schleusen, 2. den Holtzflößern und deroselben Belohnung auf den Ströhmen, und 3. Erbauung der Ufer solle gehalten werden". Darin heißt es: „Wenn derselbig unser Holtz herunter floißet, so sol er kein frembd Holtz mit einbinden, auch die Floiße unter wegen nicht aufbinden, sondern solch Holtz auff die Schlagd an gebührlichen Orten lieffern. Damit er aber desto richtiger in floißen

handlen müsse, so sol er von dem Förster und Beambten eines jeden orts, da er das Holtz einbindet, einen Zettel fordern, darinn eigentlich verzeichnet sey, ob auch das Holtz mit ihrem wissen gehawen sey, verforstet, und wieviel stück er eingebunden habe, diesen Zettel sol er bey allen Schleusen vorzeigen, oder nicht durchgelassen, sondern darumb bestraft werden. Wir wollen auch umb mehrere Richtigkeit willen, unsere Beambten am Fulda Strohm zwey zeichen zustellen deren eines sie auf Unser, das ander aber auff der Bürger Holtz auff beyden seyten, am end eines jeden stücks Floßholtz oben und unten schlagen sollen, was dann für Holtz mit solchen Zeichen gemercket, und mit obgedachten Zettel beschieden wird, solches sol durch die Schleusen passiret werden, würde sich aber Holtz befinden, das dergestalt nicht verzeichnet oder beschienen were, solches sol uns verfallen, und auff unsern Zimmerplatz geliefert werden."[9]

Die Kennzeichnung erfolgte dann nach Delfs für „fürstliches Holz durch einen Stern mit 6 starken und 6 schwachen Strahlen; Holz der Stadt Kassel durch ein Kleeblatt in dem ein ‚C' stand, Holz der Bürgerschaft von Kassel durch ein Kleeblatt mit einem ‚B'" [10].

Nach diesen Vorarbeiten konnte man endlich an das Einbinden der Flöße gehen. Dazu wurden die am Ufer auf dem Einbindeplatz schon vorsortierten Baumstämme ins Wasser gerollt, da das Einbinden im Wasser erfolgte.

War das Gewässer flach, stand der Flößer bei dieser Arbeit häufig im seichten Wasser. Die bis zum Oberschenkel reichenden ledernen Flößerstiefel, wie sie z. B. in Bayern und im Schwarzwald gebräuchlich waren und die Hauff in seiner Erzählung vom Holländer-Michel, dem sagenhaften Flößer des Schwarzwalds, den Stolz eines jeden Schwarzwälder Flößers nannte, scheinen im Weserraum kaum üblich gewesen zu sein. Bildliche Darstellungen zeigen die Flößer in der Regel in kniehohen Stiefeln, manches Mal sogar nur in festem Schuhwerk.

Eine Ausnahme scheinen die Oertzeflößer gebildet zu haben. Wilhelm Bomanns Beschreibungen zufolge haben sie, im Wasser stehend, die Flöße eingebunden und dabei bis an den Leib hinaufreichende Stiefel getragen. [11]

An manchen Orten, z. B. an Rhume und Leine, ging man bei der Einbindearbeit überhaupt nicht ins Wasser, sondern schob die Stämme „vom Ufer aus mit Hilfe langer Stangen, die mit einem eisernen Haken nebst Spitze versehen waren", zum Floß zusammen. [12]

Die hier beschriebenen langen Stangen mit eisernen Haken und Spitze waren die Floßhaken, die charakteristischen Arbeitsgeräte des Flößers, die in allen Landschaften Deutschlands mit kleinen Abweichungen im Detail gebräuchlich waren. Diese Floßhaken sind ca. 20 cm lange und 5 cm breite Eisen, die in der Hälfte aufgespalten sind, wobei die eine Hälfte als Spitze nach vorne weiterläuft, während die andere Hälfte, recht-

Mit Floßhaken werden die Stämme beim Einbinden dirigiert
(Delfs)

Auf Stämmen balancierend baut ein Flößer ein Weserfloß
(Delfs)

Das Einbinden von Flößen war harte körperliche Arbeit. Eine Frühstückspause bot eine willkommene Erholung (Delfs)

winklig abgebogen, ebenfalls als Spitze ausgebildet ist. Aufgesteckt auf eine mehrere Meter lange Stange, benutzt der Flößer den Floßhaken als Allzweckgerät, mit dem er die Stämme ziehen, wegdrücken oder auch einmal drehen kann. Schwierig wurde die Arbeit vor allem an den Plätzen, an denen das Wasser zu tief war, um darin stehend die Stämme zu ordnen und im Floß einzubinden. Dort balancierte der Flößer auf den schon im Wasser befindlichen Stämmen und nutzte dabei die Strömung des Wassers, um sie zu dem vorgesehenen Platz zu dirigieren. Dies erforderte große Geschicklichkeit und Erfahrung.

Weitere Werkzeuge, die der Flößer bei der Einbindearbeit benötigte, waren Beil, Wendhaken und Holzbohrer.

Waren diese Arbeitsgeräte und die beschriebenen Techniken vergleichbar, unterschieden sich die Flöße selbst nicht nur in den verschiedenen Stromgebieten Deutschlands, sondern sie differierten auch im Stromgebiet der Weser von Fluß zu Fluß. Vor allem die Abmessungen, aber auch die Art und Weise der Bindung wichen, bestimmt durch Gewässerverhältnisse und teilweise auch Tradition, voneinander ab. Diese Tatsache war auch den Flößern bewußt und ganz selbstverständ-

Einbinden mit Querhölzern, die aufgenagelt wurden
(AStM)

lich. „Die Bauart eines jeden Floßes war sehr unterschiedlich. Die Werraflöße wurden anderst wie die Fulda- und Weserflöße gebaut. Wegen der kleinen Schleusen auf der Werra mußten die Flöße klein sein", schrieb 1989 in seinen Erinnerungen an die Weserflößerei Gottfried Henne aus Oedelsheim.

Unterschiedlich war an den verschiedenen Orten und zu verschiedenen Zeiten die Art der Bindung. So gibt Gottfried Henne für die 30er Jahre an, daß man als Bindematerial für die Weserflöße Bindedraht und kleine Krampen verwendete. Schon in den 40er Jahren war diese Bindemethode nach seinen Aussagen abgelöst worden. Jetzt wurden die Floßstämme mit Querhölzern verbunden, wobei jeder einzelne Stamm des Floßes daran angenagelt wurde. Als Nägel verwendete man 180er bzw. 210er, d. h. 18 cm bis 20 cm lange Eisennägel, die gleich zentnerweise bei örtlichen Schmieden eingekauft wurden, wie Willi Wasmuth angibt. In Gieselwerder ansässig, bezog er seine Nägel in den 50er Jahren von einem Schmied in Bodenfelde.

Bei den beiden genannten Bindemethoden verwendete man schon nicht mehr das in der Vergangenheit an allen Floßgewässern in Deutschland übliche Bindematerial, die Wiede. Diese Wieden waren Taue, die aus Baumstämmchen hergestellt wurden. Ursprünglich wohl aus Weiden gemacht, woher der Name kommt, verwendete man dafür 6, 8, 12 oder auch mehr Fuß, also etwa 2—3 Meter lange, grüne Tannenstämmchen. Sofern diese nicht in ausreichender Menge zur Verfügung standen, konnte man auf Buchen-, Eichen- und Birkenstämmchen oder auf Haselsträucher zurückgreifen. Diese Wieden waren einerseits äußerst haltbar und andererseits sehr elastisch.

Allerdings konnte man nicht einfach die unbearbeiteten Stämmchen verwenden, sondern sie mußten auf besondere Weise behandelt werden. Zuerst einmal mußten sie gewässert und im Anschluß daran erhitzt werden, „daß der in solchen [Stämmchen] befindliche Saft zu kochen und herauszudringen beginnt, die Rin-

Eine weitere Holzlage wird mit Draht am Querholz befestigt   *(Delfs)*

37

de aber aufspringt und abfällt"[13]. In diesem Stadium wird die Wiede im Loch eines Holzklotzes oder Stammstücks, des sogenannten Wiedstocks, mit einem Holzkeil festgesetzt und um eine Drehstange gewunden. Bei diesem Drehen springt die Rinde endgültig ab, die Holzfasern legen sich, ohne daß sie abgerissen werden dürfen, parallel zueinander, so daß man letztlich ein hölzernes Tau erhält. Jägerschmid nennt die Wieden "das unentbehrlichste, dauerhafteste und wohlfeilste Befestigungsmittel für den Floßbau"[14]. Hinsichtlich des Wohlfeilen kann man Jägerschmid nur bedingt folgen. Sicherlich war der Preis, der für die Wieden entrichtet werden mußte, recht gering; angesichts der Unmengen von Wieden, die in der Flößerei benötigt wurden — zum Bau eines Werrafloßes waren es 45 bis 50 Wieden, für ein Weserfloß sogar fünf bis sechs Bündel zu je 22 Stück[15] —, ging die Wiedenherstellung vielfach mit einer Verwüstung des jungen Baumbestandes einher. Der Forstmann, der den Wiedenherstellern die Stämmchen anweisen sollte, kam wohl "oft in große Verlegenheit, nicht nur in Hinsicht auf die An-

a) *In den Wiedstock wird ein Loch gebohrt*
b) *Die Wiede wird mit einem Holzkeil festgesetzt*
c) *Dann wird die Wiede um eine Drehstange gewunden*
(Delfs)

Werrafloß, mit verbohrten Wieden eingebunden
(Slg. Delfs)

zahl der Wieden, sondern mehr noch der unschädlichen Abgabe", vermerkt von Sponeck Ende des 18. Jahrhunderts.[16] In der fürstlich-sächsischen Landesordnung von 1740 wird Klage über die großen Waldschäden geführt, die durch die Entnahme von Wieden hervorgerufen wurden. Gleichzeitig verfügte man, daß kein Flößer sich unterstehen sollte, Wieden ohne Anweisung eines Försters aus dem Wald zu entnehmen.[17] Die wilde Wiedenentnahme behinderte eine gezielte Forstpflege empfindlich. War die Wiedenherstellung im Schwarzwald einem eigenen Gewerbe vorbehalten, nämlich dem der Wiedenhersteller, war sie im Weserraum vergleichbar den Verhältnissen im Frankenwald ein Nebenerwerb. Vor allem im Winter wurden die Wieden in Heimarbeit gefertigt.

Vereinzelt wurden die Wieden ohne Erhitzen hergestellt. Nach Behrens ging man an Rhume und Leine so vor, daß man „schlanke Fichtenreiserstangen auf harter Unterlage mit dem Rücken der Axt kräftig klopfte, bis sie vollständig gesplissen waren. Durch Drehen der gesplissenen Reiserstangen mit einem Seile" war dann die Wiede fertig.[18] Auch Delfs gibt an, daß im Sommer Wieden nicht erhitzt werden mußten, sondern daß sie direkt auf dem Floß gedreht werden konnten.[19]

Die Wieden waren beim Bau der Flöße vielfältig verwendbar. Eine Möglichkeit, Flöße mittels Wieden einzubinden, bestand darin, daß man längere Wieden über die gesamte Breite des Floßes legte und diese mit Krampen an den Stämmen befestigte. Vor allem die hinteren Enden schmalerer Flöße auf den Oberläufen kleinerer Floßgewässer wurden auf diese Weise eingebunden.

Fuhren sich dann die Flöße einmal fest, konnte der Floßverband am hinteren Ende durch einen Axthieb gelöst werden, die Stämme gingen fächerförmig auseinander, und die Strömung konnte möglicherweise das Floß wieder in Fahrt bringen.

*Werraflöße am Einbindeplatz in Wernshausen. Das Floß
am linken Bildrand zeigt die typische Form mit eingezogenen Enden
(Nattermann)*

Die Werraflöße wurden z. B. mit „verbohrter Wiede"
gebaut. Dabei wurden die nebeneinander liegenden
Floßstämme mit Querhölzern, den sogenannten Meiselbäumen, an beiden Enden und in der Mitte zusammengefügt, indem in jeden Stamm zu beiden Seiten des
Meiselbaums mit dem Floßbohrer 15 cm tiefe Löcher
gebohrt wurden. In diese Löcher wurden kurze Wiedenstücke gesteckt und mit Buchenholzkeilen befestigt.

Ursprünglich war diese Bindemethode auch auf der
Weser üblich. Hier ging man später dazu über, nur
noch auf einer Seite des Querholzes die Wiede zu verbohren, während sie auf der anderen Seite mit einer
Krampe gehalten wurde. Schließlich wurde das Wiedenstück auf beiden Seiten nur noch durch Krampen
gehalten. Dadurch entfiel die Beschädigung der Floßholzstämme durch die Bohrlöcher. Letztlich wurden
alle diese Bindemethoden durch die erwähnte Benutzung von Bindedraht und die später folgende Nagelung
der Querhölzer ersetzt.

Möglich wurden die Änderungen an der Weser durch
die Verbesserung der Stromverhältnisse. Dadurch wur

Weserfloß mit aufgezogenen Stammlagen am Floßbindeplatz Bodenfelde, 1954 *(Wasmuth)*

den die Floßverbände weniger stark beansprucht.[20]
Auf der Werra hingegen behielt man angesichts des unruhigen Fahrwassers die alte Bindemethode bei, da hier
immer noch elastische Verbindungen der Hölzer untereinander vorteilhaft waren.

Neben den unterschiedlichen Bindemethoden war
auch die Form der Flöße durchaus verschieden.

An der Werra beispielsweise hatten die Flöße, die bei
Wernshausen eingebunden wurden, die breiteste Stelle

Ein trapezförmiges Weserfloß bei der Begegnung mit einem stromaufwärts fahrenden Schiffsschleppzug (Slg. Weserbund/Saebens, Worpswede)

in der Floßmitte und liefen an beiden Enden leicht zusammen. Einer Beschreibung Nattermanns zufolge, der in den 30er Jahren die Fertigung solcher Flöße in Bild und Wort festhielt, war diese Form der Flöße auf eine besondere Bauweise zurückzuführen. Zehn der sechzehn im Wasserbett, der untersten Lage, eingebundenen Stämme zeigten mit der Stammspitze nach vorn und dem Stammfuß zum Ende hin. Die restlichen sechs Stämme hatten das stärkere Ende vorn und das

schwächere hinten. Da die beiden Floßenden zusätzlich mit Ketten noch stark zusammengezogen und erst dann mit den Meiselbäumen befestigt wurden, erhielt das Floß die beschriebene Form.[21]

Anders war es bei den Weserflößen, die am Fluß selbst zusammengebaut wurden. Sie hatten eine Trapezform, d. h. sie waren vorne breiter als hinten. Während das vordere Querholz des Floßunterbodens — diese Querhölzer hießen im Unterschied zu den Meiselbäumen

41

*Zwei Werraflöße werden zu einem Weserfloß verbunden
(Slg. Keweloh)*

der Werraflöße an der Weser Runge oder Klippbaum — ungefähr 7 m lang war, hatte das hintere eine Länge von ungefähr 6 m. Henne gibt an, daß die Flöße vorne breiter gebaut wurden als hinten, weil sich ein Floß um so leichter steuern ließ und um so schneller war, je leichter es hinten und in der Mitte gebaut war.

Mit der Fertigung eines Floßbodens von einer Stammlage war der Floßbau aber keineswegs überall schon beendet. Wo es die Wassertiefe erlaubte, wurden auf diese Böden, die Wasserbetten, weitere Stämme aufgezogen und mit dieser Stammlage befestigt. Ein Weser-

floß konnte bei günstigem Wasserstand neben dem Wasserbett noch sieben bis acht weitere Stammlagen haben. Ein solches Floß hatte einen Tiefgang am tiefsten Punkt bis zu 80 cm.[22] Bei niedrigem Pegelstand wurden die aufgeschleppten Lagen auf vier bis fünf reduziert. Dann konnten statt der üblichen 120, 150 oder sogar in außergewöhnlichen Fällen auch 200 Festmeter Holz nur 90 bis 110 Festmeter eingebunden werden. Während in früheren Jahrhunderten solche leichten Flöße zu Lasten des Händlers gingen, da mehr Flöße und damit mehr Personal nötig waren, brachten sie den

Flößern des 20. Jahrhunderts einen außerordentlichen Verdienstverlust, da sie, nach Festmetern bezahlt, für das gleiche Geld zweimal fahren mußten.

Auch auf der Werra wurde auf das Wasserbett des Floßes eine weitere Stammlage aufgebracht. Hierbei wurde die Grundform des Floßes berücksichtigt.

Aus den Werraflößen konnte im übrigen auch ohne Umbinden ein Weserfloß entstehen. Es wurden dann in Münden oder Gimte vier oberländische Werraflöße mit Tauen neben- und hintereinander gekoppelt, die, so zum Weserfloß vergrößert, weiter weserabwärts schwammen.

Weitere Unterschiede bestanden in der Steuerung der Flöße. So hatte ein Werrafloß ein Steuerruder am Bugende des Floßes. Der aus Hainbuche gefertigte Ruderbock bestand aus ca. 40 cm hohen Bockbeinen, die in zwei Stämme des Wasserbettes eingelassen waren. Auf diesen beiden Beinen lag ein 70 cm langer Balken, in dessen Mitte sich zwei Ruderhalterungen, die sogenannten Bockhörner, befanden. Zwischen diesen beiden wurde der rund 6 m lange Ruderbaum mit dem 2 m langen Streichbrett eingelegt. Beide Bockhörner, aus Birken- oder Erlenholz gefertigt[23], hatten eine tiefe Einkerbung. Ein um diese Kerben gezogenes Seil verhinderte, daß das Ruder herausrutschen konnte. Vor allem konnte es nicht nach oben kippen und etwa bei Wehrabfahrten unter das Floß geraten.

Ein Heckruder hatten die Werraflöße wohl nur äußerst selten.

Im Gegensatz dazu mußten die Weserflöße sowohl vorne als auch hinten ein Steuerruder haben. Nur geschleppte Flöße waren von der Führung eines Ruders am Bug befreit.[23]

Der Beschreibung von Delfs zufolge verfügte ein nicht geschlepptes Weserfloß, das mit kaltem Druck, d. h. nur mit der Strömung, fuhr, am Bug sogar über zwei Ruder, die sogenannten Schnepper.

Der Größe eines Weserfloßes entsprechend waren sowohl dessen Ruder als auch dessen Ruderböcke größer

Auf dem Floßeinbindeplatz in Wernshausen wird der Ruderbock eines Werrafloßes angebracht (Nattermann)

Zwischen den Bockhörnern eines Werrafloßes ist der Ruderbaum eingelegt (Nattermann)

Ankunft eines Weserfloßes in Bremerhaven, um 1935.
Aus der Vogelperspektive sind die Abmessungen des Kuhl-
baums eindrucksvoll zu erkennen
(Stindt)

hineingearbeitet wird. Hier hinein wird das 4—4,50 m lange und 35—40 mm dicke und 30 cm breite Ruderbrett eingeschoben und mit dicken Nägeln befestigt. Am oberen Ende der Stange wird ein Stab, der sogenannte Kuhlpflock, der eine Länge von 70—80 cm hat, in einem Bohrloch befestigt; er ragt nach oben 20—25 cm, nach unten 40 cm heraus und dient zur Handhabung des Kuhlbaums."[24] Genau wie an der Werra ruhten Schnepper und Kuhlbaum eines Weserfloßes in den Lagern von Ruderböcken.

Ein Heckruder, Schüssel genannt, hatten auch die Allerflöße.[25]

Auf Werra, Weser und Aller benutzte man auch 6 bis 7 m lange Floßstangen mit eiserner Spitze, um die Steuerung durch die Ruder zu unterstützen, indem man das Floß z. B. damit vom Ufer abstieß. Sie dienten auch bei ruhigem Fahrwasser, im Staubereich einer Schleuse oder eines Wehrs beispielsweise, dazu, das Floß vorwärts zu schieben.

Auf kleineren Flüssen wie Rhume oder Oker, die einen geringeren Tiefgang hatten, waren diese Floßstangen das einzige Steuerungsmittel der Flöße. Floßruder waren hier unüblich.

Am augenfälligsten unterschieden sich die Flöße aber in ihrer Größe. Selbstverständlich waren sie auf den kleineren Waldbächen kürzer und auch wesentlich schmaler als auf den großen Flüssen, vor allem als auf dem Hauptstrom, der Weser. Solche Unterschiede traten aber nicht nur von einem Fluß zum anderen, sondern auch auf den einzelnen Flüssen selbst auf.

Auf der Werra z. B. waren die Flöße, die in Schleusingen eingebunden und auf Schleuse und Werra flußabwärts bis nach Wernshausen gebracht wurden, wesentlich kleiner als die dort eingebundenen. Sie waren ungefähr 1,5 m breit und 18 m lang. Sie wurden als „halbe Flöße" bezeichnet. Daneben gab es sogenannte „Dreiviertel-Flöße", die ebenfalls oberhalb von Wernshausen in Themar eingebunden wurden und auch bis Wernshausen schwammen.[26]

als die der Werraflöße. War dieser Unterschied bei den Bugrudern, die an der Weser aus einer 7 m langen Stange, in die ein 2 m langes, 25 cm breites und 20 mm dickes Brett eingelassen und angenagelt war, noch gering, war er bei den Heckrudern, den Kuhlbäumen, merklich. Ein solcher Kuhlbaum bestand aus einer ca. 8 bis 10 m langen Stange von 10 bis 12 cm Durchmesser, „in die am dicken unteren Ende mit Hilfe eines Bohrers und eines Beils eine 50 cm tiefe Einbuchtung

An seichten Flußstellen konnte auch ein Weserfloß mit der Floßstange dirigiert werden, um 1950 (Wasmuth)

In Wernshausen wurden die halben und dreiviertel Flöße, die angesichts der geringeren Wasserführung von Schleuse und oberer Werra in normalen Zeiten nur bei Frühjahrshochwasser und bei Gewitterregen herabgeflößt werden konnten, zu größeren Flößen umgebunden. Dabei entstanden „ganze Flöße".[27]

Delfs spricht davon, daß erst in Wernshausen „die eigentliche Werraflößerei" begann.[28] Die Flöße hatten nun nach Nattermann eine Länge von höchstens 22 m und eine Breite von höchstens 3,75 m.[29] Angesichts der Tatsache, daß für die 1899 in Wanfried als Ersatz

für die alte Floßrinne angelegte Schleuse nur eine Kammerlänge von 21 m angegeben wird[30], dürfte zumindest ab diesem Zeitpunkt die Länge der in Wernshausen eingebundenen Werraflöße auf dieses Maß beschränkt geblieben sein.

Auf der Weser konnten, wie schon erwähnt, bei Münden oder bei Gimte vier Werraflöße zu einem Weserfloß vereinigt werden.

Auch auf der Weser selbst waren unterschiedliche Stromabschnitte festgelegt. So schrieb die Polizeiverordnung Weser Hann.-Münden—Bremen aus dem Jahr 1907 vor,

Floßeinbindeplatz Wernshausen. Während hier früher die „halben Flöße" von Schleuse und oberer Werra zu „ganzen Flößen" umgebunden wurden, nahm in späterer Zeit die Werraflößerei in Wernshausen ihren Ausgang (Nattermann)

daß die Flöße oberhalb der Allermündung nicht breiter als 8 m und nicht länger als 57,5 m sein durften.[31] Nach Angaben von Wasmuth wurden diese Abmessungen zumindest in den 50er Jahren nur selten erreicht. Im Schnitt hatten die Flöße damals nur eine Länge von 42 bis 46 m. Als Begründung führt Wasmuth an: „Die Weser ist ja nicht so breit. Je länger der Körper ist, desto schwerer läßt es sich fahren." Ab der Allermündung bis Bremen war die Floßbreite auf 12 m und die Länge auf 100 m beschränkt.[32]

Die Abmessungsbeschränkungen für Flöße hingen häufig mit den Abmessungen von Schleusen zusammen. So setzte auf der Oberweser die Hamelner Schleuse den Flößen größenmäßig die Grenzen. Die 1732/34 an Stelle des gefürchteten Hamelner Lochs errichtete Schleuse hatte eine Kammerlänge von 49,6 m und eine Torweite von 5,85 m. 1838 erfolgte zumindest ein Umbau. 1868/71 erfolgte ein Neubau der Schleuse. Diese erlaubte nun mit einer Kammerlänge von 56,7 m

Weserfloß in einer Schleuse. Die Schleusen setzten den Abmessungen der Flöße Grenzen (Delfs)

und einer Torweite von 11,1 m[33] wesentlich größere, vor allem breitere Fahrzeuge.

Die Einschränkung der Floßmaße durch Schleusen galt seit dem späten 19. Jahrhundert auch für die Fulda. In der Polizeiverordnung für die Fulda heißt es 1895, nachdem die Breite der Fuldaflöße auf 8 m festgelegt worden war, für deren Länge: „ … darf höchstens so groß bemessen sein, daß das Floß, gleichviel ob dessen Steuerruder abgenommen oder nur umgelegt sind,

Begegnung von Flößen mit dem Raddampfer „Minden" auf der Oberweser
(Stindt)

einen längeren Raum als von 57,50 m in der Schleuse nicht beansprucht"[34].

Besonders interessant war auch der Größenunterschied der Flöße im Bereich der Aller. So wurden auf den Nebenflüssen der Ise z. T. die Stämme sogar einzeln zu den an diesem Fluß liegenden Einbindestätten auf dem Wasser herangebracht.[35] Erst auf der Ise wurden sie dann zu regelrechten Flößen eingebunden. Die Abmessungen der Iseflöße entsprachen wohl denjenigen der Oertzeflöße, die 20—24 m lang und 2,9 m breit sein durften.[36] Diese Vermutung stützt Wilhelm Bomann mit der Feststellung, „daß auf den schmalen, viel-

gekrümmten Nebenflüssen der Aller" die Floßabmessungen bei 24 m Länge und 3 m Breite gelegen haben.[37]

Umbindestelle an der Aller war Winsen. Nach Delfs wurden hier aus 15 Oertzeflößen ein Aller- bzw. Weserfloß mit 150 bis 200 Festmetern Holz zusammengestellt.[38]

Bomann gibt die Abmessungen der Allerflöße mit 70 m Länge und 6 m Breite an. Zumindest ab 1914 waren solche Allerflöße nicht mehr zulässig, denn nun hatte eine Polizeiverordnung diese mit maximal 6 m Breite und 30 m Länge festgelegt.[39]

Auf der Unterweser begegneten die Flöße sogar Überseedampfern, um 1935
(Stindt)

Bau eines Rheinfloßes am Mittelrhein, um 1920
(Slg. Keweloh)

Daß die Flöße in der zweiten Hälfte des 19. Jahrhunderts und im 20. Jahrhundert in ihren Abmessungen gegenüber früheren Zeiten kleiner sein mußten, ist nicht ungewöhnlich. Vor allem die Schiffahrt fühlte sich durch die schwerfälligen Flöße des öfteren behindert und drang auf eine Reduzierung der Größen. Auseinandersetzungen zwischen den Flößern und Schiffern waren in dieser Frage nicht ungewöhnlich. [40]

Mögen manchem die Dimensionen der Weserflöße z. B. mit 12 m Breite und 100 m Länge ab der Allermündung ungewöhnlich groß vorkommen, muß man sie gegenüber den Rheinflößen fast schon als Zwerge bezeichnen. Dies deutet Gottfried Henne an, wenn er beschreibt, daß, wenn er Flöße von der Oberweser bis Rotterdam und Amsterdam brachte, bei Erreichen des Rheins vier Weserflöße zu einem einzigen Rheinfloß zusammengebunden wurden.

Bis in die Gegenwart erlaubten dort die Schiffahrts- und Floßordnungen Flöße bis zu 240 m Länge und 64 m Breite. Die gigantischen Flöße von 360 m Länge mit Besatzungen von 500 bis 800 Leuten, wie sie für das 18. Jahrhundert überliefert sind, gehören seit dem 19. Jahrhundert allerdings schon der Vergangenheit an.

Tonnentragflöße und Schnittholzflöße

Die hier beschriebene Langholzflößerei bezieht sich im wesentlichen auf die Stammholzflöße, die in erster Linie aus Nadelholz, vor allem aus Fichte, eingebunden wurden. Diese waren im 20. Jahrhundert von unterschiedlichen Flößen übrig geblieben. Andere Hölzer wie Kiefer oder Lärche oder vor allem die Laubhölzer wie Buche und Eiche wurden zu diesem Zeitpunkt kaum noch verflößt.

In früheren Jahrhunderten war dies anders. Vor allem der Schiffbau mit seinem großen Bedarf an eichenen Schiffbauhölzern hatte es erforderlich gemacht, daß dieses Holz in großem Umfang verflößt wurde. Allerdings war das Eichenholz auf Grund seines hohen spezifischen Gewichts häufig „senk", also nicht schwimmfähig, und es erforderte umfangreiche Maßnahmen, um es flößbar zu machen.

Eine Möglichkeit bestand darin, daß schon im Wald der Splint entfernt wurde, damit der Stamm besser austrocknen konnte. Zudem wurde es noch über einen längeren Zeitraum hinweg gelagert. Mehrere Jahre ließ man es vor der Verflößung liegen. [41]

Manches Eichenholz wurde aber auch durch eine solche Behandlung nicht schwimmfähig. Diese Eichen konnte man zusammen mit dem spezifisch leichteren Nadelholz in einem Floß zusammenbinden. Das Nadelholz war dann gewissermaßen der Schwimmkörper für die Eichen, da diese nur so an der Oberfläche gehalten wurden. Jägerschmid nennt das Tannenholz des Schwarzwaldes Anfang des 19. Jahrhunderts den „Wagen" für das dortige Laubholz. [42]

Eine weitere Möglichkeit, die Eichen zu verflößen, ergab sich durch das Einbinden von Tonnen oder Fässern als Tragkörper. Sie wurden nach einem bestimmten Muster zwischen die Eichenholzstämme eingebunden und gaben diesen den nötigen Auftrieb. Vor allem im 19. Jahrhundert war diese Transportmethode an der Weser üblich. [43] Bekannt war sie auch an Rhein, Mosel und Ems.

Eine besondere Floßform stellen die auf fast allen Floßstraßen vorkommenden Bretterflöße dar. An der Donau „Ladenkarl", auf dem Main „Stümmel" und im Schwarzwald „Sägwarenfloß" genannt, hießen sie an der Weser Bretter- oder Dielenfloß. Sie sind hier schon für das 16. Jahrhundert belegt. Damals, 1564, ließ Herzog Erich II. von Braunschweig-Calenberg Dielen aus dem Bramwald auf der Weser nach Holland schicken, und 1572 wurde eine Ladung Dielen aus Schmalkalden, die für Kassel bestimmt war, in Münden beschlagnahmt. [44]

Zur Einführung der Bretterflöße hat sicherlich die Überlegung beigetragen, daß ein verarbeitetes Produkt

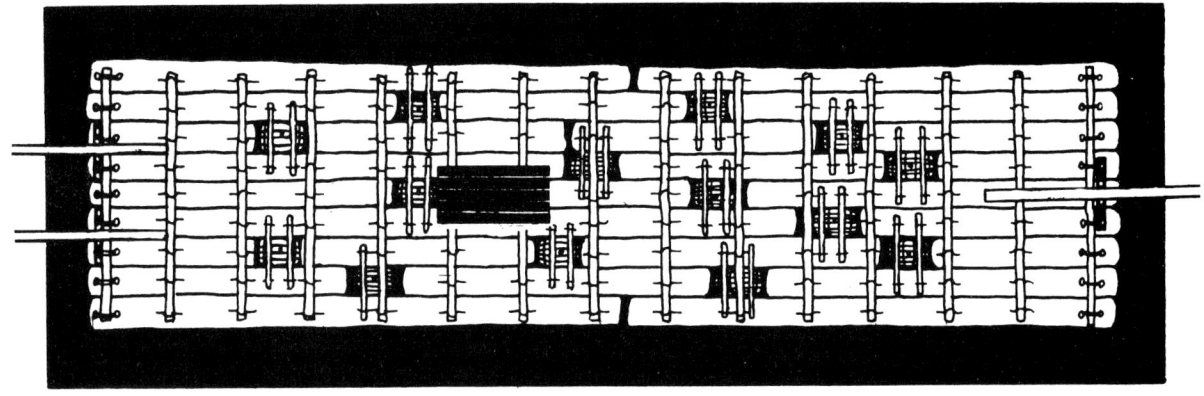

Tonnentragfloß
(Schematische Zeichnung nach Delfs, S. 47)

— der schon zu Brettern gesägte Stamm — größeren Gewinn brachte als das einfache Rohprodukt. Daher wurde das Holz in nahe gelegene Schneidmühlen getriftet und dort zu Brettern und Dielen geschnitten. Auf diese Weise gab es im eigenen Land — man muß sich daran erinnern, daß Deutschland in eine Vielzahl von Kleinstaaten zerfiel — Arbeit und Verdienst für die jeweiligen Landesbewohner, und die Einnahmen der Landesherren stiegen ebenso nicht unerheblich.

Daneben war für den Transport von Laubholz das Zersägen der Stämme zu Dielen wohl günstig, da der Trocknungsprozeß — ähnlich wie beim Scheitholz — beim geöffneten Stamm beschleunigt und der Trocknungsgrad erhöht werden.

Um eine Beschädigung der Bretter durch Bohrlöcher oder durch das Einschlagen von Nägeln und Krampen und damit eine beträchtliche Wertminderung zu vermeiden, wurden die Bretter- und Dielenflöße auf besondere Art und Weise eingebunden. Delfs beschreibt diese Einbindetechnik für die Werra folgendermaßen: „Das Einbinden [der Dielen] erfolgte an Land auf einem Gestell, das aus zwei schrägliegenden, 3 m voneinander entfernten Lagen (Streichrippen) und dem Bindbaum bestand." Eine beigefügte Zeichnung zeigt, daß

der Bindbaum ein Rundholz war, das parallel zum Floßgewässer stand und wie ein Sägebock zwei Beine hatte; die Streichrippen waren auf den Bindbaum aufgenagelt und bildeten eine Rutsche zum Wasser hin. So glich das Gestell einer Art Schiffshelling. „Die Bretter wurden hier gestapelt, 20—25 ergaben ein Bund von 40—50 cm Höhe; jeder Stapel wurde vorne und hinten durch ein gutes Hanfseil zusammengehalten. Der Bindbaum mit den Streichhölzern erleichterte das Einbinden sehr, da die Flößer im Wasser und zu ebener Erde nur schlecht und schwerfällig arbeiten konnten. Da die Dielenflöße eine Breite von 3,50 m hatten — die Breite ist von den zu passierenden Floßgassen abhängig —, wurden 9—15 nebeneinander gelegte Bretterstapel zum Bau eines Bettes benötigt. Auf der oberen Werra durften die Flöße nur 18 Dielen hoch und 8 Dielen breit eingebunden werden. Waren die einzelnen Stapel zusammengebunden, so wurde das ganze Bett durch ein gutes Hanfseil vorne und hinten zusammengehalten. Jedes Bett hatte an seinem vorderen und hinteren Ende 3 Pflöcke, von denen die beiden äusseren durch ein weiteres Seil verbunden wurden. Dieses konnte durch einen in der Mitte steckenden Pflock gedreht und damit verkürzt werden. Das fertiggestellte Bett wurde

Einbindegestell für Dielenflöße
(Schematische Darstellung nach Delfs, S. 43)

dann mit Hebebäumen ins Wasser gebracht, nachdem die Streichhölzer vorher mit Wasser bespritzt worden waren, um ein leichteres Rutschen zu erreichen. Die anderen Betten wurden auf dieselbe Weise eingebunden. Je nach der Länge der Dielen (4 oder 5 m) ergaben 5 kurze oder 4 lange Betten ein Floß von 20 m Länge. Die Seiten der Außenstapel waren mit Brettern bedeckt, die so lagen, daß sie die Fugenzwischenräume zwischen den einzelnen Betten überragten und dem Floß einen festeren Zusammenhalt gaben. Das Aneinanderkoppeln der Betten erfolgte durch 2 bereits erwähnte, auf dem hinteren Teil des ersten und dem Vorderteil des folgenden Bettes eingebohrte, ca. 20 cm lange Pflöcke, die durch ein Seil miteinander verbunden wurden. Meist waren die untersten Bretter jedes Bettes etwas vorgeschoben, so daß das erste auf dem zweiten und das zweite auf dem dritten Bett usw. ruhte. Die Dielenflöße erhielten auf Grund dieser festen Einbindeweise ein so festes Gefüge, daß sie den stärksten Beanspruchungen standhielten." [45]

Die Beschreibung macht deutlich, wie sorgsam man mit der empfindlichen Ware umging. Dennoch ließen sich Beschädigungen nicht völlig vermeiden, so daß man frühzeitig dort, wo es möglich war, andere Beförderungsmethoden für die Dielen und Bretter bevorzugte. Zuerst waren es Schiffe, die den Transport übernahmen, dann ging ein großer Teil der empfindlichen Fracht an die Eisenbahn über, und letztendlich waren es Lastkraftwagen, die sie vom Herstellungs- zum Bestimmungsort beförderten.

Flößbar ist der kleinste Fluß

Wer heute in der Landschaft Flüsse und Bäche sieht, für die Flößerei überliefert ist, wird sich mit Sicherheit häufig wundern.

Schmalste, mäandrierende Flüsse mit so geringem Tiefgang, daß das Bett durchscheint, sollen zum Holztransport gedient haben? War das oben dargestellte Wasserstraßennetz wirklich als Verkehrssystem nutzbar? Konnten tatsächlich gebundene Flöße mit einer Stammlänge von mindestens 18—20 m auch solche kleinen Gewässer passieren?

Wie wir gesehen haben, wurden die Flöße in Breite, Länge und Konstruktion dem jeweiligen Fluß oder sogar dem jeweiligen Flußabschnitt angepaßt. Ihr Tiefgang war recht gering. War für die Trift ein Wasserstand von 60—100 cm nötig, reichte für die Langholzflößerei eine Tiefe von 50—70 cm. [1]

Um auf flachen, schmalen Flüßchen zu flößen, waren allerdings besondere Bedingungen zu beachten und Vorkehrungen zu treffen. Da Trift und Flößerei für die Versorgung der Bevölkerung, des Handwerks und der Industrie vor Einführung der Eisenbahn und dem Ausbau des Straßenverkehrs geradezu lebensnotwendig waren, kann man sich vorstellen, daß selbst größere Anstrengungen unternommen wurden, um die Flößerei auch zu verwirklichen.

Ideale Flößzeiten

Wichtig war es zuerst einmal, die natürlichen Bedingungen bestmöglichst auszunutzen. In den einzelnen Flußlandschaften bildeten sich mit der Zeit bestimmte Erfahrungswerte heraus. So war die Flößzeit aus verschiedenen Gründen eingeschränkt. Dazu schreibt Jägerschmid: „Die schicklichste Jahreszeit zum Floßbetriebe setzt vordersamst die Möglichkeit der Ausfüh-

Hochwasser an der Weser. Abgetriebene Flöße, 1956 (Wasmuth)

rung dieses Geschäfts in Ansehung des erforderlichen Floßwassers, sodann aber auch Berücksichtigung verschiedener Lokalverhältnisse und Handels-Conjuncturen voraus."[2] Im folgenden widmet er den jahreszeitlichen Vor- und Nachteilen immerhin zwölf Seiten. Bei Eisgang im Winter verbot sich die Flößerei wegen der Gefahr des Festfrierens. Im Dezember, Januar und Februar wurde im allgemeinen nicht geflößt. Doch gerade bei kleinen Gewässern konnte das Hochwasser der ersten Schneeschmelze die normalerweise mangelnde Wassertiefe oft ausgleichen. Schon im Winter wurde das Holz zu den Einwurf- oder Bindestellen gebracht, um rechtzeitig bereit zu liegen; denn wenn das Schmelzwasser abgeflossen war, konnte es für die Flö-

ßerei bis zum nächsten Herbst zu spät sein. Ein interessantes Beispiel ist die Ilme, auf der in drei Abschnitten zu unterschiedlichen Zeiten geflößt bzw. getriftet wurde. Im März wurde das Holz unterhalb der Floßteiche eingeworfen und bis Relliehausen getriftet. Die zweite Flöße führte dann im April bis Holtensen bei Einbeck, die dritte Flöße auf der Leine konnte noch später erfolgen, da hier das Vollwasser länger anhielt.[3]

Ebenso wie zu wenig war auch zu viel Wasser für die Flößerei problematisch. Hier bestand die Gefahr, daß das Floß in der reißenden Strömung abtrieb, die Ufer beschädigte, auflief oder gar zerschellte. Auch wenn bei plötzlichem Hochwasser die Flöße vorsichtshalber gestoppt und angebunden wurden, konnten sie der zer-

störerischen Kraft eines Hochwassers nicht immer entgehen. 1813 etwa rissen sich zahlreiche Flöße, welche hinter dem Mündener Schloß am linken Werraufer befestigt waren, los und wurden vor die Werrabrücke getrieben. Erst nach 14 Tagen waren alle Bestandteile wieder in Sicherheit gebracht.[4] Noch in den 50er Jahren erlebte der Flößer Willi Wasmuth ein solch verheerendes Hochwasser auf der Weser.

Bei Niedrigwasser mußte die Flößerei häufig eingestellt werden. In den extrem trockenen Sommern 1893 und 1911 beispielsweise kam die Flößerei auf der Werra den ganzen Sommer über zum Erliegen. „Manche Flöße, die rasch noch werraabwärts geführt werden sollte, mußte im Werrabett liegen bleiben, da der Wassermangel so bedeutend war, daß sie auf dem Grund anstieß. Erst im Herbst gelang es, das Fahrzeug dem Ort der Bestimmung zuzuführen."[5]

Unter dem Problem des Niedrigwassers hatte besonders häufig die Flößerei auf der Fulda vor der 1890 bis 1895 erfolgten Kanalisierung zu leiden. So lagen etwa 200 Flöße des preußischen Staatsministers von der Horst das ganze Jahr 1773 bei Kassel auf der Fulda, da Niedrigwasser ein Fortkommen verhinderte.[6]

Andere Flüsse sind vergleichbar. So fällt bei Rechnungen über Bauholzflöße auf der Oker aus dem Jahre 1591 auf, daß vom 25. Januar – 25. Juli und dann erst wieder vom 28. Oktober – 25. Juli des folgenden Jahres neu eingetroffenes Holz verzeichnet ist.[7] August und

September, also die Monate, in denen die Sommerhitze sich am Wasserstand bemerkbar macht, sind ausgelassen. Im Frankenwald beispielsweise wurde dieser Zeitraum zu Instandsetzungsarbeiten genutzt.[8]

Dieser auffallende Wassermangel in den Hochsommermonaten lag nicht nur an der Hitze allein. Vielmehr wurde gerade während der Trockenperiode das Flußwasser auch zum Wässern der Wiesen benutzt.

Vor der Erfindung künstlicher Düngemittel war man ganz auf natürliche Möglichkeiten der Bodenverbesserung angewiesen. Hierzu gehörte auch die Nutzung der nährstoffreichen Überschwemmungen in den Flußauen. Wie man das in größerem Maßstab vom Nil bis zum Bau des Assuan-Staudammes noch zu unserer Zeit kannte, leitete man vielerorts in den Weserauen das Flußwasser zur künstlichen Wässerung auf die Uferwiesen. Besonders gern und umfangreich geschah dies natürlich im Sommer.

Diese Wässerung wurde auch als Flößerei bezeichnet. So gibt es im Archiv der Stadt Höxter eine Akte: „Regulierung der Grube-Flößerei 1874—1910", die auf den ersten Blick Flößerei auf der Grube nachzuweisen scheint; doch handelt es sich hier lediglich um die Wässerung der Uferwiesen.[9]

Teilweise mußte für die Wiesenwässerung die Flößerei eingestellt werden. So heißt es in der Flößordnung für Schleuse und Werra von 1839 unter Punkt 14—15: „Was die Wiesenwässerung aus der Werra insbesondere durch das Defertshäuser Wehr betrifft, so behält es bei dem bisherigen Herkommen sein Bewenden, wonach zur Heuernte 11, zur Grummeternte aber 9 Tage durch gedachtes Wehr bewässert werden kann und die Flöße während dieser Zeit eingestellt werden muß. Solange das Defertshäuser Wehr gewässert wird, darf unbeschränkt auch mit anderen Wasserwehren gewässert werden, außer den gedachten 11 resp. 9 Tagen aber nur unbeschadet der Flöße." In Punkt 15 wird die achttägige Vorankündigung verlangt, ebenso die Information der Flößer bei Unterbrechung der Wässerung wegen Kälte oder Nebel.[10]

Wie die Erwähnung des „bisherigen Herkommens" zeigt, handelt es sich hier um die Fixierung eines Gewohnheitsrechts, das sicher sehr weit zurückgeht.

Sieht man einmal von den Wintermonaten mit Eisgang ab, konnten die Weser und ihr Nebenfluß Aller gewöhnlich ganzjährig mit Flößen befahren werden.[11]

Die Probleme mit Hoch- und Niedrigwasser und fremden Nutzungsrechten wie der Wiesenwässerung machen noch skeptischer, ob Trift und Flößerei wirklich systematisch zu betreiben waren. Immerhin verbesserten natürliche Frühjahrs- oder auch Herbst-Hochwässer, wie wir gesehen haben, die Bedingungen für die Flößerei schon wesentlich.

Maßnahmen zur Flößbarmachung

Flußbettvertiefung und Stichkanäle

Die Bäche wurden zudem nicht in dem verwucherten Zustand zum Flößen benutzt, wie wir sie heute sehen. Vorarbeiten verschiedener Art waren vonnöten.

Am Beginn stand oft eine Probeflößung von Triftholz oder von einzelnen Langholzstämmen, um etwaige Störungen bei der Flößerei einschätzen und beheben zu können. Jägerschmid etwa hält in seiner Abhandlung zur Flößerei von 1828 eine solche Flößprobe für ausgesprochen ratsam. „Auf Flüssen und Bächen, welche entweder niemals zur Flößerei eingerichtet waren, oder zu diesem Geschäfte schon lange nicht mehr benutzt wurden, inzwischen aber die Ufer sowohl, als der Thalweg derselben sich verändert haben, die zur Flößerei früher errichtet gewesen Wasserbauten aber zu Grunde gegangen sind, ist man allerdings in nicht geringer Verlegenheit, wenn solche wieder zur Flößerei benutzt und eingerichtet werden sollen, da man die, in der Floßstraße vorhandenen Hindernisse noch nicht kennt, also auch nicht wissen kann, auf welche Art solche zu verbessern, und an welchen Stellen angemessene Einrichtungen und Bauten unternommen werden sollen. / In solchen Fällen ist es rathsamer, bevor man sich entschließt, Verbesserungen in der Floßstraße anzuordnen, oder die Flöße auf gut Glück solchen Gewässern anzuvertrauen, ein oder mehrere kleine Probeflöße, bei verändertem Wasserstande zu unternehmen, und während dem Gang derselben die Floßstraße in allen ihren Theilen genau zu beobachten, und aus der natürlichen Richtung des Floßwassers und den Folgen, welche für die Ufer sowohl als die Flöße selbst, daraus hervorgehen, zu ermessen, an welchen Stellen angemessene Verbesserungen nöthig, und welche Arten derselben am nützlichsten und zweckdienlich sind." [12]

Eine Probeflöße mit Triftholz durch die Stadt Wolfenbüttel am 16. März 1705 zeigt genau die von Jäger-schmid vorgeschlagene Vorgehensweise. Allerdings handelt es sich um eine innerstädtische Flöße, bei der Gebäude statt der natürlichen Ufer geschädigt werden konnten, eine Situation, die bei Jägerschmid so nicht vorkommt. „Demnach auf Ihrer Durchl. Gnädigsten Special Befehl heute die Probe von der Holz Flöße durch die hiesige Stadt fürgenommen, umb zu sehen, ob und wie viel Schaden dadurch etwa der hiesigen Vestung an dem Mauerwerk oder der Herrschaftl. Neuen Mühle an dem Grundwerk oder sonsten durch dessen an dem Okerfluß in dieser Stadt stehenden privat Hintergebäuden zugefüget würde, und dann zu dem ende und der halbe theil von der gegenwärtigen Flöße gestern Abend allbereit durch die Hauptschlüse in die Stadt gebracht gewesen, So hat man zwar, ob auch bei der Haupt-Schlüse einiger Schaden dadurch geschehen könnte, vor das Mahl nicht anmerken können. Soviel aber die fernere Flößung betroffen, ist durch den Herrn Landbaumeister veranstaltet, daß bey der Neuen Mühle die Mahlgänge insgesamt zugesetzet bleiben und nur allein der Sagemühlen-Gang müßen geöffnet werden, damit der Fluß einen mäßigen Fall und Abzug behielte, hingegen ist die am Ende des großen Zimmerhofs befindliche Schlüse gantz geöffnet, daß vor derselben liegende Flößholtz aber solange zurück behalten, biß der Strohm durch die geöffnete Schlüse sich erst verlaufen, der starke Fall sich völlig gelegt und in einen stillen Abzug verendert gehabt, und als hierauf das Holtz durch die Schlüse auf dem Strohm vor der Commis und hinter dem Markte hinunter von den Floßleuten gebracht, hat man in solcher Gegend nicht einmahl von einem gar harten, vieler-weniger einen solchen heftigen Anstoß von dem fließenden Holtze angemerket, daß dadurch das Mauerwerk verletzt werden könnte, nur hat sich dann und wann das Flößholtz nächst unter der Commis in der Ecke des Lieutenants Schadens Wohnhaus etwas gestoßen, welches nach und nach, wenn öfters geflößet würde, wiewohl nicht besonderen Schaden causieren könnte./ Nachdem nun solchergestalt das Flößholtz insgesamt durch die Schlüse am Zimmerhof gebracht gewesen, ist der Strohm bey der Neuen Mühle geöfnet und daselbst nach und nach das Flößholtz aus der Stadt wieder herausgebracht, woselbst der starke Strohm und hohe Wasserfall das Holtz sehr geschwind über das Grundwerk der Mühlen hinaus getrieben, und wurde dabey observiret, daß sothanes Grundwerk durch diß Flößen wol einigen Schaden empfinden möge, inbetracht insonderheit die schwehren Balken beym Ausfluß den Boden des Grundwerks berührten. Auch gab der starke Strohm und hohe Fall dem Flößholtze und sonderlich den schwehren 50 und 40füßigen Balken einen solchen starken Schuß daselbst, daß es im herunterschießen die Ecke der gegenüber liegenden Bastion zu zeiten erreichen konnte. Der Herr Landesbaumeister apostirte deshalben an solcher Ecke einen Flößknecht, welcher die heranschießenden Balken mit ziemlichem Effect zur Seite stoßen und abhalten könnte, und zu desto mehr praecaution ordonnirte er, daß künftig etliche große daselbst vor der Bastion an der seiten her, wo der Schuß Schaden thun könnte, Zeit währender Flöße Balken quer gegen den starken Ausfluß sollten geleget und dadurch befördert werden, daß das Flößholtz sich daran stoßen und die Bastionswerke nicht mehr sollte berühren können." [13]

Diese aufschlußreiche Beschreibung macht die verschiedenen Schwierigkeiten bei der Trift deutlich. Ähnliches gilt für die Flößerei. Die natürliche Strömung des Wassers kann das Holz in die falsche Richtung, gegen ein Gebäude oder ein Uferstück treiben. Bei der Trift wurde an Gefahrenpunkten Floßpersonal aufgestellt, das das Holz von gefährdeten Stellen — bei der beschriebenen Wolfenbütteler Flöße von der Bastion — abhalten sollte. Weiterhin konnten gefährdete Uferpartien durch vorübergehende Einbauten geschützt werden.

Es fällt im Text weiterhin auf, daß nicht nur besondere Maßnahmen zur Sicherung der Umgebung getroffen

Dirigieren von Triftholz durch ein Mühlenwehr. So wie hier im Frankenwald arbeitete auch das Floßpersonal im Weserraum
(Delfs)

werden mußten. Die Flöße passierte mehrere Mühlenwehre, die für sie extra geöffnet wurden. Dies wirkte sich störend auf den Mühlenbetrieb aus, da dieser zum Stillstand kam. Das vor dem Wehr angesammelte Wasser erhöhte aber auch die Geschwindigkeit des Holzes. Dieses wurde nicht gleichzeitig mit dem Öffnen des Wehrs losgelassen, sondern man gab dem Wasser etwas Vorlauf. Dies gilt auch für Langholzflöße. Dadurch vermied man, daß das Holz das Wasser überholte, da es schneller treibt als der Strom fließt.

Mühlenwehre trugen also wesentlich zur Beförderung des Holzes bei. Zugleich stellten sie eine besondere Gefahr für die Flöße dar und zwangen oft zum Anlegen vor Öffnen des Wehrs. Umgekehrt war eine Beschädigung der Mühlenanlagen durch die Flöße nicht selten. Der Okerabschnitt innerhalb Wolfenbüttels war ein durch Bastionen, Wehre und Mühlengräben bereits begradigter und verbauter Flußlauf. Ging es bei der beschriebenen Probeflößung vor allem um den Schutz der Bauwerke und die effektive Nutzung der Wasserbauten, standen in der offenen Landschaft andere Probleme im Vordergrund.

Als beispielsweise 1746 auf der Schunter geflößt werden sollte, ordnete Herzog Karl von Wolfenbüttel am 17. Mai zuerst eine Probeflöße von 60 Klaftern Erlenholz für das herrschaftliche Holzmagazin in Braunschweig an, und zwar im Bereich zwischen Campen und Braunschweig.

Der zuständige Landkommisar erstattete anschließend einen Bericht, in dem er die Schwierigkeiten schildert, die sich ergeben hatten. Am Ort Lehre hatten in der Nähe der Straßenbrücke alte Pfähle im Wasser das Holz 6 Stunden lang aufgehalten. Besonders lästig war auch das folgende Mühlenwehr gewesen. Das nächste Hindernis war eine Brücke in Wendhausen. Von hier bis Querum war der Fluß durch Uferbäume verwachsen. Störend waren auch die vielen Altwasser. 5 Stunden gingen hierdurch verloren. Insgesamt hatte man 30 Stunden benötigt.

Trotz der Hindernisse und der langen Dauer war man mit dem Versuch zufrieden. Folgende Maßnahmen zur Verbesserung wurden vorgesehen: Der störende Brückenbogen konnte leicht verändert werden. Die Pfähle im Wasser sollten mitsamt der Mühle durch einen Stichkanal umgangen werden. Auf Vorschlag des Landkommissars mußten die Amtsuntertanen den Flußlauf von Buschwerk reinigen und die Altarme abdämmen, um ein geregeltes Flußbett zu gewinnen. Außerdem wurden die Sandbänke im Unterlauf entfernt. Die betroffenen Ämter Campen und Riddagshausen schlugen vor, „das Flußbett dreimal jährlich von Schilf und Kraut zu reinigen". Der Herzog war einverstanden und bot als Gegenleistung zur Arbeit der Ämter an, die Kosten für die Räumung der entstehenden Sandbänke zu übernehmen. [14]

Der Erfolg dieser zwar personalintensiven, aber recht unkomplizierten Aufräumungsarbeiten für die Flößerei war beachtlich. Schon 1747 wurden ca. 7000 m³ Brennholz geflößt, 1749 dann außer Brennholz auch 17 gebundene Flöße Bauholz, 7 Schnittholzflöße und 4 Flöße mit Spezialholz für den Festungsbau. [15]

Nach Inbetriebnahme der Strecke Campen—Braunschweig wurde die Schunter in den folgenden Jahren bis Supplingenburg ausgebaut. Die Maßnahmen zielten dabei über die Flößerei hinaus auf die Schiffbarmachung, um auch Holz, das für Flöße ein zu großes Eigengewicht hatte [16], befördern zu können. Die Schunterschiffahrt wurde dann einige Zeit auch für andere Waren betrieben. Noch vor Ende des 18. Jahrhunderts war die Schiffahrt auf der Schunter zu Ende, 1801 folgte die Flößerei.

Der genannte Stichkanal am Unterlauf der Schunter, für den ein Altarm des Flusses aufgegriffen und ausgebaut wurde, machte nicht nur die Umgehung von Hindernissen im Flußbett, sondern auch die eines Mühlenwehres möglich. Durch einen weiteren Stichkanal am Oberlauf konnte das Passieren von 10 weiteren Mühlenwehren vermieden werden.

Vergleichbar mit den Maßnahmen zur Flößbarmachung der Schunter sind die der Ise. An der Wasserscheide zwischen Elbe und Weser gelegen, entspringen bei Wittingen die Ilmenau, die zur Elbe fließt, und die Ise, die in die Aller mündet und damit zum Einzugsgebiet der Weser gehört. Die Ise mäandrierte vor der neuzeitlichen Begradigung nicht nur durch ein waldreiches, sondern auch durch ein feuchtes und damit für größere Holztransporte unwegsames Gebiet. Der Fluß blieb so der einzige Transportweg, bis im 19. Jahrhundert die Wälder durch Knüppeldämme erschlossen wurden. Eine systematische Trift wurde für die Ise schon im 16. Jahrhundert vorgeschlagen, aber wohl wegen organisatorischer Probleme nicht verwirklicht. [17] Wiederholt finden sich Vorschläge zur Flößbarmachung, die enormen Vorzüge hinsichtlich der

Steigerung der Transportkapazitäten und damit der Nutzbarkeit der Wälder wurden immer wieder dargelegt. Der Vorgang ist auch insofern interessant, als er zeigt, wie lange es dauern konnte, bis solche Projekte verwirklicht wurden.

Nach Begutachtung durch Fachleute und Herrichtung des Flußlaufs wurde 1659 schließlich eine erfolgreiche Probeflöße auf der Ise vorgenommen. 1661 kam es zur Trift von 2035 m³ Brennholz, 1662 auch zur Verflößung von Langholz auf der etwa 65 km langen Strecke von Warendorf bis Celle. Systematisch konnte die Flößerei aber erst 1674 betrieben werden, als den Bauern eine Entlohnung für den Transport des Holzes zum Wasser zugestanden wurde, statt sie kostenfrei — und vergeblich — zu Spanndiensten zu zwingen.

Die Flößbarmachung der Ise läßt sich nach den Quellen gut nachvollziehen. Zuerst wurde die Reinigung des Flußbettes vorgenommen. Nur so konnte die genügende Wassertiefe erreicht werden. Wie auf der Schunter wurden dann im Lauf der Zeit Stichkanäle angelegt. Diese sollten in diesem Fall nicht Wehre, sondern zu starke Flußwindungen umgehen. Der erste war der später Fischergraben genannte zwei Kilometer lange Kanal im Gebiet des Forstortes Espenleu, der zweite ein Kanal nördlich von Gifhorn mit drei Kilometern Länge. Wie bei Schunter und Ise stand auch bei der Radau die Reinigung des Flußbettes am Anfang der Flößbarmachung. Der Ausbau erfolgte seit 1571 unter Herzog Karl von Braunschweig. Hier waren nicht nur Sand, Algen und Baumteile zu entfernen. Vor allem die Steine im Flußbett erwiesen sich als störend und verhinderten eine ausreichende Tiefe. Sogenannte Steinspalter wurden extra in Lübeck angeworben, um mit teilweise über 10 weiteren Hilfskräften die Steine zu entfernen. Eine Breite von ca. 3 m und eine Tiefe von ca. 1 m waren Ziel der Arbeiten. Ein Hochwasser machte dabei 1572 besondere Schwierigkeiten. Ein Teil der entfernten Steine nämlich wurde ins Flußbett zurückgeschwemmt. [18] Dennoch waren die Arbeiten 1572 an-

scheinend fürs erste beendet. Im Gegensatz zur Ise, wo die ansässigen Bauern die Aufräumarbeiten im Flußbett und an den Ufern durchführen konnten und mußten, waren in diesem Fall für die Vertiefung des Flußbettes also Spezialisten aus dem Ausland nötig gewesen. Auch spezielle Geräte zur Vertiefung und ständigen Pflege des Flußbettes wurden entwickelt. Major Treu, seit 1751 Baumeister bei Julius von Braunschweig, erfand eine Baggermaschine zur Räumung von Untiefen. [19] Nach einer verheerenden Trockenheit 1757 projektierte er sogar eine Baggermaschine auf einem Floß von 40 zu 8 Fuß Größe, die anders als das bisherige Modell auch auf extrem niedrigen Wassern mitgeführt werden könnte. [20] Auf Weser und Fulda wurden Delfs zufolge „sehr früh Wasserpflüge und Muddemühlen, das sind baggerähnliche Maschinen, zur Räumung des Flußbetts" eingesetzt. [21]

Ständige Pflege war vonnöten

Solche Geräte dienten nicht nur der einmaligen Flößbarmachung, sondern auch der ständigen Flußbettpflege. Nicht umsonst verwies Jägerschmid im zu Anfang zitierten Absatz zu den Voraussetzungen der Flößerei, daß Probeflöße nicht nur vor der ersten Flößbarmachung, sondern für die erste Flößung nach längerer Nichtbenutzung notwendig war.

Wie sehr mangelnde Pflege die Nutzbarkeit eines Flusses einschränken konnte, zeigt das Beispiel der Werra. Auf der Werra war — ähnlich wie auf der seit dem 14. Jahrhundert zum Flößen genutzten Aller — die Flößerei ohne Wehre und Stichkanäle prinzipiell möglich. Für das 16. Jahrhundert läßt sie sich erstmals nachweisen, dürfte aber älter sein. Bis 1899 wurde am Oberlauf bis Meiningen auch Scheitholzflößerei betrieben.

Bis zum Ende der Floßfahrt in den 30er Jahren unseres Jahrhunderts klagten die Flößer über den schlechten

Zustand des Flusses an manchen Abschnitten, der die Probleme beim sommerlichen Niedrigwasser verstärke. Im „Werra-Boten" vom 25. Mai 1904 heißt es: „Die Flößerei auf der Werra ist in vollem Gang. Fast täglich kann man Flöße von oft bedeutendem Umfange die Werra hinab zur Weser steuern sehen. Leider bietet der Fluß, solange eine Regulierung seines Bettes noch nicht vorgenommen worden ist, durch seine zahlreichen Untiefen und plötzlichen Krümmungen mannigfache Hindernisse, so daß es manchmal tagelanger Mühen der Flößer bedarf, die festgefahrene Last wieder flott zu machen."[22] Besonders problematisch war der Werralauf im Bereich von Treffurt. Seit 1885 unternahm das „Meliorationsbauamt Kassel" endlich die Aufräumung des Flußbettes und die Befestigung der Ufer mit Faschinen und Buhnen, um die schon bei einer Begehung im Jahr 1844 als dringend erachtete „Verbesserung des verwilderten Zustandes" zu erreichen.[23] Im Jahr 1905 waren immer noch nicht alle Schwachstellen behoben. So schreibt Keller in seiner grundlegenden Darstellung der Flüsse im Weserraum 1905: „Auch unterhalb der nunmehr ausgebauten Strecke leiden von Heldra bis Wannfried die angrenzenden Ländereien durch unzeitige Ausuferungen und nachteilige Strömungen des ausgeuferten Hochwassers, während die Flößerei wegen verschiedener Felsriffe und Kiesbänke schon bei gewöhnlichen Wasserständen nur mit Schwierigkeit und bei Niedrigwasser überhaupt nicht mehr möglich ist."[24] Verbesserungen waren damals geplant.

Die Werra war zudem in besonderem Maße von einer Zersplitterung der Besitzverhältnisse betroffen (s. u.). Nicht nur das unterschiedliche Interesse der Anliegerländer an der Nutzung des Flusses spielte bei der auffallenden Vernachlässigung eine Rolle, sondern auch die divergierenden Rechtsverhältnisse. In den meisten Ländern waren die privaten Anlieger zur Pflege der Ufer verpflichtet. Die Befolgung der Pflicht ergab sich bei Nutzung der Uferwiesen für Viehwirtschaft —

Weide und Grasschnitt — von selbst, konnte aber auch staatlicherseits erzwungen werden. Häufig erwies sich dies als bitter nötig. Doch während „für die ehemals kurhessischen Strecken [beispielsweise] die Uferbauverpflichtung in zweckmäßiger Weise geregelt ist ..., besteht für die altpreußischen Uferstrecken keine gesetzliche Handhabe, die Anlieger zur ordnungsmäßigen Instandsetzung und zur Unterhaltung der Ufer heranzuziehen"[25].

Einen Überblick, was zur Flußpflege gehörte, gibt der Inhalt einer Vereinbarung zwischen den Anrainern der Werra von 1899. Danach wollte jede zuständige Landesbehörde im Bereich der „ab Wernshausen flößbaren Werra bis zum Beginn der schiffbaren Strecke an der Straßenbrücke bei Wannfried" ... „darauf hinwirken, daß das Flußbett ordnungsmäßig geräumt, die Anlegung von nachtheiligen Abflußhindernissen des Hochwassers verhütet, größeren Uferabbrüchen durch Befestigung angebrochener Stellen vorgebeugt und die Flößbarkeit mindestens so weit erhalten wird, als die hierfür erforderlichen Maßnahmen nicht über den Rahmen der vorgenannten, in der Vereinbarung näher bezeichneten Arbeiten hinausgehen. ... Jede Regierung will dafür sorgen, daß über die beabsichtigte Herstellung von Bauanlagen, welche auf die Abfluß= oder Flößereiverhältnisse wesentlich einzuwirken vermögen (Stauanlagen, Brückenanlagen, Eindeichungen), den betheiligten Nachbarregierungen rechtzeitig genug Mittheilung gemacht wird..."[26] Man beschloß eine jährliche Beschau des Flusses und eine anschließende Beratung aller Kommissare über die nötigen Maßnahmen in Eisenach.

Prinzipiell sah die dauernde Pflege, die Flößbarhaltung, im 16. nicht anders aus wie im 19. Jahrhundert, auch der Vorgang von Beschau und Verteilung der Aufgaben auf Anlieger und Staat war im wesentlichen gleich.

Im Fall der Flößbarmachung der Schunter hatte z. B. Herzog Karl I. mit den Ämtern Campen und Riddagshausen 1747 unmittelbar mit der Flößbarmachung für deren Bereich ein Abkommen über Entfernung von Sandbänken sowie Uferpflege und Entkrautung einschließlich der Verteilung von Pflichten und Kosten getroffen. Im Laufe des Jahrhunderts kam es immer wieder zu Auseinandersetzungen zwischen den Ämtern und Gemeinden vor allem um die regelmäßige und sorgfältige Auskrautung. Als sich 1754 die Dörfer am Oberlauf über mangelnde Pflege des Flusses und ihre Folgen beklagten, „berichtete . . . das Amt Campen der Kammer, daß die Schunter von den beteiligten Gemeinden jährlich einmal, und zwar 8 bis 14 Tage vor Johanni, gereinigt werde. Das Amt schlug vor, die Auskrautung zweimal, und zwar zwischen Pfingsten und Johanni und dann nach der Grummeternte ausführen zu lassen. . ."[27] Insgesamt stellte sich an der Schunter das gleiche Problem wie an der Werra ein Jahrhundert später. Solche Anordnungen betrafen immer nur kleine Flußabschnitte. Auf die Dauer konnte nur eine durchgreifende Verbesserung des gesamten Flußlaufes vor Überschwemmungsfolgen und Uferschäden bewahren. Das sah man damals schon so, und 1772 reichte der Campener Amtmann eine entsprechende Denkschrift in der Fürstlichen Kammer ein. Doch es kam auch weiterhin immer nur zu Arbeiten an Teilabschnitten, bis die Schunter zum Ende des Jahrhunderts zuerst ihre Schiffbarkeit und schließlich auch die Flößbarkeit verlor.

Und immer wieder gab es Streit mit den Anliegern

Die Arbeiten an der Schunter hatten nicht nur der Flößerei gedient, sondern auch den anliegenden Wiesenbesitzern, da die Folgen der Hochwässer reduziert wurden. Zudem war durch die Stichkanäle teilweise eine Entwässerung feuchter Wiesen erfolgt, durch Eindämmung von Altarmen auch ein zusätzlicher Gewinn an Land. Dennoch gehörte es fast zum guten Ton, sich

über die schädliche Flößerei zu beschweren. So beklagte sich schon 1772, ein Jahr nach Fertigstellung des Stichkanals, die Gemeinde Süpplingen wegen Beschädigung der Wiesen. Der zuständige Amtmann und der Oberforstmeister berichteten daraufhin dem Herzog: „Die Gemeinde Süpplingen müßte, anstatt sich zu beschweren, vielmehr für die Ziehung des Flößkanals Dank abstatten, weil ihr durch diesen Kanal der Weg gebahnt ist, ihren über demselben gelegenen Bruch trocken zu machen, wenn sie nur die gehörigen Abzugsgräben ziehen läßt, um alles Quellwasser aus diesem Bruch in den Kanal zu führen, denn der Augenschein zeigt, wie vortrefflich sich der Boden an beiden Seiten des Flößgrabens schon gesetzt hat, auch mit dem schönsten Gras bewachsen ist."[28]

Doch waren die Beschwerden über die Flößerei andererseits auch oft berechtigt. Vor allem die schwer zu kontrollierende Trift beschädigte die Uferböschungen, verursachte Einbrüche, die sich beim nächsten Hochwasser zu gefährlichen Ausdehnungen und Verlagerungen des Flußbettes entwickeln konnten.

So war es, um späteren Streitfällen vorzubeugen, generell üblich, eine Vor- und Nachbesichtigung des Flußlaufes durchzuführen. Jägerschmid zufolge „erforderte es die Vorsicht", zuvor „nochmals die Floßstraße genau zu untersuchen . . ." und in einem „Voraugenschein" alle Schäden und durch schlechten Zustand gefährdete Stellen an Ufern und Wasserbauwerken in einem Protokoll genau zu notieren. Nach Ende der Flößerei sei sofort ein „Nachaugenschein" vorzunehmen, Schäden seien zu notieren und abzuwägen, ob sie auf Grund vorher festgestellter Mängel entstanden oder wirklich als Folgen der Flößerei eingestuft werden könnten.[29] Auf der Ilme gab es hierfür eine gesonderte Flößekommission, die die Kontrolle vornahm. „Die Kosten für die Uferverbesserungen" wurden in diesem Fall „von der Flößekasse getragen. Es wurden jedoch nur die Uferstellen repariert, die tatsächlich während der Floßzeit schadhaft geworden waren."[30]

Als der hannoversche Floßkommissar Brunsing 1737 den Antrag stellte, für 10 bis 12 Jahre Holz vom Solling über die Ilme nach Hannover zu verflößen, verprach er u. a., sich auch mit der „Amts-Oeconomie zu Hunnesrück als Inhaber der Fischerey ab[zu]finden, desgleichen mit den Müllern und den Untertanen, welchen durch die Flöße an Wiesen, Garten und dergl. vielleicht geschadet werden möchte"[31].

Ähnlich sicherten sich Braunschweiger und Hildesheimer in ihrem Vertrag über die Flößerei von 1864 ab. Hier heißt es: „Von beiden Seiten wird eine ständige Kommission bestellt, die gemeinsam vor und nach jeder Flöße die eventuell eingetretenen Schäden an Ufern und Baulichkeiten feststellt und den beiden Regierungen meldet. Doch können Kleinigkeiten an Ort und Stelle sofort erledigt werden . . .".[32]

Welche Stellen besonders gefährdet waren, verdeutlicht die Flößordnung für Werra und Schleuse von 1839. Hier heißt es unter Punkt 11: „Die Flößer haben alle Vorsicht anzuwenden, daß weder durch Langholznoch durch Dielenflöße die Ufer und Wehre beschädigt werden und bei jeder muthwilligen Beschädigung der Wehre und der Ufer durch die Flößer hat der Beschädigende nicht nur den Schaden zu ersetzen, sondern er verfällt auch in eine Strafe von 10 Thalern. Auch sind die Flößer gehalten, nur an den hierzu von den Polizeybehörden angewiesenen Stellen anzulegen . . . Insbesondere dürfen die Flößer bei der Vermeidung von 10 Thalern Strafe nicht an solchen Uferstellen anlegen, oder Pfähle zur Befestigung der Flöße einschlagen, welche wund oder erst frisch angeschwemmt sind, oder aus lockerem Boden bestehen, besonders, wenn das Ufer konkav ist . . ."[33]

Während die letzte Passage wörtlich übereinstimmt, ist die Auslegung der Suche nach Landeplätzen in der „Flößordnung für die untere Werra von Wernshausen bis an die Landesgrenze" vom 12. Juli 1844 großzügiger: „Die Wahl der Anlegeplätze für die Flöße bleibt den Flößern überlassen, findet dieß jedoch in der Nä-

he eines Mühlgrabens statt, so muß es in der Art geschehen, daß der zuerst anlegende Flößer zunächst unterhalb des Ausflusses des Grabens in den Hauptfluß, der folgende Flößer sein Floß dicht unterhalb des vorhergehenden usw., jedoch nicht in der Weise anlegen muß, daß durch das angelegte Floß das Vorbeifahren für andere Flöße nicht gehindert wird."[34]

Daß es immer wieder zu Streitereien zwischen Anliegern und Flößern kam, ist leicht vorzustellen. Oft wurden deshalb die Plätze genau festgelegt, an denen die Flöße festmachen durften. So wurde etwa an der Leine im Northeimer Bereich ausdrücklich „den Flößern zugestanden, die Ufer zu betreten und am Witwengarten und der Ochsenwiese Flöße anzulegen"[35].

Wehre und Schleusen

Die Flößbarmachung erschöpfte sich häufig nicht in der Reinigung und Vertiefung des Flußbettes, in Stichkanälen und der Befestigung und Sicherung der Ufer. Waren bei den bislang besprochenen Beispielen Schunter und Ise Aufräumarbeiten und Stichkanäle ausreichend, so mußten in der ebenfalls schon erwähnten Radau zusätzlich Wasserbauten eingerichtet werden, um den für Trift und Flößerei nötigen Wasserstand zu erreichen.

Eine besonders interessante Schleusenanlage kann heute noch in Resten in der Landschaft bei Radauborn besichtigt werden.[36] Im Radaubett wurden hier insgesamt sieben Teiche ausgehoben. Der Aushub, verstärkt durch Material aus direkt anliegenden Steinbrüchen, wurde zum Aufschütten von Dämmen jeweils unterhalb dieser Teiche benutzt. Der Fluß wurde sozusagen mit Teichen gestuft. Davon sind die fünf oberen wohl die älteren. Den fünften, der anscheinend fehlerhaft und durch ein Hochwasser zerstört worden war, hatte de Raet, der Baumeister von Herzog Julius, 1576 durch einen sechsten ersetzt. Hierbei ist interessant, daß die ersten fünf Schleusen zum Teil in einer ersten Fassung auf Herzog Heinrich, den Vater von Herzog Julius, zurückgingen. Nach den Quellen sollten ein Zimmermann und ein „Theichmeister" nach vorgegebenen Plänen bauen, die diese jedoch mutwillig abänderten. Der Zimmermann verschwand. Anscheinend war man nicht an den richtigen Fachmann geraten; denn ein anderer Zimmermann beendete die Arbeiten nach Plan.[37]

Diese Probleme beim Bau weisen darauf hin, daß die Anlage solcher Staudämme nicht gerade alltäglich war. Der untere siebte Damm ist noch jünger. Die Dämme hatten jeweils ein Floßloch, das für das Triftholz bzw. die Flöße geöffnet wurde. Wenn nacheinander alle Löcher aufgezogen wurden, ergab sich ein relativ lang anhaltendes Hochwasser, das zum Durchflößen ausreichte.

Eine zusätzliche größere Schleuse errichtete Baumeister de Raet weiter unterhalb. „Sie wird auf einer Harzkarte von 1680 als ‚Große alte Schleuse' bezeichnet; das Harzburger Erbregister von 1666 bemerkt: ‚Bey dem Seldenborn, alda die erste große Stauerung gebawet' ... Von dem mächtigen, aus anstehendem Gestein errichteten Staudamm blieben bis heute 10 m hohe Reste erhalten."[38] Als weiterer Wasserbau wurde unterhalb der Saline Juliushall ein Wehr mit Holzrechen eingerichtet. Hier wurde das Triftholz für die Saline aufgefangen.

Wie an der Radau gab es auch an der Oker einen Fangrechen für Triftholz, und zwar bei der Hütte in Oker. Hier wird denn auch deutlich, wofür die gewaltigen baulichen Anstrengungen unternommen wurden: zum einen für die Versorgung der Hauptstadt, zum anderen für die Hütten des Herzogtums. Die aufwendigen Flößanlagen waren Bestandteil der Frühindustrialisierung im Harz.

Auch auf der oberen Oker waren Schleusen notwendig, um einen ausreichenden Wasserstand zu erzielen. Zwei dieser Schleusen, der Große und der Kleine Juli-

usstau, liegen heute im Bereich des Staubeckens der Okertalsperre.[39] Diese Schleusen hatten zum Teil gewaltige Ausmaße. Die Sperrwände der Schleuse am Hirschkopf waren 10 bis 12 m tief seitlich in den Felsen eingelassen, der größte, der Juliusstau, hatte ursprünglich eine Stautiefe von 48 Fuß, das sind etwa 15 Meter.[40]

Interessanten Aufschluß über Maßnahmen zur Flößbarmachung bieten die Quellen zur Ecker. Hier ist für die Zeit von Herzog Julius in den Quellen vor allem die Herrichtung des Flußbettes belegt.[41]

Seit 1580 waren die Arbeiten in Angriff genommen worden. Im Oberlauf waren es wieder Steine, die aus dem Flußbett geräumt werden mußten. Zudem waren die Ufer von überhängenden Zweigen zu befreien. Im Unterlauf war die unkontrollierte Ausbreitung des Flußbettes in der Aue zu unterbinden, d. h., die Ufer mußten befestigt und die Abzweigungen mit Wehren abgeschottet werden. Müller zufolge „war bei dem starken Gefälle der Ecker die Anlage von Schleusen nicht erforderlich"[42].

Ein Blatt mit Schleusenentwürfen von Hans Vredemann de Vries könnte sich jedoch auf die Ecker beziehen. De Vries war der Nachfolger de Raets am Hof in Wolfenbüttel. Er arbeitete für Herzog Julius von 1587 bis zu dessen Tod 1589. Für den 3. November 1587 sind 13 Entwürfe für den Herzog belegt. Zu Nr. 11 heißt es: „Ein abriß des Eckerflußes nach wie ein stadlicher teich und floßung daselbst einzurichten als daz, Ill[ustrissi]mus man soll anzeigen, mit wieviel personen solche kunst angerichtet werde." Das genannte Blatt ist auf der Vorderseite bezeichnet mit „Johans Friedman Friese 1587 im december", die Rückseite zeigt 7 Schleusenanlagen für gebundene Flöße und einen stattlichen Floßteich. Sollte es sich also um eine Variante der eben für den November genannten Vorschläge für die Ecker handeln?

Ungeachtet, auf welchen der Flüsse im Herrschaftsgebiet des Herzogs Julius sich die Entwürfe von de Vries

Skizze von Schleusenanlagen in einem Flußlauf (Ecker?). Johann Vredemann de Vries. Aqu. Federzeichnung, 1587 (Nieders. Staatsarchiv Wolfenbüttel)

beziehen, geben sie uns Aufschluß über Stauschleusen der Zeit.

Die größere Zeichnung zeigt einen Flußlauf in drei Teilstücken übereinander, die jeweils als Fortsetzung des oberen gedacht sind. Perspektivisch richtig werden Wasserbauten, Fluß und Flöße nach oben, also nach hinten, kleiner. Den Fluß unterbricht sofort am linken oberen Rand ein Teich, dessen Größe durch 4 eingezeichnete Flöße anschaulich wird. Er ist zwischen zwei Wehren angelegt. Der Teich ist deutlich künstlich ein-

gefaßt. Dies markieren die Doppellinien, während der normale Flußlauf jeweils nur eine einfache Kontur aufweist. Weitere Aussagen über die Art der Einfassung sind nicht möglich. Auf eine längere Strecke mit geradem Flußlauf folgt nach einer Rechtskurve ein weiteres Wehr, auf das eine scharfe Linkskurve folgt. Im Mittelbereich des Blattes ist durch schrägere Linienführung Gefälle angedeutet. Drei Wehre stauen den Fluß in diesem Bereich. Im unteren Teil findet sich in einer Flußbiegung mit Gefälle ein siebtes Wehr.

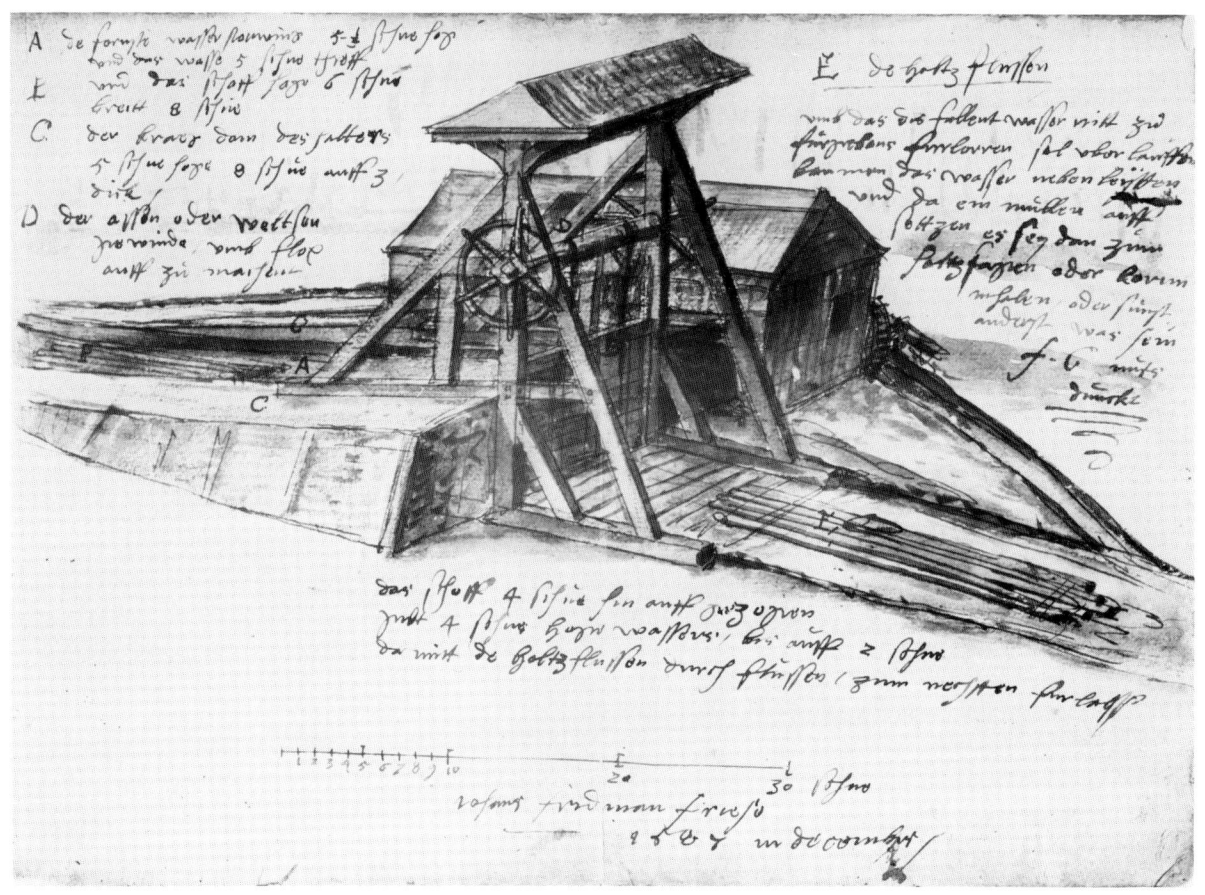

Schleuse mit Floß und Mühlenanlage. Johann Vredemann de Vries, Aqu. Federzeichnung, 1587
(Nieders. Staatsarchiv Wolfenbüttel)

Die zahlreichen eingezeichneten Flöße zeigen, daß es sich um eine Planung zugunsten der Flößerei handelt. Neben den Wehren ist jeweils ein Gebäude angedeutet, dessen Bedeutung erst auf der anderen Blattseite klar wird. Hier ist eine der Anlagen vergrößert und detailliert dargestellt. Anders als bei den durch Dämme und ein einfaches Floßloch abgesperrten Teichen wie im Radauborn handelt es sich hier um eine Stauschleuse. Ein Schott zwischen zwei hohen Balken schließt das Wehr. Die Balken sind durch schräge Stützen und Zwi-

schenstützen versteift, oben mit einem Querbalken und einem Dach verbunden. Links findet sich eine radförmige Kurbel, um das Schott hochzudrehen. Im Mittelbereich der Ständer sichert ein weiterer Querbalken auf Höhe der Kurbel das Schott beim Hochdrehen nach oben. Seitlich ist ein Damm aufgeschüttet, über den wie auf einer Rampe die Kurbel erreichbar ist. Vom Schleusenbalken an ist der Damm aufgeschnitten, um die Anlage der Balken darin offenzulegen. Das Schott ist schon wieder herabgelassen; das Floß hat das

65

Wehr passiert. Die aufwendigere Anlage erlaubt, das Wehr direkt wieder zu schließen, ohne unbedingt das ganze Wasser ablaufen zu lassen, wie es bei den gedämmten Teichen im Radauborn der Fall war. Diese Vorrichtung zum raschen Abschotten des Wassers hat ihren Grund im Nebengebäude des Wehrs, einer Wassermühle. Diese benötigte das Flußwasser dringend für ihren Betrieb. Je schneller es wieder zur Verfügung steht, desto weniger wird die Mühle beeinträchtigt. Der Mühlbach zweigt vor der Stauschleuse ab, läuft über das Mühlrad und mündet unterhalb des Wehrs wieder in den Fluß.

So wie die Flußskizze auf der Rückseite wenig detailliert ist und nur eine übergreifende Vorstellung von der Gestaltung eines Flußabschnittes bietet, ist auch die Zeichnung auf der Vorderseite keine Bauvorlage, auch wenn in den zugehörigen Texten Konstruktionsteile und Balkendicken benannt sind. Die Zeichnung gibt vielmehr eine Vorstellung, wie eine solche Schleuse funktioniert und aussieht. Noch heute ist für uns die de Vries'sche Darstellung besonders anschaulich. Der Künstler-Architekt de Vries stellte seinem Dienstherrn Herzog Julius eine Idee bildlich vor Augen. Im Text machte er weitergehende Vorschläge zum Projekt, die er anscheinend mit dem Herzog diskutieren wollte. „das des fallent wasser nicht zu fürgebens ferlovven sol..." schlägt er vor, „eine Mühle zum holtz sagen oder ... was sein f.[ürstliche] G.[naden] dencke" zu bauen.

De Vries dachte also über die Flößerei hinaus. Da die Wasserkraft für die Flößerei durch Wasserbauten gebündelt werden mußte, sollte man gleich das gestaute Wasser doppelt nutzen und Mühlen in die Planung einbeziehen.

Analysiert man die Zeichnung genau, wird ein weiterer Aspekt, der mit der Anlage von Wehren und Staustufen verbunden ist, deutlich: der Höhenunterschied, den ein Floß beim Passieren eines Wehres zu überwinden hatte.

Wie das Wehr, das de Vries gegen Ende des 16. Jahrhunderts zeichnete, funktionieren bis heute Überfallwehre, ob sie nun aus Holz, Stein oder Beton bestehen. Die Konstruktion zum Öffnen des Schotts scheint in diesem Fall sogar besonders durchdacht. Eine einfachere Form ohne Kurbel ist die Befestigung des Schotts an einer Stange, die durch eine Halterung gesichert wird und bei deren Loslösung zur Seite schwingt. Hier kann das Schott erst nach vollständigem Abfluß des Wassers wieder geschlossen werden, da sonst der Widerstand zu stark ist.

Wehre waren für die Flößerei vor allem auf sehr kleinen und mittleren Flüssen unabdingbar. Immer dann, wenn das Flußbett nicht auf andere Weise auf genügende Tiefe zu bringen war oder die Fließgeschwindigkeit nicht ausreichte, mußten solche Anlagen errichtet werden.

Mühlenwehre als Hindernisse

In den schriftlichen Quellen werden Wehre und Flöße meist in einem ganz anderen Zusammenhang erwähnt: nicht als Bauwerke zur Förderung der Flößerei — die sie aber eben auch oft waren —, sondern als Hindernisse.

Vor Erfindung der Dampfmaschine waren Wind und Wasser die einzigen Möglichkeiten zum Antrieb von Maschinen. Die Mühlen, die über Flügel bzw. Wasserräder angetrieben wurden, betätigten nicht nur die Mahlwerke für Getreide, sondern auch Sägen und Schleifsteine. Nach Erfindung der Turbine benutzte man Wasser dann auch zur Gewinnung von Strom. Für den Betrieb solcher Mühlen und Turbinen wurde Flußwasser mit Dämmen gestaut und mit Hilfe von Gräben über die Mühlräder gelenkt. Diese Wehre waren meist primär für die Flöße gedacht. Mit ihrer Hilfe konnte man 1. einen gleichmäßigen Wasserdruck erreichen und 2. überschüssiges Wasser ableiten. Dadurch wurden unkontrollierte Ausschwemmungen vermieden.

Wehre und Schleusen wurden also auch da angelegt, wo sie für die Flößer unnötig waren. So bestanden auf der Werra, die, abgesehen von trockenen Sommern, ohne zusätzliche Wasserbauten gut flößbar gewesen wäre, gegen Ende der Flößerei in den 30er Jahren unseres Jahrhunderts 23 Wehre und Schleusen.

So sehr die Wehre durch ihre künstlichen Hochwasser die Flößerei in manchen Flüssen überhaupt erst ermöglichten, so sehr konnten sie sie auch behindern. Das deutete sich schon an, wenn sich bei der Trift durch Wolfenbüttel gerade das Passieren der Mühlenwehre als besonders gefährlich erwies. Offenkundiger noch wird es, wenn bei der Flößbarmachung der Schunter gerade zur Umgehung von Mühlenwehren Stichkanäle gegraben wurden.

Kehren wir noch einmal zur Schunter im Jahre 1774 zurück. Bis zu diesem Datum waren die Mühlen Süpplingenburg, Steinum, Beienrode, Ochsendorf, Glentorf, Heiligendorf, Hattorf, Campen, Lehre und Wendhausen zu passieren. „Bei jeder Mühle entstand" nach Müller „durch den Mühlenstau für die Flößer ein Aufenthalt von 1 bis 1 ½ Tagen."[43]

1774 wurde die Umgehung der Mühlen von Süpplingenburg und Steinum durch einen Stichkanal fertig. 1776 war eine Fortsetzung bis Ochsendorf im Gespräch. „Nach Erbauung dieses Flößkanals würde die Flößung von Frellstedt bis Glentorf höchstens drei Tage dauern, während sie bisher 8 bis 10 Tage erfordert hatte."[44]

Für die Flöße und Flößer waren die Wehre also nicht nur gefährlich, sondern sie bedeuteten auch einen längeren Aufenthalt. Zwar brachten nicht alle Wehre einen Tag Aufenthalt oder sogar mehr, wie auf der Schunter im 18. Jahrhundert; doch zeitraubend waren sie allemal.

Unter Herzog Julius von Braunschweig waren im 16. Jahrhundert Mühlen als Nebenprodukte von Flöß-

Das Salzunger Wehr, 30er Jahre
(Nattermann)

wehren gebaut oder zumindest geplant worden. Hier profitierten also Mühlen von der Flößerei.

Die Müller sahen das zumindest in der Folgezeit genau umgekehrt. So wie die Flößer an den Wehren Zeit einbüßten, so standen die Mühlräder bei dichterem Flößverkehr häufig still, bis sich nach der Durchflößung und Schließung der Wehre wieder genügend Wasser gesammelt hatte.

Der Streit mit Müllern zieht sich weiterhin durch die ganze Geschichte der Flößerei nicht nur im Weserraum.

Befriedigt wird beispielsweise in der Stadtgeschichte Northeims von 1894 bei der Darstellung der auf das Hochmittelalter zurückgehenden Rhumemühle konstatiert: „Die ebenfalls etwas störende Flößerei-Berechtigung, welche den Holzhändlern der oberhalb Northeims liegenden Dorfschaften zusteht, wird heutzutage nur ausnahmsweise noch einmal ausgeübt, weil seit Eröffnung der Südharzbahn wegen der bequemeren Verladung und rascheren Beförderung der Transport auf der Eisenbahn vorgezogen wird."[45]

Häufig weigerten sich die Müller, Flöße einzeln durchzulassen, um den Wasserverlust in Grenzen zu halten, wie Nattermann für die Werra beschreibt. Die Werra-Floßordnungen des 19. Jahrhunderts legen ausdrücklich fest, daß die Flöße nur gruppenweise durchgelassen werden mußten. Für die Flößer bedeutete das wiederum häufig eine längere Wartezeit. Bei geringem Wasserstand der Werra konnte es passieren, daß der erste Schwall nicht ausreichte, ein Floß in einem Anlauf durchzubringen, so daß es im Wehr hängenblieb und eine zweite Öffnung des Wehrs nötig war. So waren in ohnehin wasserarmen Sommern die Müller doppelt beeinträchtigt. Ein hohes Floßaufkommen konnte für Mühlen zu einer enormen Belastung werden. So beschwerte sich der Papiermacher Andrae zu Relliehausen an der Leine, daß seine Mühle während der Flößzeit 28 Tage stillstehen mußte. [46]

Das Verhältnis zwischen Flößern und Müllern war so gespannt, daß es immer wieder zu Streitereien kam. Dies macht eine Auseinanderset zung zwischen dem Meininger Flößer Johann Barthel Jung mit den Müllern von Frauenbreitungen im Jahr 1794 besonders anschaulich. Ein herzogliches Ausweispapier beglaubigte dem Flößer Jung zwar, daß er seine Flöße bis Philippsthal herabbringen sollte, doch nützte dies bei den Müllern wenig. Bei seiner Ankunft an einem der Wehre fand er keinen Menschen in der Mühle. Der Müller, den er im Wirtshaus auftrieb, war nicht bereit, vom Bier aufzustehen. Der Wasserstand sei zu hoch, das Öffnen des Wehrs zu gefährlich. Schließlich wurden die Flöße durchgelassen, doch dabei dem Flößer Prügel für das nächste Mal angedroht. „Die Müllerweiber hätten geschrien, wenn ihre Männer ersöffen, ‚wollten sie über sie schreyen und sie kurz und lang heißen'." „Kurz und lang heißen" kommt in den Quellen zur Werra häufiger vor und muß eine Beschimpfung übelster Art gewesen sein. „Im ganzen Werratale", meinte Jung, „gäbe es keine ‚gröberen Müller, aber auch kein elender Wehr, als diese eins hätten'." [47]

In dieser Schilderung wird auch klar, daß die Müller nicht nur in ihrer Arbeit beeinträchtigt wurden, sondern daß das Öffnen der Wehre auch mit Gefahren verbunden sein konnte.

Im Stromgebiet der Weser erhielten die Müller für ihren Verdienstausfall durch die Flößerei gewöhnlich als Ausgleich eine Abgabe. Ein solches „Lochgeld" findet sich beispielsweise auch im Frankenwald. In anderen Landschaften, etwa an der Kinzig, mußten Wehrbesitzer dagegen beim Durchfahren ihrer Wehre nicht entschädigt werden. [48] Im Flößvertrag zwischen Bischof Friedrich Wilhelm von Hildesheim und Herzog Karl von Braunschweig vom Dezember 1764 werden unter den Entschädigungen, die von Hildesheimer Seite beansprucht werden konnten, ausdrücklich die Mühlen angeführt: „Drei Tage vorher ist eine Flößung dem Hildesheimer Kommissar und sämtlichen Müllern anzuzeigen. Den Müllern wird für die Stillegung eines jeden Mahlganges für 24 Stunden der dadurch entstandene Lohnausfall mit 1 Thlr. vergütet." [49]

Die Müller konnten sich in diesem Fall auf die Flöße vorbereiten und bekamen eine finanzielle Entschädigung.

„Auf der Leine bekam der Müller von jeder Länge Bauholz, die das Wehr passierte, einen Groschen, während der Knecht für das Ziehen der Schütte 2 Pfennig erhielt. Auf der Fulda mußten die Flößer für das Passieren einer Schleuse [gemäß den kurfürstlich braunschweig-lüneburgschen Landesgesetzen und Verordnungen vom Ende des 18. Jahrhunderts] 2 Albus bezahlen." [50]

Üblich war auch die Abgabe von Dielen. Dies ist etwa für Alfeld an der Leine überliefert. In den Jahren 1805–1810 z. B. nahm die Stadt im Schnitt jährlich 585 Dielen, 15 Bäume und 82 Latten von passierenden Flößen ein. [51] An der Werra mußte pro Floß eine gute 120er Diele abgeliefert werden. Diese Naturalabgabe wurde nach und nach in eine Geldabgabe umgewandelt. Dies war beiden Teilen angenehmer, da z. B. das

Zwei Flöße oberhalb des Kraftwerks „Letzter Heller" auf der Werra. Die beiden Flöße können die Schleuse mit einer Gefällstufe von 5 m gemeinsam passieren (Nattermann)

zeitraubende Aussuchen, die Feilscherei um die adäquate Qualität wegfallen konnte.

1851 hatte man sich nach Nattermann für Holzflöße auf 2, für Dielenflöße mit vier Betten aus 20füßigen Dielen auf 4 Silbergroschen geeinigt.[52] 1939, als die Abgaben für das Passieren der Floßgassen abgeschafft wurden, waren zuletzt zwischen 25 und 50 Pfennig pro Wehr bzw. Schleuse bezahlt worden.[53]

Die wechselseitigen Probleme von Flößern und Müllern sowie Zeitverluste und Abgaben führt das „Aus-

schreiben der Herzoglichen Landesregierung [von Sachsen-Meiningen] vom 24. Okt. 1839, betreffend das Flößen auf der Schleuse und Werra Nr. 64" noch einmal in ihrem ganzen Umfang vor Augen. Hier heißt es:

„5. Um den Beschwerden der Müller über allzu häufiges Öffnen der Wehre möglichst abzuhelfen, sind die Holzhändler gehalten, die abgehenden Flöße nicht einzeln, sondern in möglichst großer Anzahl gleichzeitig abfahren zu lassen.

6. Den Flößern ist bei Vermeidung von 5 Thaler Strafe untersagt, die Wehre selbst zu öffnen . . .

8. Die Müller sind . . . verbunden, sämtliche Flöße, welche bei dem Öffnen der Wehre vorliegen und übersehen werden können, durchzulassen und das Wehr so lange offen zu erhalten, bis das zuletzt gehende Floß die Mündung des Mühlgrabens erreicht hat.

9. Sollte bei geringem Wasserstand das letzte Floß in einer Viertelstunde von der Überfahrt über das Wehr gerechnet, die Mündung nicht erreicht haben, so ist der Müller befugt, zuzusetzen. . . . Die Flößer haben sich jedenfalls möglichst zu beeilen, daß sie die Mündung des Mühlgrabens erreichen. Wenn dieselben aber innerhalb der oben angesetzten Zeit die Mündung des Mühlgrabens, sei es durch einen Unfall nicht erreichen, so daß ein oder einige Floße zurückbleiben; so hängt es lediglich von den Flößern ab, ob sie sich wegen des Wiederöffnen des Wehres mit dem Müller einigen oder abwarten wollen, bis anderweit Floße ankommen, welche das Öffnen des Wehres notwendig machen. In letzterem Fall haben sie außer der gewöhnlichen Abgaben nichts weiter zu entrichten."[54]

Im 10. Punkt geht es um die Rechte der Flößer, die Bestandteile verunglückter Flöße einzusammeln. Die besonderen Rücksichtnahmen auf gefährdete Uferpartien unter Punkt 11 wurden bereits zitiert.

Diese Ordnung faßt in einer Blütezeit der Flößerei auf der Werra, in der sich solche Konflikte zwischen Flößern und Müllern häuften, die Problematik, die üblichen Lösungsvorschläge sowie die von Müllern und Flößern geforderten Verhaltensweisen auf der Grundlage historischer Erfahrungen zusammen.

Die Flößer hatten gewöhnlich nicht nur ein Recht auf Durchlaß. Um die Flößerei aufrechterhalten zu können, waren die Mühlenbesitzer verpflichtet, die Wehre flößgerecht zu gestalten.

Auf Rhume und Leine mußte noch 1951 die „Breite . . . auf mindestens 5 m gehalten werden, weil das Flößereirecht nicht erlischt, sondern ruht"[55].

Auf der Werra hatte die Mitte des 19. Jahrhunderts gegründete Genossenschaft der Wernshausener Floßherren ein Einspruchsrecht bei dem Entwurf von Wasserbauten. Sie wurde beispielsweise bei der Planung neuer Wehre für die Kaliwerke gehört, die damals vermehrt gebaut wurden.[56]

Ein entsprechendes Einspruchsrecht stand vom Mündener Bereich an anscheinend den Gimter und den Mündener Holzhändlern zu. Als die Gebrüder Wüstenfeld 1856 eine Fabrik mit Stauanlagen oberhalb Mündens zu bauen beantragten, wurden die Holzhändler informiert. Fast umgehend, am 22. August, verwahrten sich die Gimter Händler gegen die vorgeschlagene Form. Vor allem störten sie sich daran, daß nur zu einer einzigen festgelegten Stunde am Tag geflößt werden sollte. „So gern wir sämmtliche Holtzhändler in Gimte den guten Zweck der Errichtung von Fabrikanlagen durch die Gebrüder Wüstenfeld anerkennen und darin ein für hiesige Gegend bedeutendes Mittel zur Hebung der Industrie erblicken, so können wir doch das Projekt der Bittsteller, nämlich das Passiren des Werraflusses bey Münden mit unseren Holtzflößen dahin zu beschränken, daß die Durchflößung unserer Höltzer nur in einer gewissen Stunde des Tages stattfinden kann, für unsere Existenz nicht gutheißen . . . Würde das Durchflößen unserer Höltzer nur an eine gewisse Stunde des Tages gebunden, so würden wir die größten Nachtheile davon haben; denn wenn unser Lieferant, welcher mit seinen Höltzern oft des Morgens früh und des Nachmittags spät erst bei Münden ankömmt, bis zu einer gewissen Stunde anhalten muß, so würde erstens derselbe sowie wir selbst einen bedeutenden Zeitverlust erleiden, welcher uns sehr viel schaden kann und andererseits würde der Lieferant ganz andere Preisstellungen machen, wie sonst, wenn er ohne Aufenthalt den Bestimmungsort erreichen würde."[57] Die Gimter befürchteten dabei, den Handel an ihre Konkurrenten im benachbarten Münden zu verlieren. Das Königliche Amt schrieb am 24. August daraufhin an den Mündener Rat, daß die vorgeschlagene einstündige Flößzeit zumindest auf zwei Termine morgens und nachmittags auszuweiten sei. Das Argument der Gimter aufgreifend konstatierte es: „Diese Holtzhändler, welche bey Abschluß der Contracte über Lieferung ihrer gekauften Höltzer stets die Bedingungen machen daß dies gekaufte Holtz in gewisser Zeit von Thüringen nach Gimte gebracht wird und darauf die Einkaufs- und Verkaufspreise bemessen werden, sehen in der Beschränkung der Durchflößerey . . . einen zu großen Nachtheil . . ." Die überlieferte Antwort des Amtes geht sogar über die Forderung der Gimter hinaus: „Durchflößen auf der Werra, wie erbeten, *nicht* gestattet, vielmehr bey der projectirten Anlage der Gebrüder Wüstenfeld aufgegeben werde, *jederzeit* das Durchflößen auf der Werra zu gestatten."

Der Mündener Holzhändler Friedrich Hede wiederum zeigte sich in seinem Bericht vom 12. September 1856 vor dem Mündener Rat weniger von eingeschränkten Durchflößzeiten beeinträchtigt. „Ist zwar eine jede Beschränkung des Verkehrs der Flößerei auf der Werra nicht gerade angenehm, und kann auch hin und wieder nachtheilig sein, wenn sich inzwischen die Gebrüder Wüstenfeld verpflichten, täglich 2mal, einmal gegen mittag und einmal gegen abend das Durchflößen so lange zu gestatten, bis sämmtliche Flöße, was oft freilich nur wenige Minuten, bisweilen aber auch nach der Größe der Transport eine Stunde und länger dauert, durchgeflößt sind, so wird etwas erhebliches gegen die von den Gebrüdern Wüstenfeld beabsichtigte Stau-Anlage unter der Voraussetzung nicht eingewand werden können, daß die Anlage kunstgerecht und in einer Weise eingerichtet wird, daß sie auf der anderen Seite wiederum das Durchflößen erleichtert und namentlich auf die unterhalb des jetzigen Wehrs bis an der Bremer Schlagt häufig vorkommenden Collisionen mit den Schiffen beseitigte."[58] Die Mündener also sahen in der neuen Stauanlage zugleich eine Möglichkeit zur Verbesserung der örtlichen Situation.

Die Fabrik der Gebrüder Wüstenfeld — die außerdem eine Baumwollspinnerei in Volkmarshausen im Schedetal nordwestlich vor der Stadt betrieben[59] — wurde wohl nicht gebaut.

Auf Grund von Ansprüchen der Holzhändler auf ausgedehnte Flößzeiten mußten sich Störungen im Fabrikbetrieb ergeben. Die Vorrechte der Flößerei konnten so auch ein Hindernis für die industrielle Nutzung der Flüsse sein. Daß dies in einer Phase industrieller Expansion ohnegleichen fast widerspruchslos geduldet wurde, ist dann wiederum auch ein Hinweis auf den hohen Stellenwert der Flößerei noch oder gerade im 19. Jahrhundert.

Gleichermaßen ist aber auch die Abhängigkeit der Flößerei von Mühlen mit älteren Anrechten hervorzuheben. Dies macht nichts deutlicher als die Tatsache, daß die Wernshausener Floßgenossenschaft auch nach 1900 noch, als alle Flußzölle und -abgaben aufgehoben wurden, wohl aus Angst vor Schikanen weiter ihre Schleusenabgaben entrichtete.[60]

Die besondere Situation auf der Weser

Die Weser war ohne Wehre und Schleusen flößbar und sogar schiffbar. Doch auch im Bereich der Weser gab es an zwei Stellen Schleusen, in Hann.-Münden und Hameln, die schon seit dem Mittelalter bestanden. Beide waren bei Schiffern und Flößern gefürchtet.

In Münden befand sich zwischen Werra und Weser, genauer zwischen Wanfrieder und Bremer Schlagt, das sog. Hohl, eine Barriere im Fluß, die bei normalen Wasserständen für beladene Schiffe nicht zu überwinden war. Das Recht der Mündener auf Warenumschlag, also auf Umladen von fremden auf eigene Schiffe, wurde hier praktisch erzwungen. Für Flößer aber stellte das Hohl einen extremen Gefahrenbereich dar. Das Hohl war 7,3 m breit. Links daneben lag das 3,8 m breite Mühlengerinne einer Lohmühle. „Bei gewöhnlichem Niedrigwasser blieb über dem Grundbaume des Hohles eine Tiefe von etwa 0,6 m; die Fallhöhe des flach geneigten Abschußbodens betrug dann rd. 0,7 m." Bei geringster Unterschreitung des normalen Wasserstandes kam der Durchlaß daher an die Grenze der Flößbarkeit. „Dieses als Freiarche benutzte Ueberfallwehr diente zugleich als Floßdurchlaß, wurde aber auch bei günstigen Wasserständen (nach einem Reisebericht des Geheimen Oberbauraths Hagen vom 29. Juni 1838) zuweilen von Schiffen durchfahren, deren Fracht, z. B. Mühlsteine, eine Umladung nicht erlaubte . . ."[61]

Die besondere Problematik dieser Schwelle im Flußlauf klingt in einer Beschwerde der Mindener Kaufmannschaft vom 19. März 1843 besonders an: „Die Werraschiffer sind hierdurch gezwungen, bei Münden umzuladen; die Güter werden dann durch die Stadt transportiert und unmittelbar unter dem Hohl wieder eingeladen . . ., wodurch natürlich der freien Schiffahrt ein gar nicht zu umgehendes Hinderniß, dem Handel aber eine ungeheuere Kontribution, auferlegt wird, indem die Mündener Kaufleute und Spediteure gedachten Umstand benutzten und vor dem dasigen Magistrate eine Konvention vollzogen, wonach keiner derselben unter 8 guten Groschen pro 300 Zentner Kosten und Provion fremde Güter spedieren darf. Eine gleich bedrückende Abgabe erhebt die Stadt von allen Dielen- und Balken-Flößen, die dieses Wehr passieren. — Dieses Werra-Hohl ist nur ein unnatürlicher einfacher Wasser-Schlagbaum, der, sobald der alte faul und mürbe, durch einen neuen ersetzt wird."[62] Ansonsten wird das Hohl als natürliche Felsbarriere beschrieben. Möglicherweise hatten auch die Mindener nicht ganz unrecht, wenn sie behaupteten, daß die Mündener der natürlichen Barriere durchaus etwas nachgeholfen haben könnten. Unabhängig davon wer Recht hatte, wird die Zwangslage für Schiffer wie Flößer deutlich. Trotz zahlreicher Beschwerden kam es in Münden erst 1877/81 zum Bau einer Schiffsschleuse, die so an der

rechten Uferseite des linken Werraarmes angelegt wurde, daß sie 1. die größeren Bögen der vorgelagerten Werrabrücke berücksichtigte, 2. genügend Anlegeplatz an der Wanfrieder Schlagte beließ.

Die Situation in Hameln war der in Münden vergleichbar. Hier wurde die Weser durch ein ausgedehntes Werder, eine Flußinsel, in zwei schmale Arme geteilt. Das „Hameln'sche Loch" war eine Schiffsrinne im linken Weserarm, die bei Schiffern und Flößern der Überlieferung nach so gefürchtet war, daß sie vor der Passage vorsichtshalber das Abendmahl nahmen.[63]

Während in Münden sich die Mindener über das Hohl beschwerten, verlangten in Hameln wiederum die Mindener bei der hannoverschen Landesregierung eine Änderung der Stromverhältnisse.[64] Anders als in Münden — hier mag die rechtliche Absicherung der Sperre durch das Stapelrecht (s. u.) eine Rolle gespielt haben —, folgte die Landesregierung den Vorstellungen der Mindener schon im frühen 18. Jahrhundert. 1732/33 wurde ein Durchstich durch den Hamelner Werder mit einer Schiffsschleuse angelegt. Diese Schiffsschleuse hatte eine Torbreite von 5,85 m[65], ein Maß, das für die Breite der Wasserfahrzeuge und damit auch der Flöße auf der Weser für die nächsten 150 Jahre bestimmend wurde.

Waren an der Weser schon zwischen 1823 und 1840 wesentliche Verbesserungen für die Schiffahrt durchgeführt worden, so hat man in den Jahren 1840 bis 1874 den gesamten Oberlauf der Weser vertieft. Er war nun auch für größere Schiffe befahrbar. Entsprechend wurde 1872 die alte Hamelner Holzschleuse durch einen größeren Neubau ersetzt.

Zwar war die Einfahrt in eine Schleuse nicht mit einem jähen Sturz verbunden wie bei einem Wehr; doch ganz einfach und ungefährlich waren auch Schleuseneinfahrten nicht.

So schreibt der Flößer Gottfried Henne 1989 rückblickend: „Auf der Werra in Hann.-Münden war die Einfahrt zur Schleuse sehr gefährlich. Wir mußten erst

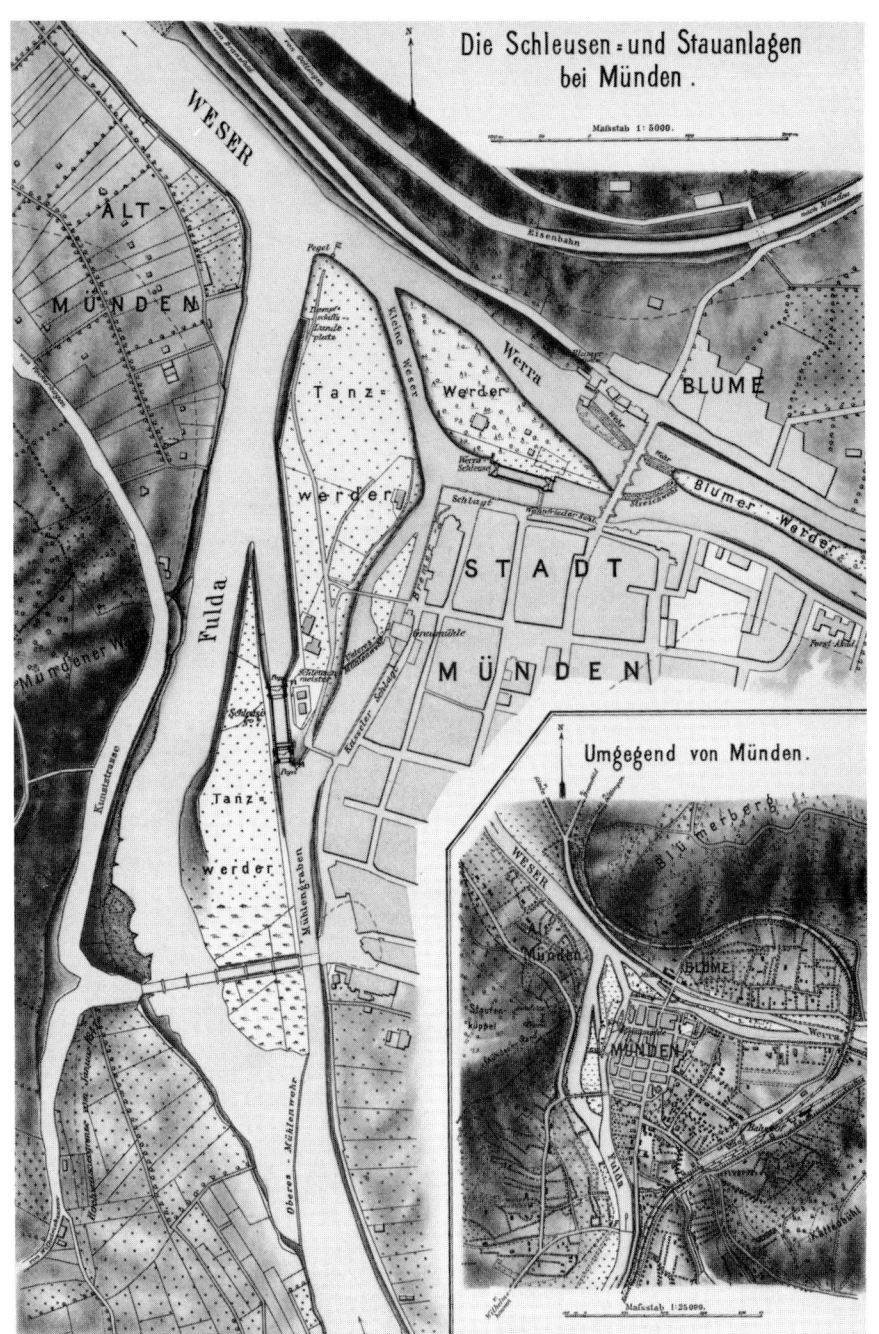

Die Wehr- und Stauanlagen
in Hann.-Münden nach dem
Einbau der Schiffsschleuse auf
der Werra 1877—1881
(Aus: Keller. Weser und Ems.
1901. Nach S. 390)

73

über ein Wehr fahren (Kesselschmiede genannt). Vor der Schleuse war rechts und links ein Wehr. Es war harte Arbeit und erforderte viel Kenntnisse diese Schleuse zu passieren."

Außerdem hielten Schleusen die Flöße beträchtlich auf. Eine Schleuse mußte möglicherweise erst einmal frei werden. Wie bei den Wehren konnte es also zu Wartezeiten kommen. Auch der Schleusungsvorgang nahm natürlich Zeit in Anspruch. Zugleich entstanden zusätzliche Kosten, da Schleusengebühren entrichtet werden mußten. Wenn also im späteren 19. Jahrhundert der Unterlauf der Werra mit Kammerschleusen versehen wurde, bedeutete das für die Flößer zwar, daß ihre Arbeit weniger gefahrvoll wurde, hatte aber nicht nur positive Seiten. Sie wurde auch weniger wirtschaftlich.

Kanalisierung: Ausweitung der Absatzgebiete — Probleme für die Flöße

Auf der Weser blieb es nicht bei den Schleusen in Münden und Hameln.

Seit dem beginnenden 20. Jahrhundert wurde die Weser auf dem gesamten Unterlauf von Minden bis Bremen kanalisiert. 1911 waren die Staustufen von Dörverden und Bremen-Hemelingen fertiggestellt. 1915 wurde die Schachtschleuse von Minden eingeweiht. Die übrigen Staustufen in Petershagen, Schlüsselburg, Landesbergen, Drakenberg und Langwedel folgten dann erst zwischen 1953 und 1960.

Die Schachtschleuse in Minden setzt nicht nur den Anfang der kanalisierten Weser. Sie bildet den komplizierten Verteiler für die Wasserfahrzeuge zwischen Weser und Mittellandkanal.

Schon im 16. Jahrhundert hatte es Vorschläge gegeben, die Flußsysteme von Rhein, Weser, Oker und Leine mit Kanälen zu verbinden. Zu Beginn des 19. Jahrhunderts finden sich konkrete Planvorstellungen.[66] Im

frühen 20. Jahrhundert kam es schließlich zur großräumigen Verknüpfung der natürlichen Wasserstraßen durch künstliche. 1915 war der Mittellandkanal bis Minden fertiggestellt. Er führte bei Osnabrück auf den schon 1892—1899 gebauten Dortmund-Ems-Kanal. Über den Rhein-Herne-Kanal gab es hier seit 1914 die Verbindung von Dortmund bis zum Rhein.

Dieses neue Kanalsystem bildete nicht nur die Grundlage für eine Ausweitung des Schiffsverkehrs. Auch für die Flößerei ergaben sich ganz neue Zielorte. Konnte man bislang aus den Wäldern Sachsens, Thüringens, Hessens und des Oberweserraums Holz bis Bremen und darüber hinaus über Bremerhaven nach England oder Übersee oder über die Hunte ins Oldenburger Land flößen, öffnete der Mittellandkanal den Weg ins Ruhrgebiet. Dort wurden zum Abtäufen der vielen neu entstehenden Bergwerke enorme Holzmengen benötigt. Zwar konnte man schon früher über Bremen, Bremerhaven und dann die Küste entlang in die Niederlande gelangen. Nun aber war über den Mittellandkanal und den Dortmund-Ems-Kanal der Weg zum Rhein hin geöffnet und damit ein direkter Zugang bis Amsterdam gegeben.

In einem Aufsatz zur Wirtschaftlichkeit der Flößerei diskutiert etwa 1897 der Forstmeister Jentsch den „. . . Einfluß der Kanalisierung der Oberweser und der Herstellung des Mittellandkanals auf die Forstwirtschaft der Wesergebiete"[67]. Er erkennt zwar einen enormen Vorteil auch für die Konkurrenten aus Skandinavien und Übersee, sieht aber durch die günstigen Transportwege grundsätzlich gerade eine Steigerung der Konkurrenzfähigkeit einheimischer Hölzer. Diese positive Sicht im späten 19. Jahrhundert bestätigte sich bis in die 50er Jahre unseres Jahrhunderts hinein. Das Absatzgebiet von Holz aus dem Stromgebiet der Weser mittels Flößerei wurde noch einmal wesentlich erweitert.

Brachte der Bau von Kanälen einesteils der Flößerei Vorteile, so ergaben sich anderseits ganz neuartige

Probleme. Ein Vorteil der Flöße ist, daß sie ohne fremden Antrieb, allein auf Grund der Fließgeschwindigkeit der Flüsse, mit kaltem Druck, fahren. Auf kanalisierten Strecken fehlt dieser natürliche Druck weitgehend. Die Wirkung auf die Flöße ist graduell unterschiedlich. Dies hängt davon ab, wie dicht die Schleusen aufeinander folgen.

Die Kammerschleusen in der Werra waren nicht mit einer Kanalisierung des Flusses verbunden, setzten aber schon über eine gewisse Strecke flußaufwärts die natürliche Fließgeschwindigkeit auf ein Minimum herab. Der Lehrer Albin Nattermann aus Wernshausen, der aus heimatkundlichem Interesse in den 30er Jahren häufiger Floßfahrten begleitete, schildert die Wirkung in seiner Beschreibung einer Fotoserie anschaulich: „Nun hebt wieder Arbeit für die Flößer an. Schon am Schloss spürt man das Stauwasser, das das Allendorfer Kraftwerk verursacht. Wie eine fata morgana erglänzt der Ort scheinbar in nächster Nähe. Doch es dauert eine volle Stunde, bis uns die Flösser bis zum Ort geschoben haben. Bald sind wir durch die große Schleuse die gleich zwei Flosse auf einmal fasst." Eine ähnliche Situation ergab sich vor der Schleuse „Letzter Heller" vor Münden: „Nun verengte sich die breite Witzenhauser Aue wieder zu einer engen Waldschlucht, und das Flossgeschäft wurde schwierig. Das Stauwerk am ‚Letzten Heller' machte sich bemerkbar, und vom Waldwirtshaus an der ‚Laus' (Zella) an fanden die langen Fahrstangen keinen Grund mehr. Da borgten sich die Flösser beim bekannten Wirt zwei Ponnys, errichteten sich einen Treidelbaum und liessen sich von den Pferdchen fortziehen . . . Bald war das Kraftwerk in Sicht, das eine Gefällestufe von 5 Metern ausnutzt. Die Schleuse war bald passiert, da sie auch zwei Flosse auf einmal aufnimmt."[68] Auf der Werra hatten die Flöße der Fa. Fischer dann auch in den 30er Jahren einen Außenborder, der Menschen- und Tierkräfte sparte und das Tempo der Flöße im schleusengebremsten Werraunterlauf beträchtlich erhöhte.

Floß vor der Schachtschleuse in Minden,
Oktober 1956
(Wasmuth)

Anders als die Werra wurde die Fulda auf der gesamten Strecke von Kassel bis Münden voll kanalisiert. Dies zog hier schon gegen Ende des vorigen Jahrhunderts das „Aus" für die Flößerei nach sich.

Für die Weser unterhalb Mindens und die anschließenden Kanäle stellte sich das Problem ganz anders. Die Flöße konnten hier nicht aus eigener Kraft fahren. Sie mußten von Schiffen geschleppt werden, eine Methode, die auch auf Rhein und Main — hier wegen der Manövrierfähigkeit aus Rücksicht auf den ge-

75

Wenn die Strömung des Floßgewässers nicht ausreichte, war auch Menschenkraft zum Ziehen willkommen. Auf der Weser helfen hier Touristen *(Alrutz)*

wachsenen Schiffsverkehr — längst üblich geworden war.

In Minden wurden manchmal für die Weser, auf jeden Fall für den Mittellandkanal je zwei Flöße von einem Schlepper übernommen, wenn noch vom Mittellandkanal auf den Dortmund-Ems-Kanal gewechselt wurde, wurde der Schlepper ausgetauscht.

Auch im Fall der Weser bedeutete — neben der Weiterentwicklung des Lastkraftwagenverkehrs auf immer besseren Straßen mit immer leistungsfähigeren Wagen — letztendlich die Kanalisierung das Ende der Flöße-

rei. Für den Flößer Willi Wasmuth war eine Auseinandersetzung mit den Mindener Behörden ein Schlüsselerlebnis, um nun auch den Flößerberuf an den Nagel zu hängen.

Da „hatten die Herren in Minden eine Bestimmung ausgegraben, die bestimmt schon 20 Jahre alt war, daß man auf dem Kanal nur 60 m schleppen darf. Jetzt lagen sie aber in Minden mit zwei Flößen, und die waren 90 m . . . Ich sage, na hörn Sie mal, seit 20 Jahren fahren wir schon mit zwei, drei, vier, fünf Flößen. Warum haben Sie denn da nichts gesagt . . .“

Ende der Auseinandersetzung war eine Sondergenehmigung zum Preis von 10,00 DM.

Diese Schilderung belegt, daß die Situation der Flößerei Anfang der 60er Jahre unseres Jahrhunderts problematisch wurde. Der Flößer Gottfried Henne umschreibt das Ende der Flößerei ganz einfach damit, daß mit dem Bau der vielen Schleusen nach dem Zweiten Weltkrieg die Flößerei schließlich zu teuer wurde. Die Notwendigkeit des Einsatzes von Schleppern machte den letzten Vorteil des Wassertransports von Holz zunichte, der nach Bau der Eisenbahnen und Entwicklung des Straßenverkehrs geblieben war: die niedrigen Kosten.

Zur Flößbarmachung von Flüssen waren oft Maßnahmen vom Vertiefen des Flußbettes bis hin zur Anlegung der Buhnen, Uferbefestigungen und Stichkanäle notwendig gewesen. Sogar Wehre zur Regulierung und Herstellung des nötigen Druckes mußten manchmal errichtet werden. Bei den jüngeren Baumaßnahmen an den größeren Flüssen lag allein die moderne Dampfschiffahrt, später die Motorschiffahrt im Blickfeld der Planer. Als die Flüsse von allen Hindernissen, Untiefen, Strudeln und Hochwassergefahren befreit waren, waren sie schließlich ihrer Natürlichkeit beraubt. Die beinahe künstlichen Wasserstraßen waren nun nicht mehr flößbar.

Geschlepptes Floß auf dem Mittellandkanal, Oktober 1956 (Wasmuth)

Rechtliche Hindernisse und Handelsschranken

Vielstaaterei und Zölle

Betrachtet man ein Stromgebiet, gewinnt man den Eindruck eines Verkehrssystems ohne Grenzen und Schranken. Bei der Weser und ihren Nebenflüssen wird dieser Eindruck uneingeschränkter Freiheit der Flüsse auf modernen Landkarten bestätigt, da sie insgesamt in Deutschland liegen. Daß die Grenzenlosigkeit eines großen Flusses in früheren Zeiten keine Selbstverständlichkeit war, läßt der Spruch vom Weserstein in Hann.-Münden erkennen: „Wo Werra sich und Fulda küssen / Sie ihre Namen büssen müssen / Und hier entsteht durch diesen Kuß, Deutsch bis zum Meer, der Weserfluß."

Diese nationale Einheitlichkeit der Weser ist relativ neuen Datums. Sie bestand seit der Reichseinigung 1871. Bei der deutschen Teilung nach dem Zweiten Weltkrieg blieb zwar die Weser ungeteilt, doch lag ihr Zufluß Werra oberhalb Wanfrieds in der DDR. An keinem Beispiel wird die Zerschneidung eines im Naturraum einheitlichen Flußsystems durch politische Grenzen so offenkundig. Weil nämlich ein Teil der Werra in der DDR lag, kam eine Neuauflage der Flößerei, wie sie für die Weser bald nach Kriegsende geplant und auch ausgeführt wurde, für diesen Fluß nicht in Frage; denn das eigentliche Ziel der Werraflößerei, Hann.-Münden, war vom ursprünglichen Ausgangsort, Wernshausen an der Werra, abgeschnitten.

Die Grenzen der bis 1871 bestehenden Länder waren zwar nicht unüberwindlich wie die zwischen Bundesrepublik und DDR, stellten aber doch die Flößerei vor erhebliche Probleme.

Die Zahl von Anrainerstaaten wechselte bis 1871 mehrfach. Im Brockhaus von 1841 findet sich unter dem Stichwort „Weser" folgende aufschlußreiche Beschreibung: „Weser (die) gehört zu den wichtigsten schiffbaren Flüssen des nördl. Deutschlands und entsteht aus der Vereinigung der bereits schiffbaren Flüsse Werra und Fulda bei hannöv. Münden, von wo an sie Weser heißen. Die *Werra* entspringt im Herzogthume Sachsen-Meiningen am Saukopfe zwischen Friedrichshöhe und Limbach, fließt durch preuß. Gebiet und Kurhessen, wo sie bei Wanfried schiffbar wird, und vereinigt sich nach einem 37 M langen Laufe mit der *Fulda*, welche vom Rhöngebirge aus Baiern kommt, bei Fulda schiffbar wird und einen 27 M weiten Lauf hat. Die Weser strömt von Münden aus durch hannov., braunschweig., preuß., bremer, oldenburg. Gebiet, 49 M lang und 10 M unterhalb Bremen in die Nordsee, nachdem sie noch von der rechten Seite die Aller, Wümme, Lüne, und Geste, von der linken die Au, Delme, Hunte aufgenommen hat …"[1]

1841 teilten sich das Flußgebiet der Weser demnach acht Staaten, die Weser selbst hatte fünf Anrainer. Ende des 16. Jahrhunderts hatte es noch zehn Uferstaaten an der Weser gegeben: Braunschweig-Wolfenbüttel und Lüneburg-Celle, Paderborn, Schaumburg, Jülich, Hoya, Hessen, Lippe, Minden und Bremen. Ende des 18. Jahrhunderts waren es immer noch sechs Anrainer.[2]

Das oft benutzte Bild vom Flickenteppich deutscher Länder trifft den Sachverhalt genau. Man muß sich vor Augen halten, daß bereits mit dem Sturz Heinrichs des Löwen 1180 das Herzogtum Sachsen zerschlagen wurde und allein in Niedersachsen vierzig kirchliche und weltliche Hoheitsgebiete entstanden. Die welfischen Erbteilungen seit 1269 machten den Verlust eines einheitlichen Wirtschaftsraumes bis in die Neuzeit endgültig.

Herzog Julius von Braunschweig-Wolfenbüttel konnte noch relativ uneingeschränkt die Flüsse seines Herrschaftsgebietes, die Oker und deren Nebenflüsse Schunter, Ecker und Radau für Flößerei und Schiffahrt ausbauen und regulieren. Doch schon zu seiner Zeit gab es Konflikte mit Nachbarn, weil Ecker und Oker zwar als solche dem Herzogtum angehörten, aber streckenweise die Landesgrenzen bildeten. Als z. B. 1610 Bauholz nach Wolfenbüttel verflößt wurde, hatten die Flößer in Schladen angelegt, um flußaufwärts in Wülperode einzukehren, das zum Bistum Halberstadt gehörte. Die Wülperder behaupteten, die Flößer hätten Grassoden auf ihrer Seite abgestochen. Die Flößer wurden mit Waffengewalt festgenommen, einer dabei schwer durch Schrotkugeln am Bein verwundet. Wer bei den folgenden Verhandlungen Recht bekam, ist nicht überliefert.[3]

Waren schon zu Zeiten von Herzog Julius solche Streitfälle mit Halberstadt und Hildesheim sowie mit der Freien Stadt Braunschweig durchaus häufig, wurde die Situation ungleich komplizierter, als das Gebiet nach dem Tod des letzten Herzogs aus dem Hause Braunschweig im Jahre 1634 insgesamt weiter zerstückelt wurde. Endgültig wurde das Herzogtum mit dem Westfälischen Frieden 1648 dreigeteilt.

Die Oker gehörte nun zu den Territorien Wolfenbüttel, dem preußischen Halberstadt und Hildesheim. Streit um die Rechte an der Flußnutzung war vorprogrammiert.

Der Dreißigjährige Krieg hatte mit seinen verheerenden Zerstörungen einen Holzbedarf ungekannten Ausmaßes zur Folge. Die Wiederbelebung der Flößerei war also dringend geboten. Folgerichtig waren schon seit 1644, also noch vor Kriegsende, Vorbereitungen zur Instandsetzung der Oker im Gange. Doch wurden sie immer wieder durch Streitigkeiten mit dem Halberstädter Bischofsstuhl, mit Hannover und dem Bistum Hildesheim behindert und zu verhindern gesucht. Immerhin wurde seit 1645 wieder geflößt.

Zwischen Halberstadt und Wolfenbüttel kam es 1704 zu einer vertraglichen Regelung[4], weil endlich der beiderseitige Nutzen der erneuten Flößbarmachung erkannt worden war. Dennoch verlangten die Preußen als Vertreter Halberstadts Zoll bzw. „Ufergeld" von

den Wolfenbüttelern. Die Auseinandersetzungen um das Ufergeld reichen bis in das 19. Jahrhundert.

Zwischen den braunschweigischen Ämtern Harzburg und Wolfenbüttel verliefen Oker, Radau und Ecker durch hildesheimisches Territorium. Hier kam es immer wieder zu erbitterten Auseinandersetzungen zwischen den Landesherren, die bis zur tätlichen Bedrohung der Flößer sich steigern konnten.

„Am 28. September 1659 wurde für den Bau eines neuen Provianthauses in Wolfenbüttel Bauholz geflößt. Ein Teil der für den Bau benötigten Balken war bereits im Sommer auf der Oker befördert worden, nun sollte vor Eintritt des Winters der Rest in die Residenz gebracht werden. Man konnte also eine größere Wasserführung der Flüsse nicht abwarten. So kam es, daß die Flößer gezwungen waren, wegen des niedrigen Wasserstandes im hildesheimischen Wiedelah vorübergehend anzulegen. Bei dieser Gelegenheit durchschnitten Amtseingesessene die Weidenstricke der Flöße, um diese an der Weiterfahrt zu hindern, und nahmen auf Befehl des hildesheimischen Amtmannes zu Wiedelah, des Drosten Georg von Hörde, drei der braunschweigischen Floßknechte in Haft. Der Amtmann behauptete, daß seinem Amte durch die Nachlässigkeit der Floßknechte ein Schaden von 50 Talern entstanden sei. So sei eine Okerbrücke beschädigt worden, auch sei ein neuer Damm, den das Amt Wiedelah an einem von ihm neugegrabenen Stück des Oberlaufs errichtet hatte, durch die Flößer eingerissen worden, und die ablaufende Flut hätte beträchtlichen Schaden auf der Flur angerichtet." Am 12. Oktober erst ordnete das Domkapitel von Hildesheim die Freilassung der Flößer an und forderte dafür die Begleichung der Schäden, deren Beseitigung angeblich 67 Taler kosten sollte. Die Schäden wurden von Wolfenbüttler Seite kontrolliert und beglichen.[5]

Dieser Streitfall ist typisch für das gegenseitige Verhalten der Anrainerländer. Argwöhnische Beobachtung der jeweils fremden Flößer bis zur Sabotage durch

Lösen der Flöße und Festnahme der Flößer waren an der Tagesordnung. Wie schon der beschriebene Fall zeigt, waren es teilweise weniger politische Grenz- und Kompetenzstreitigkeiten zwischen den Regierungen als oft recht unkontrollierte und leidenschaftliche Auseinandersetzungen zwischen Bewohnern angrenzender Ortschaften untereinander und mit Flößern.[6] Auch die Gefahr von Sabotage und Prügeleien stellte ein ernst zu nehmendes Hindernis für die Flößerei dar.

Die politischen Streitigkeiten wiederum verhinderten systematische oder gar gemeinsame Ausbaumaßnahmen der Flüsse. Dabei hätte „bei einem zweckmäßigen Ausbau . . . die Oker bis in das 19. Jahrhundert hinein ihre Aufgabe als Schiffahrtsweg durchaus erfüllen können. Das unüberwindliche Hindernis war also nicht die Beschaffenheit des Flusses, sondern nur die allein auf die Stärkung und Entwicklung der eigenen Wirtschaft bedachte Politik des Territorialfürstentums, das sich um 1500 durchsetzen konnte."[7]

An der Aller waren die Verhältnisse ähnlich unübersichtlich. Seit dem 14. Jahrhundert gab es drei bedeutende Besitzer an der Aller: Lüneburg, Verden und Bremen. Für die Schiffahrt und damit natürlich auch die Flößerei auf der Aller hatte Celle seit 1519 ein Monopol. Mit dem Vertrag zwischen Bremen, Braunschweig und Lüneburg-Celle von 1618 ging die Vorherrschaft über die Schiffahrt auf der Aller von Celle bis zur Mündung an Bremen.[8]

Bremen, das ohnehin über die Gerichtsbarkeit an der gesamten Mittelweser verfügte, gewann damit an zusätzlichem Einfluß.

Zudem hatte die Stadt quasi eine Schlüsselposition zwischen dem Flußhandel auf der Weser und ihren Nebenflüssen, dem Fernhandel nach Oldenburg, Friesland, Holland, England etc. sowie nach Übersee. Jeder Wassertransport ging nämlich unweigerlich durch Bremen. Die Umgehung auf dem Landweg wurde zwar immer wieder versucht, jedoch in aller Regel verhindert.[9]

Gerade am Beispiel Bremen läßt sich ablesen, daß die vielen Landesgrenzen nicht nur politische Probleme und Streitigkeiten über Anrechte und Grenzverläufe zeitigten. Alle Anlieger wollten am Verkehrsweg Fluß verdienen. Die Stadt Bremen mit der beschriebenen günstigen Lage an einem Knotenpunkt des Fernhandels kontrollierte alle ankommenden Waren und nahm entsprechende Gebühren und Zölle.

Die Zölle verlängerten für die Flöße wie für jeden Transport überhaupt die Transportwege erheblich und verteuerten die Waren.

„Auf den braunschweigisch-hannoverschen Flüssen, die vom Harz kamen, waren die Zölle nicht so zahlreich, da die Flößerei nur im eigenen Landesgebiet betrieben wurde. Hier legte eine Verordnung aus dem Jahre 1655 das Zoll- und Fährgeld fest, das den Holz- und Dielenflößen auf der Leine, sowie im Wolfenbüttelschen und Hildesheimschen Land abgefordert werden sollte."[10]

Für die Aller gab es schon im 14. Jahrhundert fünf Zollstellen. Für das Herzogtum Lüneburg waren es Celle, Ahlden und Rethem, für Verden die Stadt selbst. Mit Thedinghausen unterhalb der Allermündung als Zollstelle besaß Bremen noch einmal einen Ort an einer Schlüsselposition.

An der Weser gab es im 16. Jahrhundert die stolze Zahl von zweiundzwanzig Zollstellen. Selbst im 18. Jahrhundert hatten sie sich nur um zwei reduziert.[11]

1833 erst fielen in den deutschen Ländern endgültig alle Zollschranken. Für die Weser war in der Weserschiffahrtsakte von 1823 schon ein einheitlicher Zolltarif für den ganzen Strom festgelegt worden, und damit waren Flößerei wie Schiffahrt wesentlich vereinfacht.

Das Stapelrecht

Ein wesentliches Hemmnis bei der Nutzung der Flüsse waren die Stapelrechte, die einzelne Städte innehatten. Das Stapelrecht war keine einheitliche Rechtsnorm, sondern wurde von Ort zu Ort unterschiedlich interpretiert; vor allem wurde es auf unterschiedliche, für das jeweilige städtische Gemeinwesen besonders wichtige Waren angewandt. Grundsätzlich zu unterscheiden ist beim Stapelrecht zwischen Umschlagspflicht und Feilbietungszwang. Die häufig bestehende Umschlagspflicht, d. h. der Zwang, Handelsgüter aus einem Fahrzeug aus- und auf ein anderes umladen zu müssen, betraf die Flößerei naturgemäß nicht, da dabei Ware und Fahrzeug identisch waren. Aus praktischen Gründen verbot es sich, die Flöße auseinanderzunehmen, um sie anschließend sofort wieder einzubinden, nur um ein neues Fahrzeug zu erhalten. In der Mündener Dielenordnung von 1720 etwa heißt es dazu ausdrücklich, daß das Holz erst nach abgeschlossenem Kauf ausgewaschen, also an Land gebracht werden sollte.[1]

Bedeutsam für die Flößerei war der Feilbietungszwang. Dieser beinhaltete die Verpflichtung, die Ware, z. B. Holz, in einer bestimmten Stadt über einen bestimmten Zeitraum zum Kauf anzubieten, auch wenn das Ziel der Reise ein ganz anderes war.

Solche Stapelrechte bestanden zum Teil seit dem Hoch- und Spätmittelalter. Noch während des Dreißigjährigen Krieges, in Zeiten eines durch die Kriegszerstörungen vermehrten Holzbedarfs, und dann im 18. Jahrhundert im Zuge der Vorindustrialisierung kam es vielfach zur Neueinsetzung von Stapelrechten, aber auch zur nachdrücklichen Bestätigung historischer Rechte.

Auf der Weser besaßen ein Stapelrecht Hann.-Münden am Beginn des Flusses, Minden und Bremen. An der Werra war dies Wanfried, an der Fulda Kassel. Das älteste auf Holz bezügliche Stapelrecht im Weserraum ist das der Stadt Münden, das schon am 27. März 1247 durch Herzog Otto das Kind bezeugt und 1597 durch Kaiser Rudolf II. bestätigt wurde. Mit kurzer Unterbrechung während der Regentschaft des von Napoleon eingesetzten Königs von Westfalen war es bis zur Aufhebung am 2. Februar 1824 gültig.

Das zweitälteste Stapelrecht ist das Bremer. Ansätze des Feilbietungszwanges für Brennholz, Bauholz, gleichzeitig auch für Mühlsteine und Getreide finden sich seit 1303. Den Quellen zufolge war der Bremer Rat berechtigt, Brenn- und Zimmerholz, das länger als drei Tage vor seiner Versendung an der Brücke lagerte, „in erforderlichen Mengen" an sich zu nehmen.[2] 1450 wurde es in der „Kundigen Rulle" rechtskräftig als dreitägiger Feilbietungszwang eingesetzt.

Für Minden ist die ursprüngliche Einsetzung des Stapelrechtes unklar. Sie erfolgte wahrscheinlich mit dem Eintritt in die Hanse 1412 oder 1417, möglicherweise schon früher.[3] Im Jahr 1627, also unter dem Druck der Nöte des Dreißigjährigen Krieges, wurde das Recht für Minden in der „Aurea Bulla" von Kaiser Ferdinand II. bestätigt. Es heißt hier, daß „auch Baw- und Flößholtz so vor Minden nacher Bremen / oder andere Orther / auch sonsten fürters in Holl- oder seeland / auch andere exotische Provinzen und Königreiche / fürüber geschiffet oder geflösset werden will / vorherr in gedachter Stadt Minden 3 Tage lang gegen dem gemeinen Werth feil gebotten und niedergelegt / auch ehender nicht von dannen weiteres paßiert werden soll"[4].

Der Handel auf der Weser wurde also bis ins 19. Jahrhundert von mittelalterlichen Rechtszuständen geprägt. Alles Bauholz, das aus Thüringen, Hessen und Sachsen in Münden anlangte, wurde erst einmal hier feilgeboten. Das nicht verkaufte Holz wurde zusammen mit demjenigen, das im Oberweserraum hinzukam, auf der Weser weitergeführt, um in Minden erneut aufgehalten und wiederum teilweise verkauft zu werden. Dabei nahm niemand darauf Rücksicht, ob es vielleicht für den Fernhandel bestimmt war. Derselbe Vorgang wiederholte sich in Bremen. Die Formulierung der Mindener Quelle läßt die hemmende Wirkung, die die Stapelzwänge auf den Holzhandel haben mußten, erkennen. Als Grundregel galt „Stapel bricht Kauf". Das bedeutete, daß Verpflichtungen, die ein Händler gegenüber einem Käufer eingegangen war, ihn nicht von der Feilbietung der Ware in den Städten entband, die er beim Transport passieren mußte. Ein gesicherter Fernhandel war auf dieser Basis ausgeschlossen. Auf Ausnahmen und Möglichkeiten des Freikaufes von dieser extremen Regel wird noch zurückzukommen sein.

Sonderrechte einzelner Städte konnten die Handhabung des Stapelrechtes wesentlich verkomplizieren. Der Stadt Minden war 1111 ein Ius praeternavigandi Bremam, das Recht also, ungehindert an Bremen vorbeizuschiffen, verliehen worden. Damit sahen sich die Mindener in die Lage versetzt, den Bremer Stapel zu umgehen, während sie von den Bremern die Beachtung ihres Stapels forderten. Das komplizierte Verhältnis beider Städte verdeutlicht die Klage der Stadt Minden beim Reichskammergericht in Wetzlar im Jahr 1719. Hier wird sowohl auf das von Ferdinand II. erneuerte Stapelrecht wie auf das alte Ius praeternavigandi verwiesen: „Daß der Stadt Minden die Jura Emporii & Stapulae auf allerhand Getreyde, auch Bau- und Floß-Holtz verstattet worden, und dennoch wolte, diesem allen zuwider, die Stadt Bremen, contra Ius Naturae e Gentium [gegen Natur- und Völkerrecht], der Stadt Minden das Ius praeternavigandi Bremam nicht verstatten; deß Ends Dieselbe dann auch dem Königl. Preußischen Commercien-Commissario [Handelskommissar], Nahmens Kuhlenkamp, eine nach Engelland destiniret gewesene Ladung Holtz angehalten und nicht ehender passiren lassen, biß Er einen Bremischen Bürger zum Factoren bestellet. Ueberdem wollte man auch die Stadt Minden in Exercirung Ihres Iuris Stapulae beeinträchtigen."[5] In der Antwort Bremens wiederum heißt es, daß es neben anderen Gütern auch ein Anrecht auf „allerhand Sorten von Floeß-Holtz" habe, „alldieweilen solches an die Stadt Bremen Aemter, welche dieses Holtz dem Commercio zum Besten verarbeiten, das Bau-Holtz aber der Stadt Bau-Hoff für billigen Preis verkauffet werden muß". Der gleiche Händler Kuhlenkamp habe wiederum Holz, das Bremer Bürgern gehörte, in Minden auf Grund des Mindenschen Stapelrechts festgehalten.[6]

Der beschriebene Fall zeigt, wie sehr der Handel einzelner Städte durch das Stapelrecht und andere historische Rechtsnormen eingeschränkt wurde, vor allem wie es zu gegenseitigen Behinderungen kam.

Wie drei Barrieren, die vor der — durchaus fraglichen — Weiterfahrt zu überwinden waren, saßen Münden, Minden und Bremen an der Weser.

Im 17. und 18. Jahrhundert, als vielfach in Deutschland neue Stapelrechte eingesetzt und alte bestätigt wurden, versuchten Holzhändler, deren Ziel ein systematischer Fernhandel war, solche städtischen Sonderrechte zu unterwandern. Als Ergebnis solcher Versuche ist die erste Mündener Dielenordnung zu sehen, an deren schriftlicher Fixierung seit dem Anfang des 18. Jahrhunderts gearbeitet wurde. Für 1713 ist ein erster ausführlicher Entwurf überliefert, der 1720, nur noch wenig modifiziert, von Georg II., König von Großbritannien und Kurfürst von Hannover, unterzeichnet wurde.[7] Acht Paragraphen regelten seither den Feilbietungszwang und seine praktische Handhabung. Folgendes wurde verordnet:

1. Die sofortige Bekanntmachung der Ankunft eines Floßes. Dies ist üblich. Während in größeren Städten wie Köln oder München ein neu angekommenes Floß sichtbar einen Strohbüschel aufstecken mußte, den „Wisch" bzw. „Schaub", erfolgte im kleineren Münden ein öffentlicher amtlicher Ausruf.

2. Drei Tage mußte das Holz für die Bürger feilgeboten werden, eine Frist, die für solche Stapelzwänge die häufigste ist. Es gibt auch kürzere Zeiten, nur in

einem Fall, nämlich Basel, sogar einen längeren Zeitraum, acht Tage. Eine zweite Verordnung im gleichen Paragraphen wird uns später noch beschäftigen, daß nämlich nur so viel Holz angekauft werden durfte, wie die Lagerflächen der Schlachte verkrafteten.

3. Nach drei Tagen durfte das Holz dann zum Weiterverkauf erstanden werden. Dies setzte voraus, daß die Käufer, die an einem der drei ersten Tage von dem Kaufrecht Gebrauch gemacht hatten, belegen mußten, wozu sie das Holz brauchten. In einem Streitfall zwischen zwei Mündener Bürgern, einem Tischler und einem Händler, um ein bestimmtes Bett Dielen legt z. B. der Tischler seinen begründeten Anspruch dar.[8] Eine vergleichbare Anordnung findet sich etwa 1455 für Danzig, wo in den ersten drei Tagen nur von solchen Bürgern Holz gekauft werden durfte, die es ausdrücklich verbauen wollten.[9] Das Holz, das die Bürger in den ersten drei Tagen nicht aufgekauft hatten, stand am vierten den Händlern frei.

Betrachtet man die strategisch günstige Lage Mündens am Zusammenfluß von Werra und Fulda zur Weser ist ersichtlich, warum Münden trotz des Erstkaufrechts der Bürger für den Eigenbedarf eine Stadt der Holzhändler wurde. Für die Händler oberhalb Mündens waren die Handelsmöglichkeiten über Münden hinaus stark eingeschränkt. Sie liefen Gefahr, all ihr Holz in Münden ohne großen Gewinn verkaufen zu müssen. Einen Ausweg bot die Zusammenarbeit mit Mündener Bürgern, die zum Schein das Holz kauften und damit den eigentlichen Besitzern die Möglichkeit zum Weitertransport und -handel boten. Diesem Gebaren beugt § 8 am Schluß der Urkunde vor: Hier wird ausdrücklich der Scheinkauf für fremde Händler untersagt. Das Verbot des Scheinkaufs diente vor allem der Preisstabilität, da jeder Zwischenhandel — das war damals nicht anders als heute — den Endpreis erhöhte.

Die Paragraphen 4—7 legten die Verkaufspraxis fest: § 4 zufolge mußte die Ware im Wasser liegend erhandelt und durfte erst nach dem Kaufabschluß ausgewaschen werden. Wenn die Ware dann der versprochenen Qualität nicht entsprach, mußte laut § 5 das schlechtere Holz billiger abgegeben werden.

In § 6 wurde bestimmt, daß vier vom Rat bestellte vereidigte Auswäscher das Holz aus dem Wasser holen und kontrollieren mußten. Da vier Sonderbedienstete für diese Aufgabe durchaus kostspielig sind, muß es zuvor schwer zu regelnde Auseinandersetzungen um Holzqualität und Preis zwischen Verkäufern und Käufern gegeben haben.

§ 7 legte fest, daß die Dielen erst nach Handelseinigkeit vom Käufer als Eigentum gezeichnet werden durften — auch dies ein Hinweis, daß es vorher Streitereien um Besitzansprüche durch vorschnelle Zeichnung gegeben hatte.

Die Stadt Münden nahm Unkosten für den geregelten Ablauf des Holzhandels gern in Kauf; denn die Einnahmen für das Stadtsäckel waren nicht unbeträchtlich. Und immerhin wurde den Mündener Händlern das Holz direkt angeliefert. Beide Aspekte werden in einer rückblickenden Betrachtung auf die alten Rechtsformen und ihren Nutzen für die Mündener Holzhändler vom 9. Februar 1810 sehr deutlich. Es geht hier um eine Beschwerde der Händler über die Addition der neuen und der alten Abgaben im französischen Königreich Westfalen: „Die Stadt Münden hatte sonst, wie auch Minden, im Weser-Departement, das Stapel-Recht, und da hierdurch dem hiesigen Handel manche Vorteile zuflossen, so mußten, was insonderheit die Holzhändler betrifft, diese von jedem Schock Dielen, die sie bekamen, solche mogten gleich weiter transportiert werden, oder hier bleiben, 6 mgr das.[iger] Münze an die Cämmerey bezahlen."[10]

Man sollte also meinen, das Stapelrecht sei durchaus im Sinne der Mündener Händler gewesen, da sie sich recht günstig und vor allem bequem und konkurrenzlos vor der eigenen Haustür mit ihrer Handelsware versorgen konnten. Solche Vorteile fielen ihnen anscheinend erst kurz vor der Auflösung des Stapelrechtes auf, als sie die angeblich unlautere Konkurrenz von kapitalkräftigen Neubürgern ebenso beklagten wie die Anmaßung von Dorfbewohnern, selber Handel zu treiben. Solange ihre Privilegien nicht gefährdet waren, wollten die Händler mehr. Sie wollten dem Verkauf an die Mündener Mitbürger zuvorkommen, da sich durch deren Bedarf der Ursprungspreis erhöhen konnte und auch gute Qualitäten dem Handel vorenthalten wurden. Um ihre Gewinnspannen zu erhöhen, wollten sie selber direkt an der Quelle, im Wald, einkaufen und damit auch schon am Verkauf an die eigenen Mitbürger verdienen.

Immer wieder versuchten also die Händler in der Praxis, am Stapelzwang vorbei ihr Holz oberhalb der Städte einzuhandeln. Das wiederum führte zum Protest der örtlichen Handwerkerschaft. In einer Krisensitzung im August 1845 „in des Böttchern Gildemeisters Christoph Wüstens Haus" formulierten beispielsweise die Mündener Böttcher eine Beschwerde über Holzeinkäufe oberhalb Mündens und über die Umgehung des Stapels. Die Folge seien ständiger Streit, die erhebliche Teuerung des Holzes für die Mündener und ein katastrophaler Mangel an Holz von ausreichender Qualität für die Gewerbetreibenden. In ihrem ausführlichen Bericht an die Königliche Regierung in Hannover werden Vor- und Nachteile des Stapelzwanges für die Mündener ausführlich diskutiert.[11]

Schon die Dielenordnung von 1720 sei eingeführt worden, um eine solche Umgehung des Stapels zu unterbinden. „Seit etwa 4/5 Jahren will sich eben der Eigennutz, welcher diese heilsame Ordnung veranlaßt hat, von neuem regen …" Im Bericht wird eine Teuerung des Holzes um 2 bis 4 Reichstaler festgestellt. Schwerwiegender noch ist das Argument, daß die Händler die Bürger in Abhängigkeit brächten. Es bestünde die Gefahr, daß sie nur befreundeten oder willfährigen Mitbürgern Holz abgäben oder die Mitbürger zu Gunsten von Ausländern, die mehr bieten, ganz übergingen.

In dem sorgfältig formulierten Schreiben wird auch die Position der Händler dargelegt. Diese sähen sich in der libertas commercii, der Freiheit des Handels, beschränkt. Die örtlichen Handwerke dagegen ständen in absehbarer Zeit einem „monopolium", also einem Handelsmonopol, gegenüber. Die Entstehung eines Handelsmonopols würde dadurch gefördert, daß ein Wald pro Jahr nur ein bestimmtes Quantum an Holz liefere, und dies sei mit einem Kapital von 12 000—16 000 Reichstalern aufzukaufen. Statt bislang etwa 20 hätten auf die Dauer nur noch drei bis vier Händler ihr Auskommen im Holzhandel.

Weiter heißt es im Bericht: „Das interesse allzu gewinnsüchtiger privatorum wird zwar durch ein Verbot des qu. Einkaufs gehemmt, der gemeine Nutze aber ohnstreitig befördert." Die knappe Formulierung, daß das Stapelrecht „nicht in favorem civis, sondern civitatis communio verliehen sey"[12], also nicht für den Einzelbürger, sondern für die Gemeinschaft der Bürger, macht sehr anschaulich, daß diese alte noch mittelalterlich gedachte Rechtsnorm eine wesentliche Rolle für das Gleichgewicht im Sozialgefüge einer Stadt spielte. Sie diente — ebenso wie etwa ein Stapel für Getreide oder Salz — zur Grundversorgung aller Bürger.

Der Versorgungsgedanke war in Bremen noch stärker ausgeprägt als in Münden und Minden. Hier besagte die Rechtsordnung, daß das Holz, das nach dem Verkauf an Bürger und bevorrechtigte Zünfte übrig blieb, „nicht an hiesige Bürger zu deren eignen Gebrauch überlassen …", sondern „dem Rathe verkauft werden mußte, der damit zu Vortheil der Stadt BauCaße einen Handel trieb. Im Jahre 1751 am 23 Juny, aber wurde dies dahin abgeändert, daß der Senat für einen Zeitraum von 10 Jahren den hiesigen mit Handlungsfreiheit versehenen Bürgern die Erlaubnis ertheilte, auch mit Holz Handel zu treiben, unter der Bedingung, daß jeder der dies Geschäft treibe, fünf Procent von allem hier verkauften Eichenholze den Herren beym Bauhofe abliefere; …" Der alte Anspruch der Stadt auf den

Holzhandel wurde anschließend nicht wieder erneuert. [13]

Die Versorgung mit Holz betraf zum einen die Privathaushalte, im Fall Bremens auch die Stadt selbst, sowie in besonderem Maße ganz allgemein das örtliche Handwerk. Daher hatte das Stapelrecht in den Städten bedeutende und einflußreiche Fürsprecher.

Die Eingabe der Mündener Böttcher überzeugte im übrigen die hannoversche Landesregierung, die schon recht bald, am 20. November 1745, mit einer offiziellen Bestätigung des Stapelrechtes reagierte. [14]

Solche amtlichen Bestätigungen verhinderten jedoch eine weitere Umgehung des Rechts. Immer wieder fühlte sich die Handwerkerschaft zurückgesetzt und in ihren Privilegien beeinträchtigt.

Der Mündener Tischlermeister Knopf machte 1794 den Streit um ein ganz bestimmtes Bett Dielen mit dem Holzhändler Ballauff geradezu zu einem Präzedenzfall. Er wollte wohl auf diese Weise den Umgang der Holzhändler mit den Handwerkern öffentlich machen. Obgleich er in der Zwischenzeit längst ein entsprechendes Quantum Holz erhalten hatte und die Sache damit erledigt gewesen wäre, wandte er sich an den Mündener Rat.

Am 24. März 1794 wurde erstmals in Sachen des Tischlers Joh. Henr. Knopf gegen den Dielenhändler Johann Anthon Ballauff verhandelt. Knopf hatte sich bei einem Factor namens Pfaff ein Bett Dielen ausgesucht. Beide wurden über ein Bett 60er Dielen handelseinig. Als Preis wurden 17 Reichstaler festgesetzt. Für das Auswaschen war der Factor des Händlers Ballauff, Seeward mit Namen, zuständig. Dieser forderte den Tischlermeister auf, eine Bescheinigung für die Cämmerey zu holen und teilte ihm später mit, das Auswaschen des ausgesuchten Bettes Dielen sei erst Montag früh möglich, da die Flöße an diesem Freitag so spät angekommen seien. Dem Tischler Knopf kam dies merkwürdig vor, denn die Flöße waren keineswegs zu spät zum Auswaschen angelangt. Doch er reagierte verspätet.

„Ich mußte also die Zeit abwarten und schickte meine Frau an besagten Montag Morgen noch vor 7 Uhr ans Wasser, woselbst das Floß Dielen stand, um zu sehen ob die Auswaschung geschehen sey. Diese aber kam sogleich mit der Nachricht zurück, wie so eben und zwar in ihrer Gegenwarth, der Dielenhändler Ballauff nebst seinen Leuten, sich auf den Floß-Holze befänden, um alles, auch mein gekauftes Bett=Dielen, Weser hinunter zu transportieren im Begriff sey". Es wurde statt des ausgesuchten ein anderes, angeblich minderwertigeres Bett Holz als Ersatz angeboten, das angeblich fast nur aus Wrak-Holz bestand. Wütend bemerkt er im gleichen Absatz seines Berichts an das Stadtgericht: „Es ist bekannt, daß die hiesige Holzhändler, dito das beste Holz und Dielen von hier bringen, und bloß das Bruch, welches sie unten im Lande nicht verkaufen und absetzen können, hierlaßen, auch, daß fast in der ganzen Stadt keine einzige tüchtige und gute trockene Diele von ihnen, wenn man auch solche genau bezahlen wollte, zu erhalten".

Im Verlauf des Prozesses stellte sich dann heraus, daß Knopf schließlich zwar nicht von Ballauff, sondern vom Wernshausener Händler Johann Georg Jung ein zufriedenstellendes Bett Dielen bekommen hatte. Dieses hatte wiederum Ballauff schon bei Jung bezahlt. Knopf erklärte sich bereit, die Rechnung für das Holz zu begleichen, und zwar am 30. August 1796. Ausgezahlt wurde das Geld nach einer Randbemerkung auf der Urkunde am 17. Oktober 1800, und zwar an den Kaufmann Mallingrodt. [15]

Der Fall Knopf beleuchtet nachdrücklich die Animositäten, die sich zwischen den Handwerkern der Stadt und den Mündener Händlern aufgestaut hatten. Daß die Händler den Mündener Mitbürgern grundsätzlich kein gutes Holz abgaben, ist sicher übertrieben. Aber sie versuchten möglichst viel Qualitätsholz an Münden vorbeizubringen. Dafür war ihnen anscheinend jeder Trick recht. Im Fall Knopf etwa hatte der Faktor den Tischler systematisch getäuscht, indem er den Sonntag, der dazwischenlag, zur Verwirrung Knopfs über den Zeitraum des Stapels nutzte.

Fälle der Mißachtung der Stapelrechte zum Nachteil der städtischen Handwerke finden sich im 18. Jahrhundert nicht nur an der Weser, sondern als zeittypisch immer wieder in allen deutschen Ländern. So beklagten sich 1785 die Münchner Zünfte der Brauer, Zimmerleute und Branntweiner, daß es unmöglich geworden sei, das nötige Holz zu bekommen, weil die Flöße nicht mehr wie früher drei Tage an der Lände niedergelegt würden. [16]

Doch nicht erst im 18. Jahrhundert zeitigte gerade die besondere Holzversorgung bestimmter Zünfte Probleme. Im 16. Jahrhundert finden sich in Bremen mehrfach Zusätze zum Stapelrecht der Kundigen Rulle, die ein Wittheits-Protokoll vom 18. November 1818 zum „Stapelrecht auf Holz, Bauholz, Floßholz, Tonnenstäbe, Bandholz" zusammenfaßt. Hier heißt es u. a.: „Im Jahre 1436 gestattete aber ... der Senat den Kimkern und Böttchern den Vorkauf auf das zu ihrem Gewerbe nöthige Tonnenholz, soviel sie dessen zu ihrer Arbeit bedurften, jedoch so, daß sie davon außer ihrem Amte Niemandem etwas verkaufen sollten, und bestätigte dies im Jahre 1591 Apr. 29 in einer Sentenz in causa der Tonnenmacher wider die Schreiner", in der wieder betont wurde, daß nur für den eigenen Bedarf angekauft werden durfte. Im folgenden wird spezifiziert, daß die Böttcher das Vorkaufsrecht für Tonnenholz hätten, sogar, „daß die Verschiffung des Tonnen und Klappholzes ins Ausland gar nicht gestattet wurde, es sey denn mit Bewilligung der [städtischen] Aemter oder vermöge spezieller Erlaubnis des Rathes". Dieses Sonderrecht wurde am 27. April 1598, am 30. Juni 1630 und später im Zuge einzelner Klagen und Rechtsfälle immer wieder bestätigt. [17]

Wenn dann doch Klappholz vorbei passieren konnte, mußten die entsprechenden Abgaben nicht an die Stadt, sondern zu drei Viertel dem Tonnenmacheramt, zu einem Viertel dem Kimkeramt entrichtet werden.

„Was die Größe dieser Abgabe für einen von den Aemtern zu ertheilenden Consens anbelangt", heißt es im Wittheitsprotokoll von 1818, „so ergaben verschiedene mit dem Kaufmann Herrmann Thorbeeke im Jahre 1776 in Betreff der Vorbeyschiffung von Holz statt gehabte Verhandlungen, das die Aemter den zehnten Theil des zu exportirenden Holzes als *gewöhnliche* Abgabe in Anspruch nahmen und erhielten". Das bedeutete, daß 10 % des Tonnenholzes, das in Bremen ankam, auf jeden Fall in der Stadt blieb.

Ein Sonderprivileg stand nicht nur den Tonnenmachern und Kimkern zu. Das Tischleramt hatte ein Vorkaufsrecht „hinsichtlich der hier die Weser herabkommenden Eichenen Bohlen von 7 bis 14 Fuß Länge, indem auch dieses nicht ausgeführt, und von Niemandem, es seye denn Tischler Amts Meister anders als zum eigenen Gebrauche gekauft werden dürfen".

Das übrige Holz mußte dem Rat der Stadt verkauft werden, der den weiteren Handel übernahm.

Eine „Bittschrift [des] Collegii Seniorum de 21. Juny 1650, worin diese den Senat angehn, er möge doch das Stapelrecht auf Tonnenholz strenger aufrecht halten, damit daran kein Mangel sey, und der Kaufmann und Brauer die erforderlichen Tonnen erhalten könne", zeigt, daß es trotz der eindeutigen Rechtslage immer wieder Versorgungsprobleme gab und das Stapelrecht für die benötigten Spezialhölzer umgangen wurde.

Betrachtet man die verschiedenen Nutznießer des Feilbietungszwanges für Holz, wird der Sinn dieser besonderen Rechtsform für die Städte deutlich. Zum einen geht es um die ausreichende Versorgung der Einwohner mit Holz, zum anderen im besonderen auch um die Versorgung der für die jeweilige Stadt wichtigen Handwerke. War in Münden, ähnlich wie auch in Minden, ganz allgemein die Versorgung aller Bürger für den Privatgebrauch und aller holzbedürftigen Handwerke für den Geschäftsgebrauch Ziel des Holzstapels bzw. der Dielenordnung von 1720, so wurden in Bremen bestimmte Handwerke privilegiert.

Neben den Tischlern, deren Arbeit jede Stadt benötigte, waren es in Bremen diejenigen Handwerke, die für eine auf Export orientierte Hafenstadt lebenswichtig waren: die Böttcher und Kimker, die die Tonnen und Fässer, die Transportverpackung der damaligen Zeit, produzierten.

Für die Stadt Minden war der Holzstapel „namentlich wegen des ausgedehnten Brauereibetriebes von Nutzen ... da so ein übermäßig hoher Holzpreis nach Möglichkeit verhindert wurde" [18].

Ein Mangel an Tonnenholz machte also nicht nur die Böttcher arbeitslos. Der Mangel an Fässern brachte sogleich die Brauer und die verschiedensten Handelsgeschäfte in Schwierigkeiten. Der Handel wurde sozusagen am Nerv getroffen. Auch auf solche Situationen geht das Bremer Wittheitsprotokoll von 1818 ein, wenn es für 1650 beschreibt, daß es den Kaufleuten und Brauern an den erforderlichen Tonnen mangelte. Für 1697 wiederum wird eine Verordnung erwähnt, „... worin der Senat auf Veranlaßung der von ihm von der Brauersocietät und dem versammelten Ausschuße der ehrliebenden Bürgerschaft vorgetragenen Klagen, daß das Amt der Tonnenmacher sie nicht mit genugsamen Bier und Thrantonnen versehn konnte, und die Untersuchung ergeben, daß dies dem Mangel des Tonnenholzes zuzuschreiben sey, befiehlt, das hinführo kein Piepen oder ander Eichenholz so die Weser heruntergebracht wird, diese Stadt mehr vorbeygelaßen, sondern nach derselben wohlerlangten Stapelgerechtigkeit den Tonnenmachern und übrigen dabei intereßierten Aemtern zum Besten hieselbst müßen verkauft werden" [19].

Neben der Versorung der Bürger mit den Gütern des täglichen Grundbedarfs, der des Handwerks mit Arbeitsmaterial trug das Stapelrecht zur Aufrechterhaltung eines festen sozialen Gefüges bei.

Der letzte Punkt wird besonders deutlich, wenn etwa bei der Verteidigung des Mündener Stapelrechts durch die Böttcher-Gilde hervorgehoben wird, daß bei der geltenden Rechtslage eine viel größere Anzahl von Händlern ihr Auskommen haben, während bei Aufhebung des Vorkaufsverbots leicht der Handel durch Kapitalanhäufung in einige wenige Hände geraten könnte. [20]

Die Versorgung der Allgemeinheit war wichtiger als der Gewinn des Einzelnen. So ging es denn auch nicht nur um die Versorgung mit den genügenden Holzmengen an sich, sondern um die Versorgung zu einem möglichst günstigen Preis. Daß die günstige Preisgestaltung per Stapelzwang im Sinne der Handwerkszünfte lag, kann man sich leicht vorstellen. Im Bremer wie im Mindener Stapelrecht ist ausdrücklich der „billige", d. h. der angemessene Preis für Holz genannt. Der Druck auf die Preise brachte das Stapelrecht auch in den Geruch eines Arme-Leute-Rechts. Der folgende Rechtsstreit betrifft zwar nicht Holz, sondern Getreide, ist aber für die Einschätzung hochinteressant: Als Minden 1648 zu Preußen kam, hatten die neuen Landesherren „in mehreren Verordnungen zum Stapel ... den Grundsatz aufgestellt, daß nur dann, wenn im Mindischen selbst Kornmangel zu befürchten war, das Stapelrecht streng ausgeübt werden dürfe. In Berlin sah man den Stapel in erster Linie unter dem Gesichtspunkt der Bedarfsdeckung." Die Mindener wehrten sich empört gegen die Anordnungen aus ihrer neuen Hauptstadt. Schließlich sei der Stapel ein Recht für alle, kein „Bettlerprivilegium". [21]

Um den ursprünglichen, billigen Preis zu halten, waren der Vorkauf durch Händler untersagt, das Vorkaufsverbot oberhalb der jeweiligen Stadt jeweils ausdrücklich festgelegt. Jeder Zwischenhandel nämlich verteuerte die Ware, wie dies etwa die Mündener Böttcher in der oben zitierten Eingabe darlegten.

Gleichermaßen erhöhte sich der Verkaufspreis mit jedem Zoll und jeder Passage eines Ortes mit Stapelrecht. Hinzu kamen die wachsenden Unkosten durch die Zeitverzögerung; denn die Flößer wurden nach Tagelohn bezahlt. Eine Floßreise von oberhalb Minden nach Bremen-Vegesack — von hier aus ging der Fernhandel nach England und Übersee —, für die nach Aufhebung aller Stapelrechte und Zölle fünf Tage benötigt wurden, konnte zuvor wesentlich länger dauern. Der Feilbietungszwang in Münden, Minden und Bremen kostete neun Tage. Zölle, die ebenfalls ein Anlegen erforderten, konnten die Reise zusätzlich verlängern. Zumindest mehr als die doppelte Zeit einer ungehinderten Floßreise mußte also veranschlagt und bezahlt werden.

Der Preis in Bremen und über Bremen hinaus war zwangsläufig wesentlich höher als am Ausgangsort. Die Wirkung dieser Preissteigerung im Laufe der Floßreise zeigt eine Eingabe des Bremer Händlers Sellmann an den Bremer Syndicus Post aus dem Jahr 1783: „Ich wollte mich wohl unterstehen, denen Hochwohlgeborene dienstlich zu erinnern, um beliebig zu bemercken, wie die Taxirung dieser sämtlichen Holz sorten, allhier nach dem ausgehenden werth in Ansehung des Preises muß taxiret werden und nicht nach dem Einkauff allhier in Loco, welches einer ziemlichen Defferenz ist."[22]

Daß die Holzhändler den Stapel zur Erhöhung ihrer Gewinnspannen immer wieder zu umgehen suchten, ist aus ihrer Sicht verständlich, ebenso wie das Beharren der Zünfte auf ihren Ansprüchen aus den Stapelrechten.

Ein weiterer besonders wichtiger Aspekt ist, daß das Stapelrecht die Stadt als einen geschlossenen, auf sich selbst zentrierten Bereich auswies. Alles, was außerhalb der Mauern bzw. Stadtgrenzen passierte, war in diesem Sinne zweitrangig. Die von außerhalb benötigten Waren wurden durch das Stapelrecht gesichert. Konflikte, nicht nur wegen der Sonderinteressen der Händler, sondern mit einer konkurrierenden Außenwelt überhaupt waren vorprogrammiert.

Ausnahmen von der Regel

Eine besondere Rolle spielten die Interessen der einzelnen Landesherrschaften.

So widersetzte sich Ende des 17. Jahrhunderts Hannover dem Mindener Stapel und forderte, daß das Holz stapelfrei an der Stadt vorbeigelassen werde. Um diese stapelfreie Vorbeifuhr des Holzes zu erzwingen, wurde in Hameln eine Holzsperre errichtet, „wo für das abwärts gehende Holz stets eine größere Summe als Sicherheit dafür hinterlegt werden mußte, daß dieses Holz dem Verlangen Hannovers gemäß an Minden völlig stapelfrei vorbeiging. Sobald die Flöße oder Holzkähne wieder hannoversches Gebiet berührten, wurden sie genau nachgemessen, ob in Minden-Ravensberg auch nichts davon verkauft war."[23] Selbst ein Angebot von brandenburgischer Seite, daß man in Minden Klappholz stapelfrei vorbeilassen werde, falls Hannover sich verpflichte, eine gleiche Menge Brennholz zu angemessenem Preis zu liefern, wurde abgelehnt.[24]

Auch Versuche, Stapelrechte für Landesinteressen zu nutzen, finden sich. So wollte Preußen, das den Stapel in Minden ursprünglich restriktiv gehandhabt wissen wollte, in den 70er Jahren den Holzhandel auf der Weser an sich ziehen. Am 12. Dezember 1777 erhielt der Mindener Magistrat die Anweisung, für Holz „das Stapelrecht nach alter Schärfe und seinem ganzen Umfang zu exerciren"[25]. 1778 wurde zur Durchführung ein Hauptmann Westphal nach Minden gesandt, um eine Niederlage einzurichten. Er erwarb im preußischen Auftrag das Bürgerrecht und damit das Anrecht auf Beteiligung am Holzstapel. 1785 dürfte dieser preußische Versuch im Holzhandel auf der Weser beendet gewesen sein. Er war wenig effektiv, da er sich hauptsächlich im Streit um gerechte Preise und entsprechende Auseinandersetzungen mit Mündener Händlern erschöpfte.

Stapelfreiheit für Fürstengut

Nach den Akten des Mündener Archivs wurden immer wieder Freipässe für bestimmte Holztransporte beantragt oder gegeben. So konnte zum 30. Juni 1718 Maximilian Fürst zu Corvey „30 lange Dannen Balken und 20 Dannen Dielen von Mylo die Weser herunter behufs hiesigen Fürsten Gebäuens bringen laßen … ohne", und das war für die Mündener wichtig, „daß sölche Paßirung besagter Stadt Münden ohn ihrer Gerechtigkeit keinen wegens praejudicium sölle" [26].

Mit dem Kloster Hilwartshausen, das zu Hildesheim gehörte, gab es sowohl 1774 wie 1805 eine Auseinandersetzung um den ungehinderten Vorbeitransport von Bauholz. [27]

Aus den Quellen geht auch hervor, daß Fürstengut und Holz, das zu herrschaftlichen Bauten benötigt wurde, normalerweise stapelfrei vorbeigelassen wurde. Dabei wurde in Münden ein Revers erstellt und bezahlt.

Über solche Freipässe entschieden die betroffenen Regierungen, für Münden also die hannoversche Landesregierung. Nicht immer wurden die Anordnungen der Regierung befolgt.

Besonders heftig widersetzten sich die Mündener Freipaßforderungen der Regierung von Hessen-Kassel.

1763 sollten frisches Bauholz und Bretter sowie Altholz von der „Französischen Bäckerei" und einer abgebrochenen Schiffsbrücke über die Werra von Witzenhausen an Münden vorbeipassiert werden. Eine offizielle Urkunde lag ordnungsgemäß vor. Im vollen Wortlaut heißt es dort: „Wir Georg der Dritte von Gottes Gnaden König von Großbritannien, Frankreich und Irrland, Beschützer des Glaubens, Herzog zu Braunschweig und Lüneburg, des Heiligen Römischen Reichs Ertz-Schatzmeister und Churfürst. befehlen unsern Oberhauptleuten, Drosten und Beamten, auch Zoll und anderen Bedienten, auf vorzeigen dieses das insigniert und mit dem Cammer Siegell belegt anlie-

gende Verzeichnisse aufgeführte Holtz, um deßen freie Paßirung die landgräflich hohe Caßelsche Krieges und Domainen Cammer nachgesuchet hat, aller ends in unsern Landen unaufgehalten, auch zollfrei paßiren zu laßen; sie verrichten daran ihr Schuldigkeit und unsern zuverläßigen gnädigsten Willen. Hannover den 28ten Apr. 1763. im dritten Jahre unseres Reichs. ad mandatum Regis et electoris proprium." Angefügt ist eine genaue Auflistung des Holzes. [28]

Die Mündener beeindruckte dieses hochoffizielle Dokument keineswegs. Sie haben vielmehr alle Flöße „seit dem Monath May zum Verderb dieses Gehöltzes so lange aufgehalten, bis ein Theil solcher Flößen losgegangen und weggeflossen, nicht zu gedenken, wie lange das herrschaftliche Bauwesen dadurch zum großen Schaden zurück gesetzt worden". Im September beklagten sich die hessischen Geheimräte bei den Kollegen in Hannover. „Wir können zwar in keine zuverlässige Erfahrung kommen, was die Stadt Münden mit diesem, einem ihrer Mitbürger zum weiteren Transport anvertrauten und verdungenen Gehöltze" — hier geht es also zugleich wieder um einen Disput zwischen der Stadt und einem städtischen Holzhändler — „eigentlich intendire, oder was dieselbe vor gerechtsame pretendire; doch läßet man so viel verlauten, es müße dieses Gehöltze zuvorderst an einen Bürger gäntzlich verkaufet, so dann aber wieder zurückgekaufet werden." Dieses Ansinnen, noch dazu vor dem Hintergrund eines offiziellen königlichen Freipasses, wiesen die Kasseler Geheimräte natürlich von sich. [29]

Außergewöhnlich unverschämt war andererseits die Behauptung der Kasseler, ihr Holz wäre, abgesehen von der Tatsache, daß es Fürstengut sei, ohnehin nicht stapelpflichtig, da es sich bei Holz zur Zweitverwendung um Kaufmannsgut handle. Abschließend verwiesen sie mahnend, „das bisherige guthe nachbarliche Vernehmen [nicht] zu stöhren, … damit sie [die Hannoveraner] sich selbst keine nachtheilige Folgen zuziehen …" [30]

Genau diese Berücksichtigung der nachbarschaftlichen Beziehungen war es, die immer wieder zur Erteilung von Freipässen am Stapel vorbei führten. So endete auch der beschriebene Fall schließlich am 17. Oktober 1763 mit der gewünschten freien Passierung.

Eine Notariatsurkunde für den Mündener Rat zu diesem Fall verdeutlicht, warum die Mündener entgegen den Anordnungen ihres Landesherrn gehandelt hatten. Es heißt hier: Der Domainen-Consul Unger „habe für die fürstliche Heßische Krieges und Domainen Cammer bey dem Magistrat hieselbst um freye Paßirung einiger von Witzenhausen auf der werra anher gesandter Flöße alten abgebrochenen herrschaftlichen behuef fernerweit bestimmten Bau-Holtzes ansuchen laßen. Von Rechts wegen habe man diesem Verlangen zu fügen … Wann nun Raths wegen solcher Gestalt sothane Vorbeylaßung ohne Revers beschloßen, so wolle man solches in Gegenwart des Heßischen Spediteurs Johannes Baurmeister eröfnen und zugleich bedinglich erklären, daß diese vor das mahl bloß aus ehrerbietier Gefälligkeit genommenen Entschließung denen in alle Wege vorbehaltenen Gerechtsamen hiesiger Stadt in anderen ähnlichen Fällen zu keinem Nachtheil gereiche, noch gegen selbige jemahlen ab- oder zur Folge gezogen werden solle und könne, nicht weniger, daß die außer dem Revers dem Stadt-aerario zukommende Abgabe zuvor berichtiget, die weitere Spedition durch einen Bürger als Factor beschattet, und zum weitere Transport jemand von den Schiffer Gilde Brüdern genommen werde."[31]

Das Problem hatte also vor allem darin gelegen, daß hier eine stapelfreie Vorbeifahrt ohne Revers, also ohne die bindende Bekundung, daß dies ein einmaliger Sonderfall ohne Wirkung auf vergleichbare Nachfolgefälle sei, erfolgen sollte. Nur „die recognition ist mit 5. rthlr 12 mg. caßen Müntzen gehoben und im Cämmerey-Register … zur Einnahme gebracht" worden. Die Bedingung, Mündener Schiffer beim Transport zu beschäftigen, wurde immerhin erfüllt.

Die Tatsache, daß sie nicht grundsätzlich verpflichtet waren, hessisches Fürstengut ohne Revers passieren zu lassen, war den Mündenern so wichtig, daß sie den Tatbestand sogar notariell beurkunden ließen. Und nicht nur dies. Der notariell zu beglaubigende Text wurde vor dem Mündener Händler Johann Christoph Bauermeister, der die Organisation der Verflößung des Holzes für die Hessische Domainen-Cammer übernommen hatte, öffentlich im Rathaus verlesen. Das danach ausgefertigte Protokoll wurde von Bauermeister und einem weiteren Zeugen unterzeichnet.

Diese besondere Vorsicht der Mündener wird verständlich, wenn man ihre Eingabe an die Regierung in Hannover vom 16. Februar 1764 liest. Sie verweisen darauf, daß es häufig Sondergenehmigungen für Holz von „andern Reichsfürsten und Ständen" gegeben habe, gegen die nichts einzuwenden sei. „Hochfürstlich-Heßischer Seits hat man sich jedoch die letzten Zeithen vorgenommen der hiesigen Stapel-Gerechtigkeit überhaupt bey jeder Gelegenheit zu wiedersprechen, und auf alle ersinnliche Weise besonders auch in Besehung des Floß-Holtzes Hindernisse in den Weg zu legen oder doch wenigstens Präjudiz zuzufügen".

Im Jahre 1750 habe man schon einmal Holz für die Kasseler ohne Revers passieren lassen und in einem „besondern nach Cassel erlaßenen Schreiben declarirt(e)", daß es sich dabei um einen Sonderfall „ohne consequenz" handele.

Daß sich die Kasseler nun bei dem Holztransport von 1763 darauf beriefen, ihr Holz sei eine Handelsware und per se stapelfrei, war für die Mündener ein Beweis dafür, daß die einmalige Sondererlaubnis fälschlich als neue Rechtslage gedeutet worden war.

Auch in Minden passierte Fürstengut in der Regel stapelfrei. Die Regierung in Berlin holte jedoch in solchen Fällen die Zustimmung des Mindener Magistrats ein. Ähnlich wie die hannoversche Landesregierung setzte sich die preußische aber über die Sonderinteressen der Stadt hinweg, wenn es um Eigeninteressen ging.

„So erhielten die Bremer Kaufleute Reich und Hufschläger, weil sie Friedrich Wilhelm I. ein paar ‚lange Kerls' für seine Riesengarde verschafft hatten, die Erlaubnis, 3000 Klafter Brennholz und je 100 Floß Klappholz und Piepenstäbe ungehindert an Minden vorbeizuführen. Die Stadt erreichte mit ihren Vorstellungen lediglich eine Reduzierung der Menge, mußte aber dulden, daß diese in verschiedenen Posten auf Namen beliebiger Bremer Bürger transportiert wurde und durfte bis zur Beendigung der Transporte nicht einmal Freipässe für andere ausstellen." [32]

Nach dem Gefühl und zum großen Ärger der Städte machten die Landesherren überhaupt viel zu häufig von dem Recht zur Ausstellung von Freipässen Gebrauch. So richteten Ende des 17. Jahrhunderts der Alfelder und Gronauer Rat an die kurfürstliche Kammer in Hannover die Bitte, nicht zu viele Freipässe auszustellen, da wegen des „in großer quantität vorbey paßierenden fremden Flosholtzes ... größter Schaden ohne die geringste Ersetzlichkeit und Reparation" geschehe. [33] Ausdrücklich verwies man dabei auf die alten Zollrechte, die man in Alfeld und Gronau besaß.

In manchen Fällen wurden dann auch einmal solche Freipässe mißachtet. Dies belegt neben dem Mündener Beispiel von 1763 auch ein Schreiben des Stiftes Hildesheim an die Stadt Alfeld. Im Mai 1701 führte Hildesheim Klage, daß trotz eines Freibriefs der Hofkammer zu Hannover der Amtsschreiber in Winzenburg von 50 Fuder Dielen 21 Fuder habe beschlagnahmen lassen. [34]

Die Vorteile des Bürgerrechts

Besonders konfliktreich war das Verhältnis von Minden und Bremen. Beide Städte hatten ein Stapelrecht auf die gleichen Handelswaren, konnten sich gegenseitig behindern. Für Bremen bestimmtes Holz aus dem Oberweserraum wurde in Minden aufgehalten und kam nicht vollständig an. Der Mindener Holzhandel zu den Schiffswerften in Vegesack und weiter nach Holland, England und Übersee scheiterte wiederum am Stapelrecht Bremens. Seit dem 16. Jahrhundert stritten beide Städte um ihre Vorrechte. 1769 endlich kam es zu einem vom deutschen Kaiser unterzeichneten Vergleich zwischen Bremen und Minden. Mindener Bürgergut konnte nun an Bremen vorbei nach Vegesack und weiter geschafft werden. Hiermit wurde auch das Ius praeternavigandi Bremam, das Recht, an Bremen vorbeizuschiffen, das Karl V. Minden 1552 attestiert hatte, bestätigt. Im Gegenzug konnten nun auch für Bremen bestimmte Lieferungen wiederum Minden ohne Aufenthalt passieren.

Die neue Vereinbarung bot eine willkommene Handhabe zur Umgehung des Stapels, indem Mindener Kaufleute im Namen fremder versuchten, Holz als Mindener Bürgergut an Bremen vorbeizuschaffen. Charakteristisch ist der Fall des Mindener Bürgers Harten. Im Oktober 1781 beschwerte sich Kommerzienrat Harten bei der Stadt Minden, daß jemand bei ihm gewesen sei, „um wegen meiner hier noch haltenden Holtz Flöße den Stapel zu reklamieren". Das war nach Hartens Meinung „gegen den Sinn, und gegen die Billigkeit des Stapelrechts, wenn ein Bürger den andern sein Eigenthum zum Handel abzwingen will", und er bat, „nunmehro die Flöße paßiren zu laßen", damit die Bremer Böttger endlich das versprochene Holz erhielten". Die Beschwerde hatte Erfolg. Das Holz konnte vollständig nach Bremen verflößt werden. Die Stadt Minden jedoch sah sich um ihre Rechte betrogen. In einer Eingabe, die eine Darlegung des Mindener Stapelrechts und dessen Bestätigung durch Kaiser Ferdinand II. 1627 vorausschickt, wurde Hartens Antrag auf Stapelfreiheit als böswillige Täuschung entlarvt. „Jetzo tritt aber der Commercien Rath und Senator Harten auf, welcher das einer Privat Gesellschaft zu Caßel / genannt Wiedeholt und Compagnie / zu gehörig auf der Weser herunter kommend und nach Bremen zu versendende Holtz auf seinem Nahmen stapel frey vorbey laßen will. Es wurde zwar die erste Ladung Stapel Privilegien gemäß von uns angehalten und aus gerufen, worüber der Harten sich bei uns beschwerte und daß das Holtz stapel frey vorbey gelaßen werden mögte, darauf anfrug: als er aber damit abgewiesen wurde, so wandte er sich an die Minden-Ravensbergische Kammer und erschlich das in Abschrift beigefügte Rescript de dato den 20ten Octobr." [35]

Das Holz gehörte also gar nicht dem Mindener Bürger Harten, sondern er handelte für eine Privatgesellschaft. Der Protest der Mindener richtete sich aber nicht nur gegen diese Vorspiegelung falscher Tatsachen, sondern man bestand — trotz des Abkommens mit Bremen — auf strikte Einhaltung des Feilbietungszwangs.

Nach weiteren Hinweisen auf Alter und Bestätigung der städtischen Privilegien heißt es weiter in der Eingabe: „... und ist von jeher in absicht der vorüber geschifften oder transito stapelbaren Waaren kein Unterschied gemacht worden, ob solche einem extraneo oder civi Mindensi [einem Ausländer oder einem mindenschen Bürger] gehöret, indem letzterer dem ersteren intuito der Transito Güter jedes Mahlen Privilegien mäßig gleich geachtet und über der gleichen Waaren der Stapel ohne unterschied exerciret worden ... denn wenn es [das Holz] auch, wie doch nicht, würcklich für seine Rechnung wäre, so muß er qua transvehens eben so wie jeder extraneus wegen dieses transito Guts sich vor ausgeführter maßen dem Stapel unterwerfen." [36]

Hier geht es um das sogenannte Vorkaufsverbot, das für die eigenen Bürger den Holzhandel nur jeweils auf dem Fluß unterhalb der Stadt vorsah.

Der Ankauf einer Ware oberhalb des Stapelortes mit dem Ziel, sie auf einem anderen Markt zu verkaufen, war untersagt. Nach Meinung der Stadt konnte es dem Händler egal sein, ob er in Minden oder Bremen verkaufte, da er für sein Handelsgut den gleichen Preis

erhielt. Genau das war jedoch, wie schon dargelegt, nicht der Fall.

An einem Beispiel wie diesem wird deutlich, in welchem Maße das Prinzip des Stapelrechts den Holzhändlern zuwiderlief, in welchem Maße der Handel beeinträchtigt wurde.

Daß sich die Händler u. a. auf ihre Bürgerrechte beriefen, um den Feilbietungszwang zu umgehen, ist aus ihrer Sicht nur zu verständlich.

Nicht immer war die Inanspruchnahme der zwischen Bremen und Minden vereinbarten Sonderrechte so nützlich, wie sie zu sein versprachen.

Ein Aktenvorgang in Bremen hält fest, wie die Mindener Bürger Christian Ludwig Zelle und Friedrich Rodowe Holzflöße an Bremen vorbei nach Vegesack transportieren lassen wollten „gemäß der Konvention von 1769". Es handelte sich dabei um „1011 Stücke Nutzholz, 6 Schock Buchen Dielen, 5 dito Schock tannen, 430 Stck alte ledige Fäßer, 116 Stck Tannen Balken zum Verbinden. 30 Stck Buchen dito" [37].

Im gleichen Aktenvorgang findet sich der Hinweis auf 30 Flöße „aus den Herzoglich Braunschweigschen Forsten für die Königl. Preuß. Haupt-Nutzholz-Administration". Im gleichen Jahr folgten als zweite Lieferung noch einmal 19 weitere Flöße.

Die Bremer machten dem Händler Zelle enorme Schwierigkeiten, indem sie umständlich prüften, ob die vorgelegten Mengenangaben auch wirklich den Tatsachen entsprachen. Dies brachte ihm vor allem einen störenden Zeitverlust ein. Schließlich schrieb Zelle am 16. September 1783, daß er zur Zahlung eines Umgeldes bereit sei, um die Flöße „gleich in die Plätze zu bringen, die ich unterhalb Bremen dazu choisiret habe". Er wollte nämlich nicht wieder acht Tage aufgehalten werden. [38] Der Zeitverlust bei der genauen Taxation der Floßinhalte war also noch größer als beim dreitägigen Feilbietungszwang. Trotz dieser umständlichen Prozeduren scheint sich der Besitz des Bürgerrechts von Städten mit Stapelrecht gelohnt zu haben.

Ein unzeitgemäßes Gesetz zeitigt Probleme

Bürgerrechte wurden nämlich, ebenso wie angebliche Besitzansprüche, durchaus auch vorgeschoben.

1778 versuchte der preußische Staatsminister von der Horst in seiner Eigenschaft als Mindener Bürger auf Grund der Bremen-Mindenschen Vereinbarung von 1769 eine große Menge Holz an Bremen vorbei nach Vegesack zu schaffen. Dies wurde von Minden unterstützt: „Wir, Director, Bürgermeistere und Rath der Königl. Preußischen Stadt Minden thun kund und fügen hiermit zu wissen: wasgestalt uns Sr. Excellence der Geheime Etats- und Kriegs-Ministre, Freyherr von der Horst, als ein hiesiger angesessener Bürger, zu vernehmen gegeben, daß er mit den Schiffer nachstehendes Holtz, als 4000 Stck. Pipen-Stäbe, 18 Stck. Krumholtz und 90 Stck. Bohlen von hier nach dem Vegesack transportiren ließe, mit dem Ersuchen, darüber ein Certificat zu ertheilen, damit sothanes Holtz in Gemäßheit des zu Bremen am 26. Aug. 1769 zwischen der hiesigen Stadt und des Heil. Reichs-Stadt Bremen sub dato Berlin 25. Sept. und der Reichs-Stadt Bremen den 30. Oct. dicti anni ratificirten Commercien-Vergleichs Stapelfrey und gegen Erlegung derer in Art. 12 praeallegatae Transactionis bemerckten Umgelder paßiren mögte. / Wann nun vorgedachte Ihro Excellence nachstehenden Eydt: Ich Julius August Friederich, Freyherr von der Horst, schwöre zu Gott einen cörperlichen Eyd: daß ich ein wahrer und würcklicher Vasall Sr. Königl. Majestät von Preussen und ein zu Minden possessionirter Bürger sey und das verlangte Holtz Stapelfrey vorbei zu paßiren, weder directe noch inderectè nicht anders wolle gebrauchen, als zu meinen propren eigenen Holtze und keineswegs anderer Leute Holtz damit stapelfrey durchzuhelfen. 10. July 1778 in Minden gesiegelt." Der Bremer Richter Schöne schrieb daraufhin an den Direktor Rathert zu Minden eine Beschwerde, daß von der Horst „a. bloß als zu Minden eingeseßener oder poßessionirter Bürger angegeben wird, und b. de-

ßen Dominium des gemeldeten Holtzes nicht Eydlich bestärcket, sondern nur über den Gebrauch des Attestati sich erklähret" [39]. Am 31. August 1784 schließlich wurden diese Bremer Vorbehalte dem Bremer Magistrat von einem Herrn Wewer aus Berlin bestätigt: „Von der Horst kann unmöglich Mindener Bürger sein oder werden, da er auf dem Lande Edelmann ist", nämlich in Haldem, heute Kreis Minden-Lübbecke, am Stemweder Berg, als Eigentümer von etwa 500 ha Forst, „dies gilt auch für den preussischen König als Kopf der preussischen Haupt-Nutzholz-Administration." [40]

Trotz dieser rechtlichen Einwände konnte von der Horst schließlich das Holz seinen Wünschen gemäß verflößen.

Obgleich der Freiherr also kein wirklicher Mindener Bürger, sondern dort nur „poßessionirt" war, also Besitz erworben und sich quasi eingekauft hatte, besaß er eine Handhabe, Sonderrechte der Stadt Minden für sich auszunutzen.

Diese Möglichkeit, sich in Stadtrechte einzukaufen, um in Konkurrenz zu den Alteingesessenen bestimmte Privilegien wie die Umgehung des Feilbietungszwangs für Holz in Anspruch nehmen zu können, war im letzten Jahrhundert des Stapelrechtes durchaus üblich. Der eigentliche Sinn dieses Rechtes wurde so verfälscht.

Mit der Einrichtung des Königreichs Westfalen unter Napoleon waren die alten Rechte und damit auch die Stapelrechte aufgelöst worden. Nach Ende der Französenherrschaft wurde das Stapelrecht an der Weser wiederbelebt. Die restriktive Handhabung beim Erwerb städtischer Bürgerrechte, die eine der Voraussetzungen für das Funktionieren des Stapelrechtes gewesen war, wurde jedoch nicht wieder eingeführt.

So ergaben sich mit der Auflösung der alten Rechtszustände neue Problemfelder. Bei der wachsenden Zahl von Kapitalisten nahm der gewinnträchtige Einkauf in Stadtbürgerrechte beträchtlich zu.

Besonders anschaulich wird dies in einem Bericht der Mündener Dielenhändler an die „Königlich-Großbrittanisch-Hannoversche Provinzial-Regierung zu Hannover" vom 4. Mai 1816. Danach sah der ursprüngliche Zustand folgendermaßen aus: „Schon in den ältesten Zeiten durfte alles Glas, Mühlensteine, Floßdielen, Laubholz u. a. m., welche die Werra herab kommen, vermöge des hiesigen Stapel-Rechts nicht vorbei paßiren und stand dieser Handel immer den Mündischen Bürgern privative vor Fremden allein zu. Die Oberländer konnten nie mit den Unterländern direkt handeln in Ansehung dieser Gegenstände, dies litten die Rechte der Mündenser nicht."[41] Im folgenden berufen sich die Mündener Dielenhändler auf die Geschichte des Stapelrechtes, wie sie Willigerod in seiner Geschichte von Münden im Jahr 1808 darlegt. Sie betonen die häufige Bestätigung des Stapelrechtes, heben dabei die Verbote des Scheinkaufs für Ausländer, die die Mündener Rechte absicherten, besonders hervor. Als ein konkreter Fall wird der Bremer Kaufmann Joh. Ludewig Raves genannt, für den sich einmal ein mündischer Bürger zum Scheinkauf hergegeben hatte.

In einem zweiten Schreiben vom 3. Mai 1819 wird die neue Problematik, die eine ähnliche Wirkung hatte wie der verbotene Scheinkauf, präzisiert. Der Kauf des Großbürgerrechts durch Fremde bringt sozusagen auch den Einkauf in das Stapelrecht. Kapitalkräftige „Pfahlbürger", wie es im Text heißt (der Rechtsbegriff „Pfahlbürger" meint diejenigen Bürger, die nicht in der Stadt selbst ansässig sind, sondern außerhalb wohnen), nahmen den Alteingesessenen die Geschäfte weg. „Ohnmöglich kann es auswärtigen, die hieselbst das Großbürgerrecht lösen, gleichwohl aber nicht hieselbst wohnen und die Communal-Lasten nicht mit tragen helfen, erlaubt seyn, den Holz- und Dielenhandel hieselbst zu treiben; am allerwenigsten sogar Ausländern, die auch nicht einmal unseres Landes Lasten tragen helfen. Wer sieht nicht leicht ein, daß sie solches Bürgerrecht nur blos in der *löblichen Absicht* lösen, um für einige 30 rtl. unser wohl erworbenes Stapel- oder Stadt-Einlagenrecht zu eludiren und hierdurch uns unsern privativen Holz- und Dielenhandel zu entziehen."[42] Ein Recht, das auf die geschlossene Gesellschaft einer letztendlich noch mittelalterlich strukturierten Stadt zugeschnitten war, kehrte sich mit der Auflösung der alten Ordnungen seit dem beginnenden 19. Jahrhundert gegen die eigenen Bürger, da es nun für Außenstehende zugänglich wurde.

Die letzten Hilferufe der Mündener Holzhändler fanden bei der Provinzial-Regierung schon kein Gehör mehr. 1828 wurde mit der neuen Stadtverfassung Mündens das Stapelrecht schließlich endgültig aufgehoben.

*Weitere städtische Sonderrechte —
Das Schifferprivileg*

Das Stapelrecht war nicht das einzige Sonderrecht in Münden. Als weiteres und ebenso wichtiges Recht kam das *Schifferprivileg* hinzu. Dies beinhaltete, daß kein Fahrzeug das Mündener Wehr, das Hohl, ohne Begleitung eines Mündener Schiffers passieren durfte. Selbst bei Freipässen blieb der Lotsenzwang bestehen, d. h. die Verpflichtung, einen Einheimischen mit der Führung der Fahrzeuge, seien es Schiffe oder Flöße, zu betrauen.

Die letzte schriftliche Fixierung des Schifferprivilegs erfolgte am 18. April 1735. Diese Verordnung ergänzte als Ausführungsbestimmung die Dielenordnung von 1720. Sie wird unter anderem am 14. November 1794 in einer Beschwerde gegen den Mündener Holzhändler Ballauff zitiert. Es geht darum, „daß die auf der Werra ankommende Holzware nicht öffentlich ausgerufen, noch zu dem Fürkaufspreise desselben verkauft werden soll". „Als der Bürger Anthon Ballauff hieselbst seine Tannen Flöße durch seinen Aufseher Sewart heute Nachmittag durch die sogenannte Flößfahrte oder Lohmühlenloch vorbeyflößern lassen und also der Ordnung zuwieder gehandelt hat, die heut ... unter andern also lautet:

Daß die Vorbeyflößerung allein durch diejenigen, welche in der Schiffergilde sind, und sonst durch niemand anders verrichtet werden solle. und habet Ihr die Schiffergildegenossen gegen jedermänniglich dabey zu schützen: diejenigen aber so dagegen zu handeln sich unterfangen wolten, mit 10 Groschen Strafe vor jedesmal zu belegen und dem denuncianten den 3ten Teil zuzuerkennen pp sondern auch keinen einzigen die Treibung der Schiffahrt verstattet, der sich nicht unter der Anzahl der Schiffergildegenossen befindet. So wird solches zur Bestrafung hiedurch schuldigst angezeiget. Schiffergilde hieselbst." [43]

Es gab also nicht nur eine empfindliche Strafe für die Mißachtung des Schifferprivilegs; ein beträchtlicher Teil der Strafe ging als Belohnung an den Denunzianten. Die Kontrolle des Verhaltens der Mitbürger wurde also gezielt gefördert.

Das Schifferprivileg hatte noch 1829 seine Gültigkeit. Als die „Herzoglich-Sachsen-Meiningsche Domainen-Kammer" bei der zuständigen Landdrostei anfragte, ob der Faktor dieser Kammer, der Gimter Friedrich Hede, der die nötigen Ortskenntnisse in den Mündener Gewässern besäße, eine Genehmigung zum Flößen durch das Hohl erhalten könnte, verwies die Landdrostei auf „die höchsten Orts genehmigte polizeyliche Anordnung", die besagte, „daß das Holzflößen von der Werra in die Weser durch das sogenannte Hohl bey Münden nur unter Zuziehung von Mündenschen Schiffern geschehen sollte".

Die Argumentation über die Gültigkeit dieses Rechtsanspruchs auch noch nach Unterzeichnung der Weserschiffahrtsakte kann man nur als äußerst spitzfindig bezeichnen. Die Mündener vertraten die Auffassung, von der Weserschiffahrtsakte, die alle alten Privilegien aufgehoben hatte, sei dieses Privileg nicht betroffen, da es sich auf die Werra, nicht die Weser bezöge. [44] Auf dieser merkwürdigen Argumentationsbasis konnte ein altes Vorrecht der Mündener Schiffergilde immerhin noch einige Jahre überdauern.

Wie der Rechtsweg eines Freipasses an Münden vorbei mit der üblichen Einschränkung durch einen Revers und der unvermeidlichen Beschäftigung von Mündener Schiffern aussah, verdeutlicht, alle Faktoren zusammenfassend, eine Sondererlaubnis vom 17. Juli 1767 für den Kaufmann Joh. Christian Wüstenfeld.

„Nachdem die in der Anlage specificierte Quantität Höltzer behuf Erbauunge eines Gradierhauses bey unserm Holzwarte zu Ufeln aus dem Meiningischen dahie transportiert zu werden bestimet worden und dann Bürgermeister und Rath der Stadt Münden sothanes Holtz diese Stadt ohne aufgehalten vorbey passiren zu laßen, sich guthwillig erkläret jedoch vorbehalten haben, das zuvor gewöhnlichermaßen ein Revers ausgestellt und die Kämmerey-Gebühr entrichtet, hiernächst der Transport durch einen Mündenschen Kauffmann als Spediteur besorget, und das Holtz von Mündenschen Schiffern durch das sogenannte Mühlen-Hohl geführt werden. So wird nicht nur der verlangte Revers hiermit dahie erteilet und das besagte Vorbeylassunge der Stadt Münden an ihrern Stapel- und sonstigen Gerechtsamen in keine Weise präjudicieren solle und möge, sondern es soll auch zu Befolgunge der dabeiigen Erfordernisse die nöthige Verfügung gemacht werden.

Urkundlich Unserer höchsteigenhändigen Unterschrift und nebengedruckten Kammersiegels. Gegeben auf Unserer Residenz Detmold den 17. Junii 1767
Simon August." [45]

Wie restriktiv das Privileg gehandhabt wurde, erfuhr der Tischlermeister Blume, dessen Fall 1764/65 verhandelt wurde. Wie Blume im Mündener Rathaus berichtete, hatte er zwei Flöße von der Werra zur Weser zu bringen. Er hatte dafür auch zwei „Gildegenoßen" bestellt, die sich aber weigerten, sich jeweils von einem der beiden Flößer Blumes, den Gebrüdern Lotze, assistieren zu lassen. „erstere hätten aber die letztere nicht als Gehülfen annehmen wollen, sondern das eine Floß allein durchgeführt, daher dann letzte genöthiget worden, das andere Floß gleichfalls allein durchzubringen." Wir würden dieses Verhalten als Schikane der Mündener empfinden, die folgende Anklage zumindest kleinlich nennen. Anton Blume jedoch mußte 10 Thlr. Strafe bezahlen und die Gerichtskosten tragen. Diese Strafe entsprach dem Rechtsverständnis der Zeit. Blume verzichtete nämlich auf einen Prozeß, so daß der Fall am 22. Januar 1765 als erledigt erklärt wurde. Die Position der Gildegenossen war so stark, daß sie sich solche Schikanen leisten konnten und „Recht" bekamen.[46]

Besonders eklatant ist der Fall des schon erwähnten preußischen Staats-Ministers von der Horst, der seit 1783 versuchte, 200 Flöße von Kassel an Münden vorbei weserabwärts zu bringen. Die mühevollen Verhandlungen mit der Schiffergilde in Münden werden uns noch im Zusammenhang mit der Stellung der Flößer beschäftigen. An dieser Stelle ist interessant, daß die Gilde zwar verlangte, Mündener Schiffer zu beschäftigen, und sogar die Arbeit von zwischenzeitlich gedungenen fremden Flößern unterbinden konnte, gleichzeitig aber nicht garantieren konnte und jede Haftung dafür ablehnte, überhaupt genügend Arbeitskräfte zur Verfügung zu stellen.

Immerhin erklärte sie sich nach langem Hin und Her bereit, wenigstens für Fehler ihrer Flößer zu haften. Als schon fast der Winter einkehrte, im September 1784, gab die Gilde allmählich nach und wollte schließlich Flößer von außerhalb Mündens genehmigen. Im Frühjahr 1785 schließlich konnte geflößt werden. Zwei Jahre hatte es immerhin gedauert, bis die Mündener Gilde den Wünschen von der Horsts nachkam. Diese Zeitspanne verdeutlicht, in welchem Maße ein Privileg wie das der Mündener Schiffergilde den planvollen Handel behindern mußte.

Sogar die Umgehung auf dem unbequemen Landweg wurde häufiger versucht. Wer dabei erwischt wurde, dem drohte ein Bußgeld. Zusätzlich mußte er die Abgaben an die Stadt bezahlen, ohne deren Leistungen in Anspruch genommen zu haben. Ein entsprechender Fall ist für den 22. Juni 1766 überliefert. „Als angezeiget worden daß der Bürger und Schiffer Henrich Georg Bauermeister" — wieder also ein Mündener Holzhändler, der sich den Zwängen seiner Vaterstadt widersetzte — „Dielen von Northeim kommen und nach Gimte fahren laßen, solche daselbst in Floße mache und weiter die Weser hinunterbringe. Dato vorgefordert und er solches nicht abläugnen konnte, denselben das Einflößen der Dielen zu Gimte bei nachdrücklicher Strafe untersagt. Zugleich anbefohlen nicht nur das Dielen Accidens an hiesige Cammerei, sondern auch das Weggeld an den Wächter Casen zu berichten und abzuliefern … den 6. Sept. 1766 …"[47]

Ein solches Anrecht für die örtlichen Schiffer, die Flöße durch die Stadt bzw. an der Stadt vorbei zu flößen, gab es nicht nur in Münden. Auch in Bremen mußte ein Bremer Schiffer als Lotse aufgenommen werden.

So klagte 1719 die Stadt Minden immerhin beim Reichskammergericht in Wetzlar im Zusammenhang mit der Anerkennung ihres Sonderrechtes, den Bremer Stapel zu umgehen, das Ius praeternavigandi Bremam, auch gegen den Zwang, einen Bremer Faktor zu beschäftigen. Sie beschwerte sich, daß Bremen „dem Königl. Preußischen Commercien-Commissario, Nahmens Kuhlenkamp, eine nach Engelland destiniret gewesene Ladung Holtz angehalten und nicht eher passiren lassen, biß Er einen Bremischen Bürger zum Factoren bestellet"[48].

Das Verlangen, einen bremischen Faktor im Stadtbereich einzustellen, wurde sozusagen als ein Höhepunkt in der unverschämten Behinderung der Mindener Sonderrechte durch die Bremer empfunden.

Zum 11. Oktober 1785 findet sich ein Schreiben der „Königlich Preussischen Geheimen Staatsräthe" Finkenstein und Hertzberg an den Bremer Magistrat. Es geht hierbei um die Behinderung des Floßholzhandels, vor allem um diejenige auf der Strecke durch die Stadt

Bremen nach Vegesack. Die Staatsräte schildern dabei, wie die Flöße in die Kleine Weser fahren und dann den Unterbaum passieren mußten. Sie bezeichnen es als außerordentliche Beschwerung des Handels, daß Bremer die Flöße auf der beschriebenen Strecke führen. [49]

Auch gegen Ende des Jahrhunderts war die Beschäftigung von Bremer Flößern im Stadtbereich noch üblich. Das Schreiben aus Berlin läßt erahnen, daß die Durchfahrt so ungefährlich nicht war. Aufschlußreicher noch ist die Beschwerde der Stadt Minden vom 24. Juli 1783, daß ihr Bürger Zelle — derjenige Zelle, der sich, durch die zeitraubenden Formalitäten entnervt, im September des gleichen Jahres bereit erklärte, ohne Widerspruch sein Umgeld zu bezahlen — zu viele Abgaben entrichten mußte. „Gleichwohl sind dem hiesigen Bürger und Holzhändler Zellen ... wegen, der durch seinen Floßmeister Friederich Brüggemann [einem Neubremer] im vorigen Monat vorbey zu paßirenden 19 Flöße angeblich solche Schwierigkeiten gemacht worden, daß letzterer sich genötiget gesehen durch dasige Bürger die Flöße durchlegen zu laßen, wofür er per Floß 4 1/2 rthlr. bezahlen müßen" [50].

Am 15. September 1783 antwortete Bremen äußerst beleidigt den Mindenern, daß man sich gar nicht erklären könne, wie es zu der Beschwerde Zelles gekommen sei. Keiner hätte den Floßmeister Brüggemann gehindert, die Flöße selbst durchzubringen. Dieser habe „selbst es von sich gelehnt die floß durchzubringen, theils weilen sein contract und verbindlichkeit nicht weiter gegangen dan die flöße bis auf hier zu bringen, er auch die floßleute nicht weiter dan bis an die Bleichen von Bremen gedungen gehabt, theils weilen ihm aus langjähriger erfahrung wohl bekannt gewesen, daß die hiesige bürger und Schiffsleute als des wehrs und fahrwassers vollkommen kundig das durchflößen allein beständig und ununterbrochen wahrgenommen haben". Für das schwierige Fahrwasser mit seinen Sandbänken seien „die wenigen auf den flößen gewöhnlich vorhandenen unerfahrenen Leute theils nicht hinreichend ... die Flöße zu regieren". Diese würden so Kaufmannswaren, Mühlen, die Brücken und die große Anzahl von Schiffen gefährden. Daher müsse man auf die Durchbringung der Flöße durch Bremer Bürger und Schiffleute dringen; Bremen wolle aber bei diesen Bürgern „auf billige Belohnung" dringen. [51]

Die Beschäftigung von Bremer Lotsen scheint, anders als in Münden, nicht unabdingbare Pflicht gewesen zu sein. Der Faktor des Kaufmanns Zelle hatte die Übernahme des Floßes durch Bremer allerdings wohl vorbedacht, indem er seine Flößer nur bis zur Bleiche von Bremen unter Vertrag genommen hatte.

Das Flößen durch die Stadt war nicht ungefährlich, Sandbänke, Schiffe, Wehre und Brücken bildeten Hindernisse, für deren Bewältigung Erfahrung nötig war. Hier trifft sich die Argumentation mit der der Mündener. Das Mündener Hohl, die Felsbarriere zwischen Werra und Weser, an der Schiffe z. B. umgeladen werden mußten, weil eine Passage unmöglich war, stellte einen erheblichen Gefahrenpunkt dar. Insofern ist der Einsatz von Lotsen sicher sinnvoll gewesen.

Hiervon ging wohl auch der Rat der Stadt Basel aus, als er 1837 festlegte, daß in Zukunft kein Floß unter der Rheinbrücke durchfahren durfte, das nicht von einem ortsansässigen und ortskundigen Steuermann gelenkt wurde. Auslöser für diese Verordnung war die Tatsache, daß in Folge der Ungeschicklichkeit und der mangelnden Ortskenntnis der fremden Floßführer mehrfach die Rheinbrücke in Basel angefahren worden war. Dadurch waren etliche Personen zu Schaden gekommen, manche sogar tödlich verunglückt. [52]

Die Städte nutzten die bestehenden Gefahren allerdings schamlos aus, indem sie in ihren Machtbereichen ausschließlich eigene Schiffer auf den Flößen duldeten. In diesem Zusammenhang ist auch an den genannten, die Flößerei nicht betreffenden Anspruch des Stapelrechtes, nämlich den Umladezwang auf städtische Fahrzeuge, zu erinnern. Flöße konnten zwar nicht umgeladen werden. Aber es gab immerhin einen Wechsel der Mannschaft. Man könnte dies den „Zwang zum Flößerwechsel" nennen.

Die Bremer versprachen zwar in dem oben erwähnten Schriftwechsel mit Minden, für „billigen" Lohn zu sorgen, doch verursachten die Privilegien der städtischen Schiffer immer zusätzliche Unkosten.

Der Streit zwischen Mündener und Gimter Flößern kennzeichnet das Beharren der Städte auf dem Schifferprivileg dann doch wieder als eines jener Prinzipien, die, wie das Stapelrecht, letztendlich die Autonomie der Stadt sicherten.

Das Mündener Schiffermonopol bildete auf dem Wasserweg sozusagen eine Sperre zwischen Hessen-Kassel und dem Weserraum. Wie Friderici darlegt, war das Mündener Monopol der Grund, warum sich in der an der Fulda gelegenen Stadt Kassel keine eigene Schifferschaft ausbildete. Zugleich war dies die Ursache für die Gründung Karlshafens und eines für die damalige Zeit gut ausgebauten Landwegs von Kassel dorthin.[53] Für den Holztransport war der Wasserweg mit dem Mündener Hindernis anscheinend nicht zu umgehen, wie die zahlreichen Dispute zwischen Kassel und Münden bzw. Hannover über Freipässe für herrschaftliches Holz belegen.

Ähnlich beherrschend war die Lage Bremens an der Weser. Alle Wasserfahrzeuge, die über Bremen hinaus in den Schiffbauort Vegesack und weiter über die Unterweser in die Nordsee gelangen wollten, mußten das Bremer Nadelöhr passieren. Man konnte es sich leisten, die Übernahme eines bremischen Faktors zu verlangen.

Überblickt man die Darlegung von Stapelrechten und zugehörigen weiteren Sonderrechten, wird deutlich, daß es sich um Gesetze handelt, die spezifisch auf die Belange der Städte zugeschnitten waren. In einer Gesellschaft, die, bis tief in das 19. Jahrhundert, weitgehend agrarisch strukturiert war, waren, im Widerspruch zur Verteilung der Bevölkerung, die Städte die beherrschenden Gemeinwesen. Die umliegenden Dorfschaften waren den Städten zur Versorgung zugeordnet. Die Städte bestimmten, was die Dorfbewohner tun durften und was ihnen zu untersagen war.

So nennt Gönnenwein, dem wir die grundlegende Untersuchung zum Stapelrecht verdanken, als ein Leitmotiv der städtischen Wirtschaftspolitik nicht nur die Bekämpfung der Konkurrenz fremder Städte, sondern gleichermaßen auch die Beherrschung des platten Landes.[54]

Wenn Dietrich Denecke am Beispiel Uelzen darlegt, daß der ländliche Raum in „Zulieferung und Zuordnung zur Stadt spezifisch gegliedert und spezialisiert"[55] sei, läßt sich dies im Streit um die Flößrechte zwischen Münden und dem Nachbardorf Gimte anschaulich nachvollziehen. Als Flößer, die den Mündenern für den Holztransport unterhalb der Stadt nützlich waren, wurden die Gimter gern gesehen. Das übergeordnete Recht des Handels behielt man sich in Münden selbst vor.

Das Handelsvorrecht der Städte

Während das Schifferprivileg für manchen Mündener Holzhändler eher lästig war, da ein Mündener Lotse zusätzliche Kosten und Umstände erforderte, gab es ein anderes Privileg, das wiederum den Mündener Holzhändlern eine Monopolstellung im Raume Münden sicherte, nämlich das Handelsvorrecht der Städter.

Im gleichen Zeitraum, in dem die anderen tradierten Rechtsnormen allmählich in Wegfall gerieten, stand auch dieses zur Disposition. Doch wurde es den Mündenern 1829 noch einmal von der königlichen Landdrostei bestätigt.

Dieser letzte Streit um die Aufrechterhaltung des Handelsmonopols der Stadtbürger von Münden zum

Noch im 20. Jahrhundert bildete Hann.-Münden ein Hindernis für den Übergang von der Werra zur Weser. Der Holzhändler Karl Rosemeyer mußte persönlich das Schleusentor öffnen, 1935/36   *(Slg. Keweloh)*

Nachteil der Einwohner des vor den Toren der Stadt gelegenen Dorfes Gimte ist aufschlußreich.

Am 21. Oktober 1828 gab die königliche Landdrostei zu wissen, daß nach Aufhebung des Stapelrechtes der Holz- und Dielenhandel als freies Gewerbe „den Einwohnern zu Gimte ... nicht untersagt werden kann".

Am 6. Januar 1829 folgte ein scharfer Protest des Mündener Magistrats an das Amt Münden mit folgenden Argumenten: „Das Charakteristische der Städte ist bekanntlich der Betrieb bürgerlicher Gewerbe, Handel und Bierbrennerey. Der Handel mit tannenen Dielen und dergleichen Holzarten ist sonder Zweifel ein

Zweig des Handels im Allgemeinen und unter dem Ausdrucke ‚Waaren' mit begriffen. Er gehört daher zur bürgerlichen Nahrung und darf schon aus diesem Grunde nicht in Dorfschaften betrieben werden ... Königliches Amt ersuchen wir hernach ganz gehorsamst: denen eben benannten sowie allen übrigen Einwohnern zu Gimte den Handel mit tannenen Dielen und sonstigen dahie ausschlagenden Holzarten bald gefälligst auf das nachdrücklichste untersagen zu wollen."

Am 22. April 1829 stimmte die königliche Landdrostei dem Ersuchen der Stadt zu und gab die Anordnung zugleich an das Amt Münden. Die Gimter erhielten eine

Frist von sechs Monaten zur Abwicklung ihrer laufenden Geschäfte. In der Formulierung der Vorschrift an den Schlagtvogt Willmum wird noch einmal die Funktion des Hohls als Sperre zwischen Werra und Weser deutlich. Dort heißt es zum 1. Mai 1829, „daß kein Gimter Einwohner ferner Floßholz durch das Hohl fahre und Holzhandel treibe" [56].

Diese erneute Einschränkung der Handelsmöglichkeiten für die Gimter ließ sich nicht mehr lange aufrechterhalten. 1831 erfolgte wieder eine Handelserlaubnis für Gimter Einwohner. Damit war das Mündener Handelsmonopol für Holz zu Ende.

Die genannte Beschränkung des Handels auf die Stadt durch die königliche Landdrostei vom April 1829 führte immerhin noch zu einigen aufschlußreichen Streitfällen.

Der Gimter Flößer Götze beklagt zum 31. Mai 1829 die Arretierung von 23 Flößen. Die Klage hatte allerdings keinen Erfolg; denn Götze wollte nicht beschwören, das Holz vor der Anordnung der Landdrostei vom April angekauft zu haben.

Im Juni 1829 wurde der Fall erneut verhandelt. Es stellte sich heraus, daß inzwischen ein Mündener Bürger das Holz zum Schein angekauft hatte und es dem Flößer Götze wieder überlassen wollte — ein typischer Fall von Scheinkauf, wie er schon für die Zeit vor der Dielenordnung von 1720 beklagt wurde. Indessen hatte der Wernshausener Händler das Holz jedoch längst in Münden verkauft. [57]

Im weiteren Verlauf des Falls kommt es zu merkwürdig spitzfindigen Argumentationen.

Am 15. Juni 1829 wandten sich die Einwohner Friedrich Götze jun., Christoph Heinrich Hede und Heinrich Ludwig Hede in Gimte, im Amt Münden gelegen, an die königliche Landdrostei „betreffend die von Seiten des Magistrats der Stadt Münden verweigerte Durchflößung von tannenem Bauholze und tannenen Dielen". Es handelte sich um eine „Quantität von 70 Schock tannenen Dielen und 50 Stamm Bauholz …

[in der oben genannten Quelle werden 23 Betten genannt], welche der Holzhändler Caspar Kracht in Wernshausen an den Mitsupplicanten Ludwig Götze in Gimte abzuliefern hatte." Es wurde vor allem der Schaden beklagt, der Götze durch den anderweitigen Verkauf des Holzes entstanden war, da dieser schon den Weiterverkauf „an das Handelshaus Caspar Müllers Erben in Minden" abgeschlossen hatte.

Die Gimter argumentierten nun, der Ankauf von Holz sei ihnen gestattet. Sie wollten auch gar keinen Handel in ihrem Ort treiben, sondern im Ausland. Und dies könne nicht von der Erlaubnis der inländischen Behörden abhängen. Zudem stehe es der Stadt Münden nicht mehr zu, Holz eines Wernshausener Händlers anzuhalten und die Durchführung bei Beachtung der Zollbestimmungen zu verhindern.

Im Juni antworteten die Mündener empört der Landdrostei: „Der Handel der hiesigen Holzhändler in und für die hiesige Gegend ist unbedeutend, er bezieht vielmehr die ganze Gegend an der Weser von hier bis Bremen ein und gerade deshalb, weil dieser Handel durch die Supplicanten geschmälert werde, hatte Königliche Landdrostei … das Mündener Privileg bestätigt."

Die Gimter ließen indessen nicht locker. Spätestens im Juli stellten Friedrich Götze „und Consorten" einen erneuten Antrag auf eine Handelskonzession. Im November 1829 ist ihnen diese noch einmal verweigert worden. [58]

Am 13. Februar 1831 gab das Amt Münden einen Bericht an die „Königlich-Großbritannische Landdrostei", betreffend „das Gesuch des Floßmeisters Johann Friedrich Kreike zu Gimte um Ertheilung der Erlaubniß zur Betreibung des Floßmeistergeschäfts. Das Amt verwandte sich für die Erlaubnis zum Holzhandel für Fremde, nicht nur, wie bisher, für Mündener, „zumal, da die Bewohner des in der Nähe belegenen hessischen Amtes Vaake das gleiche Geschäft treiben, und dabei von Seiten ihrer Regierung sehr unterstützt werden; so daß zu befürchten steht, falls ihnen nicht eine gleiche

Begünstigung zu Theil wird, die Hessen das ganze Geschäft der Floßmeister an sich ziehen und dadurch das jetzt wohlhabende Dorf Gimte gänzlich verarmen werden".

Der Druck von außen war nun ausschlaggebend: Das Holzgeschäft war doch eher den Gimter Bauern als den Hessen zu überlassen. Allerdings wurde hier nicht die Konzession zum selbständigen Handeln befürwortete, sondern das „Floßmeister-Geschäft" im Auftrag von Ausländern. [59]

Auf den gleichen Sachverhalt verweist „das Gesuch des Christoph Friedrich Hede und Consorten zu Gimte den Holzhandel bey Münden und dessen Betrieb von Seiten fremder Holzhändler betreffend" vom 2. Juli 1831. In einem Bericht des Amtes Münden an die königliche Landdrostei in Hildesheim wurde das Gesuch der genannten vom 11. März 1831 um eine Handelskonzession unterstützt, „und zwar mit der Beschränkung, daß dieselben so wenig in Gimte als in einem andern im Königreich Hannover in einem Umkreise von 4 Stunden von der Stadt Münden gelegenen Orte ein Lager davon hatten oder es zum Verkauf bringen, sondern vorzüglich den fraglichen Handel nach den Gegenden der Unterweser und meistens im Auslande treiben zu wollen". Der Mündener Kaufmann Willmann handelte dem Bericht zufolge schon lange für die „Meiningische Domainen-Cammer". Gimter Flößer wiederum waren z. B. schon im 18. Jahrhundert als Faktoren eben jener Kammer tätig. Nur im Stadtbereich Mündens mußten sie ihre Arbeit aussetzen. Solche Fälle zeigen, daß letztendlich auch das Handelsvorrecht der Mündener nicht mehr zu halten war.

1831 erfolgte endgültig die Holzhandelserlaubnis für die Gimter. Damit war auch das Holzhandelsmonopol der Mündener, das letzte Relikt der zum Stapelrecht Mündens gehörigen besonderen Ansprüche der Stadt, zu Ende. [60]

In der Brockhaus-Ausgabe von 1841 stellt sich die Aufhebung der alten Rechte folgendermaßen dar:

„Stapelrechte, Gerechtsame von Gilden und Ortschaften, die Ansprüche der vielen Staaten, welche die Weser durchströmt, legten ihrer Beschiffung" und, wie wir gesehen haben, Durchflößung „lange Zeit eine Menge Plackereien und Hemmungen in den Weg, deren Beseitigung erst nach vorhergegangenen vielen Verhandlungen in Folge der Wiener Congreßbeschlüsse durch eine von 1821—23 zu Münden versammelt gewesene Weserschiffahrtscommission bewirkt worden ist. Diese bestand aus Bevollmächtigten der Uferstaaten und gab im Sept. 1823 die Weserschiffahrtsacte, durch welche die Schiffahrtsfreiheit des Stromes von Vereinigung der Werra und Fulda bis in die hohe See … ausgesprochen alle ausschließende Begünstigungen, Stapel- und Zwangsumschlagsrechte aufgehoben wurden. Anstatt der vielen früheren Abgaben wurde ein Weserzoll eingeführt, der auf die ganze Ausdehnung des Stromes nicht über 315 Pfennige vom Schiffspfunde zu 300 Pfd. betragen sollte und später auf 236 ½ Pf. vermindert worden ist. Nur Ein=, Ausgang= und Verbrauchssteuern, Hafen=, Krahn=, Niederlage= und Lootsengelder dürfen außerdem noch erhoben werden." [61]

Vor diesem Hintergrund wird verständlich, warum die Flößerei gerade im 19. Jahrhundert eine Hochblüte erlebte.

Erst die Beseitigung von politischen und rechtlichen Hindernissen machte die Flößerei zu einem relativ schnellen, gut planbaren Unternehmen. Der Wegfall der Zölle und damit einschneidender finanzieller Belastungen steigerte die Wirtschaftlichkeit der Flößerei so erheblich, daß sie auf der technisch gut zu flößenden Weser sogar zum modernen Verkehrsmittel Eisenbahn vorerst in unbedrängte Konkurrenz treten konnte.

Flöße als Hindernisse

Bislang war von Hindernissen für die Flöße die Rede. Flöße konnten aber auch selber zum Hindernis werden. Dies leuchtet sofort ein, wenn man sich die Größenordnung des Floßverkehrs vor Augen führt. Zum Teil kamen in einem Jahr Hunderte von Flößen die Weser und ihre Zuflüsse herab.

Die mehrfach erwähnten 200 Flöße des Freiherrn von der Horst, die 1773 vor Kassel auf ihre Verflößung warteten, sind als Warenmenge eines einzigen Besitzers wohl nicht das Übliche. Doch in der umfänglichen Mündener Akte zu diesem Fall ist immerhin von Verwunderung über die Anzahl nichts zu lesen.[1] Bei Freipässen für herrschaftliches Bauholz etwa handelt es sich nie um einzelne, sondern immer um mehrere Flöße. Das Verkehrsaufkommen an Flößen war im 18. Jahrhundert mit Sicherheit erheblich.

Für das 19. Jahrhundert, die Blütezeit der Weserflößerei, sind die Mengen relativ genau festzustellen. So wurden beispielsweise 1851 allein 5000 Betten Dielen und 327 Balken- und Sparrenflöße auf Werra und Fulda nach Hann.-Münden gebracht, von dort wurden 4407 Dielen- und 267 Balken- und Sparrenflöße weitergeführt. Hinzu kamen noch die Stammholzflöße, deren Anteil zu dieser Zeit noch geringer war als der der Schnittholzflöße.[2]

In Bremen kamen im Jahre 1862 1003 Flöße an. Ende des 19. Jahrhunderts nahm die Zahl der Flöße kontinuierlich ab. Nur noch durchschnittlich 180 finden sich pro Jahr in den Schlachtlisten.[3]

Detailliert Auskunft über die Menge der Flöße um die Mitte des 19. Jahrhunderts geben die Akten der Stadt Bremen. Im April 1862 z. B. berichtet ein Einnehmer in Bremen, daß jährlich 900–1000 Flöße ankämen, pro Tag meistens 20 bis 25, 180 im Monat. Die Verteilung über das Jahr war dabei nicht gleichmäßig. Die Flöße häuften sich im Frühjahr und im Herbst.[4]

Die Flöße landeten nicht nur in erheblichen Mengen gleichzeitig, um dann aufgelöst oder weitergeführt zu werden. Sie blieben auch häufig länger im Wasser liegen. Von den genannten 200 Flößen des Freiherrn von der Horst wissen wir, daß sie fast zwei Jahre bei Kassel lagen und dann erst weitergeflößt wurden. 200 Flöße müssen über diesen langen Zeitraum also eine erhebliche Uferstrecke belegt haben. Grund für die Verzögerung der Fahrt waren einmal niedriger Wasserstand im Sommer, einmal organisatorische Schwierigkeiten mit der Mündener Schiffergilde.

Witterungseinbrüche sorgten neben den beschriebenen Aufenthalten durch Stapel und Zölle in den Häfen für besondere Probleme. Ein Johann Wilhelm Schmits schilderte dem Bremer Magistrat im Januar 1799, daß im Dezember 1798 „sechs Flöße für mich mit Buchen und Eichen Balken und Krumholz von oben herunter geflößet wurden". Er bemühte sich um Leute, die das Holz unter der großen Weserbrücke durchflößen sollten, fand wegen des starken Eisgangs niemanden und mußte daher „das darauf befindliche Holz aus dem Wasser ans Land" schaffen. Diese Maßnahme kostete ihn mehr als 300 Taler. Dennoch entstand wegen des hohen Wassers ein beträchtlicher Schaden.[5]

Nicht umsonst also warnte Jägerschmid 1828 davor, die Flößerei zu weit in den Winter hinauszuschieben.[6] Dies führte nicht nur auf offener Strecke zu Floß- und Uferschäden, sondern ebenso in den Gewässern innerhalb der Städte.

Doch nicht nur Rechtsprobleme und Witterungsnotstände sorgten für lange Liegezeiten von Flößen. Ebenso problematisch waren die Verkaufsstrategie der Händler wie die Lagerweise des Holzes.

Daher verlangte die Mündener Dielenordnung von 1720, daß die Bürger Holz einkaufen dürfen „so viel die Nothdurft und Gelegenheit des raums auf der Schlacht leydet"[7]. Sowohl der Fluß wie das Gelände an der Mündener Schlacht sind recht beengt. Wenn in der Dielenordnung besonders betont wird, daß beim

Die Kleine Weser in Bremen, rechts die St.-Pauli-Kirche
(Focke-Museum Bremen)

Einkauf von Holz die Raumkapazität beachtet werden sollte, muß es in Münden damals schon Probleme mit der Lagerung von angekauftem Floßholz gegeben haben. Zu dem auf Vorrat angekauften Holz kam solches, das noch zum Verkauf im Wasser lag und auf Interessenten wartete. Hiervon war eine Stadt wie Münden nicht so sehr betroffen, da sie weniger ein bedeutender Zielort als ein Durchgangs- und Ausgangsort für den Holzhandel war.

Bremen wiederum stellte für einen großen Teil des Holzes das Ziel dar. Weit genug vom Wald, dem Aus-gangspunkt des Holzes, entfernt und durch Handel und Schiffbau besonders holzbedürftig, galt der Verkauf in dieser Stadt als besonders gewinnbringend. Daher warteten kleinere Händler oft geduldig auf Käufer. Im Juni 1866 z. B. beschwerte sich der Bremer Schlachtvogt Caßens, daß er vergeblich versuche, die Kleine Weser von Flößen freizuhalten. Besonders klagte er über das Verhalten des „Holzhändlers und Floßführers H. Brockmann aus Hagen, gegenwärtig in dem Gasthause Grünenstraße Nr. 8 logierend", der mit zwei unverkauften Holzflößen in Bremen angelangt sei und auf einen günstigen Verkauf warte.[8] Das Verhalten des Händlers Brockmann war durchaus typisch.

Die Verhältnisse in Bremen mit ihrer ganzen Problematik zeigt der Bericht des Schlachtvogts Wilders vom März 1862. „Der vermehrte Verkehr in der Kleinen Weser sowohl unter den Krähnen am Deich als auch unter den neu erbauten Packhäusern an der Theerhofseite macht es dringend erforderlich, das unter den mit Kaufmannsgütern beladenen Fahrzeugen und den Holzflößen eine bessere Ordnung, überhaupt unter den Flößen mehr Wandel geschaffen werde." Mehr Wandel, das heißt, die Flöße sollten nicht zu lange am Platz bleiben.

Als Grundlage einer Ordnung schlug er 1. neben der Registrierung jeden Floßes das Verteilen von Blechnummern vor.[9] Diese Blechnummern stellten möglicherweise nur die Perfektionierung eines Verfahrens dar, das schon gegen Ende des 18. Jahrhunderts praktiziert wurde. Im Dezember 1774 nämlich ging ein Vorschlag bei der Wittheit ein, daß die Flöße „pro futuro numeriret" werden sollten.[10]

Schlachtvogt Wilders forderte weiterhin unter Punkt 2, alle Flöße, welche nach drei Tagen weitergeführt werden sollten — anscheinend zeigt die Dreitagefrist des ehemaligen Stapelrechts in der Gewohnheit des Floßverkehrs im 19. Jahrhundert noch Nachwehen —, „erhalten an der Theerhofseite und zwar zunächst unten den Platz". Sie sollen bei Ankunft neuer Flöße systematisch aufrücken. 3. Flöße mit Holzoblasten, die abgeladen werden sollen, „erhalten zunächst Plätze gleich unmittelbar hinter der kleinen Weser-Brücke an den dortigen Treppen, so weit der Raum für mehrere aufzutragen erlaubt, sonst finden sie unterhalb der kleinen Weser-Brücke in zwei Längen am Theerhof Raum". 4. gab es Flöße, „welche hiesigen Zimmermeistern oder Holzhändlern gehören", ohne Oblasten, die an freie Plätze eingewiesen werden sollen. Manche hatten eigene Holzplätze an der Kleinen Weser. Diese für die Eigner freizuhalten, scheint Schwierigkeiten ge-

macht zu haben. Alle genannten Flöße legten nicht etwa nach drei Tagen ab oder wurden sogleich ausgewaschen. Sie lagen anscheinend oft wochenlang im Wasser.

Zu den unter Nr. 3 genannten Flößen, die Lasten abladen mußten, heißt es: „Es kann jedoch das Liegen an dieser Stelle nicht länger als 8 Tage gestattet werden, und ist für jede folgende Woche ein Platzgeld nach Verhältniß der Größe des Floßes zu bezahlen; Dieses kann sich aber auch nur auf höchstens 3 Wochen Liegezeit erstrecken, dann muß das Floß oberhalb der Brücke auf einen anzuweisenden Platz gelegt werden und zahlt auch dort für die Woche ein Liegegeld." Die örtlichen Handwerker und Händler scheinen ihre Holzvorräte bis zum Gebrauch im Wasser liegengelassen zu haben. Auch ihnen sollte unter Punkt 4 ein Platzgeld abgenommen werden.

Die Zahl der lagernden Flöße muß zeitweise so groß gewesen sein, daß als Ausweiche unter Punkt 6 „die sogenannte Piepe", die auch als Winterhafen für Flöße vorgesehen war, freigegeben werden sollte.[11]

Die Gewohnheit, die Kleine Weser als Floßliegeplatz zu benutzen, geht zumindest auf das 17. Jahrhundert zurück. Der Stadtplan von Merian von 1641 zeigt das Werderufer der Kleinen Weser mit Flößen besetzt. In einem Wittheitsprotokoll von 1687 „referierte Herr Dr. von Ahchen, daß etliche Bürger darumb anhalten, daß sie ihre Floße Höltzer in der kleinen Weser am Siel lagern mugten". Das Protokoll hält fest, „daß solches an der Festung der Braut an der Werderseite" geschehen soll.[12] Hier wird anscheinend nur versucht, ein Gewohnheitsrecht zu fixieren.

Knapp ein Jahrhundert später schon scheint die Benutzung der Kleinen Weser als eine Art Floßhafen völlig aus den Fugen geraten zu sein. Am 8. September 1770 beschwerte sich eine Gruppe von Bürgern über die „Flößschiffer", „daß sie die Flöße in der Kleinen Weser des Winters über oder sonst auf kurze Zeit anbinden und vor Gefahr in Sicherheit bringen können, nun-

Die Kleine Weser in Bremen mit Flößen
(Focke-Museum Bremen)

mehro nicht nur winters sondern auch den sommer, ja sogar von einem Jahre bis ins andere die Flöße liegen laßen, so daß die ganze Kleine Weser sowohl ober als unterhalb der Brücken von ihnen besetzet. Und sie nicht nur in der Länge, sondern quer über die Flöße angebunden, oder daß die Bänder durch die Länge der Zeit gesprungen, sich also die Flöße gedrehet, wodurch dann die passage an einigen Orten ganz gesperret worden, so daß man entweder gar nicht, oder doch mit Mühe dabei hinkommen kann." Hier ergibt sich das Bild einer Kleinen Weser, die fast völlig mit Flößen zugesetzt ist, die, jeder Ordnung bar, dort vertäut sind. Als besonderes Problem wurde hervorgehoben, daß man bei einer Feuersbrunst auf Grund dieser Flöße zu spät löschen könne, da man „mit der Schiffs-Sprütze" vielleicht nicht durchkomme.

Der Antragsteller sah im Winter auch eine Gefahr für die kleine Weserbrücke. Es habe sich gezeigt, „daß die durch den Eisgang losgerissenen Flöße sich quer vor die kleine Weserbrücke geleget und diese in große Gefahr gesezet, so daß, wenn man nicht durch abbauen der Floßbalken und dadurch daß man sie über das Geländer herauswand, diese Brükken dem starken Eisgang deßen Druck die quer vorliegende Flöße vermehrten, nicht habe wiederstehen können" [13].

Immer wieder finden sich Verordnungen, um der Flut der Flöße Herr zu werden. Wenigstens die Brückendurchfahrt wollte man freihalten.

Die „Obrigkeitliche Verordnung" vom Juni 1809 verlangte: daß „niemand die kleine Weser, der schon im Jahre 1771 dagegen erlassenen Anordnung ohnerachtet, mit Flössen, willkürlich und ohne gehörige Befestigung im Grunde, belege, und dadurch, besonders in der Mitte derselben, die freye Passage und Durchfuhr unter der Brücke, ganz behindert, oder doch beenge; vielmehr daß die in die kleine Weser gelegten flösse a) behörig im Grunde befestiget; und 2) dergestalt gelegt werden müssen, daß in der Mitte der Weser stets eine Strecke, von der Breite der beyden mittelsten Fächer der kleinen Weser=Brücke, frey und ungehindert zur Passage unter derselben, gelassen werde; widrigenfalls sofort, von dem dazu angestellten Aufseher, die Veranstaltung getroffen werden soll, daß ein, solche Passage beengendes Floß auf des Eigenthümers Gefahr und Kosten, nicht allein auf die Seite geschafft", sondern mit einer Strafe von 5 Reichstalern belegt werden sollte. [14]

Sogar das Abschleppen falsch liegender und falsch befestigter Flöße wurde also angeordnet, um des Chaos Herr zu werden.

Die gleiche Quelle verweist auf ein interessantes Phänomen, eine heftige Konkurrenz von Schiffern und Flößern. Ausdrücklich wurde die Sabotage der Flöße unter Strafe gestellt. Unter c) wurde den Moorfahrern und Eichenschiffern das eigenmächtige Losmachen der Flöße untersagt.

Die vielen Flöße versperrten nicht nur der rettenden „Schiffs-Sprütze" den Weg, sondern behinderten die Durchfahrt für die Schiffahrt. Zum 22. Juli 1863 ging beispielsweise eine Anzeige bei der Polizei-Direktion ein, daß es sechs „Convoy-Fahrzeugen" nur nach langer Wartezeit gelungen war, „sich einen Weg durch das Floßgewirr" in der Kleinen Weser zu bahnen. [15]

Daß die Schiffer bei solchen Verhältnissen der Zorn packte und sie die Hindernisse gewaltsam lösten und versetzten, ist beinahe verständlich.

Wie gewaltig die Ansammlung in der Kleinen Weser gewesen sein muß, wird auch augenfällig, wenn man die Ankunft von 15—20 Flößen pro Tag mit der Gewohnheit wochenlanger Liegezeiten in Verbindung bringt. Über 100 Flöße müssen hier zusammengekommen sein.

Besonders kritisch wurde die Situation im Winter. Im November 1863, zu einem Zeitpunkt, wo langsam die verbleibenden Flöße für den Winter gesichert werden mußten, berichtete der Schlachtvogt: „Es liegen jetzt in der Kleinen Weser etwa 100 Flöße, von denen zwar mehre nach der Unterweser bestimmt sind, hingegen auch noch, so lange das Wasser offen bleibt, täglich neue Zufuhren von der Oberweser ankommen; außer diesen liegen schon etwa 25 Flöße in dem Holzhafen, womit derselbe mehr als zur Hälfte angefüllt ist, indem mehr als 40 Flöße schwerlich darin untergebracht werden können." Eine Lösung dieser bedrohlichen Situation sah der Schlachtvogt im Ausbringen des Holzes. [16]

Daß das Auflösen der Flöße aufs Land besonders begründet werden mußte, macht noch einmal deutlich, daß Händler wie Handwerker es vorzogen, ihre Holzvorräte im Wasser zu lassen, statt sie an Land zu schaffen.

Zugleich stellt sich eine weitere Tatsache heraus, welch enorme Vorräte an Holz sich Händler, Handwerker und vor allem dann die Schiffswerften zulegten.

Welche Schwierigkeiten diese notwendige Vorratshaltung gerade für den Schiffbau für die Kommunen zeitigten, zeigt das Beispiel des Werftstandortes Bremerhaven.

Als Bremerhaven 1827 gegründet wurde, war, dem Ziel der Neugründung als Bremer Hafen entsprechend, das

*Der Geestemünder Holzhafen von 1877, Aufnahme um 1910
(Slg. Keweloh)*

erste Hafenbecken schon 1830 benutzbar. Zugleich mit dem Schiffshafen wurde ein Holzhafen eingerichtet. Warum dies der Fall war, wird sofort deutlich, wenn man sich den gewaltigen Holzbedarf für die Errichtung von Ort und Hafen vor Augen führt. Das in Mengen auf dem Wasserweg ankommende Holz hätte den Schiffen im Hafen jegliche Manövrierfähigkeit geraubt. Als 1861 der erste Holzhafen einem besseren Landzugang zum neuen Kaiserhafen zum Opfer fiel, wurde sogleich ein Ersatzbecken eingerichtet. Auch nach der Mitte des 19. Jahrhunderts hatten der Zustrom an

Holz und der Bedarf an einem städtischen Holzhafen noch nicht nachgelassen.

Erst als gegen Ende des Jahrhunderts auch dieses Becken in den rasanten Ausbau der Schiffshäfen einbezogen werden mußte, war der Bedarf an einem speziellen Holzhafen anscheinend nicht mehr da.

Im 1820 am linken Geesteufer von Hannover in Konkurrenz zu Bremen gegründeten Geestemünde finden sich, wie Lina Delfs gezeigt hat, immer wieder Forderungen nach einem funktionsfähigen Holzhafen. Mehrere Pläne und immer neue provisorische Becken folgten aufeinander.[17] Darin wird der Stellenwert, den Floßholz für eine Hafenstadt hatte, anschaulich. Zugleich zeigen die Quellen, welche Anstrengungen nötig waren, um zu verhindern, daß die Holzmengen den Schiffsverkehr nachhaltig behinderten. 1877 wurde der letzte in einer langen Reihe von Geestemünder Holzhäfen fertig, der heute noch besteht. Bis in den Anfang des 20. Jahrhunderts wurde er für die Einlagerung von Floßholz, in steigendem Maße auch für die von Holz, das per Schiff von Übersee kam, genutzt.

Die Flößer

Der Stolz der Leute, die den Beruf des Flößers ausübten, auf ihr Handwerk, wird häufig in der Literatur erwähnt. Dies kann nicht verwundern, war doch die Langholzflößerei im Gegensatz zur Trift kein Gewerbe für ungelernte Handlanger. Es waren vielmehr Männer mit Berufserfahrung nötig.

In der aus forstwirtschaftlicher Sicht formulierten Literatur wird die besondere Qualifikation der Flößer immer wieder hervorgehoben. So nennt der kaiserlich-königliche Forstmeister Förster in seiner Darstellung des forstlichen Transportwesens als wesentliche Voraussetzung für die Flößerei eine „geschulte(n) und geübte(n) Arbeitermannschaft". Er sieht die Flößerei nur möglich, „wenn die Arbeitermannschaft mit dem Wesen dieser Transportweise vertraut ist, beziehungsweise über den erforderlichen Grad von Uebung verfügt"[1]. Abschließend bemerkt er noch einmal: „Ausschlaggebend bleibt für den Erfolg der Flößung die Gewandtheit und Erfahrung der Floßmannschaft."[2]

Die Arbeit der Flößer war für jedes Gewässer unterschiedlich. In Anbetracht der eigenen Leistungen erkannten die Flößer des einen Flusses häufig die der anderen nicht als wirkliche Flößerarbeit an. Dies läßt sich beispielsweise häufig im Umgang von Rhein- und Frankenwaldflößern untereinander feststellen. Die Frankenwaldflößer wurden nur auf die Rheinflöße übernommen, wenn gar kein Personal vom Rhein zu bekommen war. Als Argument, die Frankenwaldflößer nicht auf den Rheinflößen zu beschäftigen, wurde noch bis in die Gegenwart angeführt, daß diese kaum in der Lage gewesen seien, die schwierige Arbeit auf den Rheinflößen zu meistern. Nur auf den kleinen Bächen und Flüssen der Waldgebiete seien sie in der Lage gewesen, ein Floß zu lenken. Der Rheinstrom stellte doch ganz andere Anforderungen, für die die Kenntnisse der Frankenwälder nicht reichten. Ähnlich argumentierten die Frankenwaldflößer. Sie erklärten, daß es schließlich ein leichtes sei, auf einem großen Strom zu flößen. Ein Floß auf kleinen und kleinsten Gewässern zu lenken, mache erst die eigentliche Flößerei aus.

Im ewigen Streit der Mündener Schiffergilde mit anderen Flößern um die Fahrt über das Hohl, die Barriere zwischen Werra und Weser in Münden, ging es zwar primär um die Verteidigung eines örtlichen Monopols der Mündener. Zugleich zweifelten diese immer wieder ernsthaft an, ob die anderen Flößer die Strecke überhaupt passieren könnten.

Flößerorte — Flößerausbildung

Charakteristisch für die Flößerei nicht nur im Stromgebiet der Weser ist es, daß die Flößer aus bestimmten Orten stammten. An den verschiedenen Flußläufen entwickelten sich regelrechte Flößerdörfer, in denen die Männer einzelner Familien über Generationen flößten.

Solche Orte lagen nahe den Einbindeplätzen. Für die Werra war es Wernshausen, wo Schmalkalde, Rosa und Truse mit der Werra zusammenfließen. Von hier ab konnten große Werraflöße gebunden werden. Für die Leine war es Elvershausen an der Rhume, kurz vor deren Mündung in die Leine. Den Übergang von Werra zu Weser in Münden flößten die Mündener selbst, die zugleich das Schiffahrtsmonopol für die Fulda hatten. Auf der Weser war Gimte das bedeutende Flößerdorf. Der Ort lag günstig direkt unterhalb Mündens am Anfang der Weser. Am Mündener Floßbindeplatz Tivoli oder in Gimte selbst konnten — hierin ist die Lage Gimtes der von Wernshausen vergleichbar — die großen Weserflöße gebaut oder aus mehreren Werraflößen zusammengesetzt werden. Weiter weserabwärts pflegten die Schiffer von Heinsen gleichzeitig auch den Flößerberuf. Eine einzige Flößerfamilie gab es seit dem

19. Jahrhundert in Holzminden. Nach dem Ersten Weltkrieg kam Gieselwerder hinzu, in den 50er Jahren arbeiteten dort zehn Flößer.[3] Im Bereich der Stadt Bremen flößten vielfach die Bremer Schiffer.

Die Aufteilung bestimmter Holzgebiete auf ganz bestimmte Flößerorte hat sich in Ansätzen bis zum Ende der Flößerei gehalten. So antwortete 1990 der Flößer Willi Wasmuth auf die Frage, ob er auch in Hann.-Münden Holz aus dem Werragebiet übernommen habe: „Nein, und wenn, da waren die Mündener für zuständig. Also Bramwald, das waren schon die Mündener Flößer. Da war die ganze Clique. Die haben das da genommen. Wir haben bloß im Bereich des Reinhardswaldes und des Solling geflößt."

Warum die Flößer generationenlang für einzelne Flüsse oder Flußabschnitte immer wieder aus bestimmten Orten stammten, wird in einer Charakteristik der Gimter Flößer aus dem frühen 19. Jahrhundert anschaulich: „Überhaupt ist alles Tannenfloßholz welches von hier aus auf der Weser hinab versandt ist, ausschließlich durch Gimter Flößer verflößt worden, und wird dieses auch fernerhin geschehen, indem zu Verflößen des Tannenholzes auf der Weser hinab eine mehrjährige Uebung und Erfahrung erforderlich ist, und die Gimter sich solche zu eigen gemacht haben, indem sie immerhin von Jugend auf damit beschäftigt gewesen sind."[4]

Dies bedeutet, daß der Beruf in den Familien quasi vererbt wurde. Noch Louis Alrutz in Gimte lernte das Floßgeschäft in den 20er Jahren unseres Jahrhunderts von seinem Vater, steht also ganz in dieser Tradition, auch wenn er berichtet, das Floßgeschäft nur wegen der schlechten Zeiten angefangen zu haben.

Zu seiner Zeit wuchsen die Jugendlichen schon lange nicht mehr automatisch in den Beruf des Vaters. Seit gut 100 Jahren waren eine spezielle Ausbildung und staatliche Prüfung für Flößer vorgeschrieben. In der Weserschiffahrtsakte von 1823 und noch einmal in der Additionalakte von 1857 wurde festgelegt, daß ein Pa-

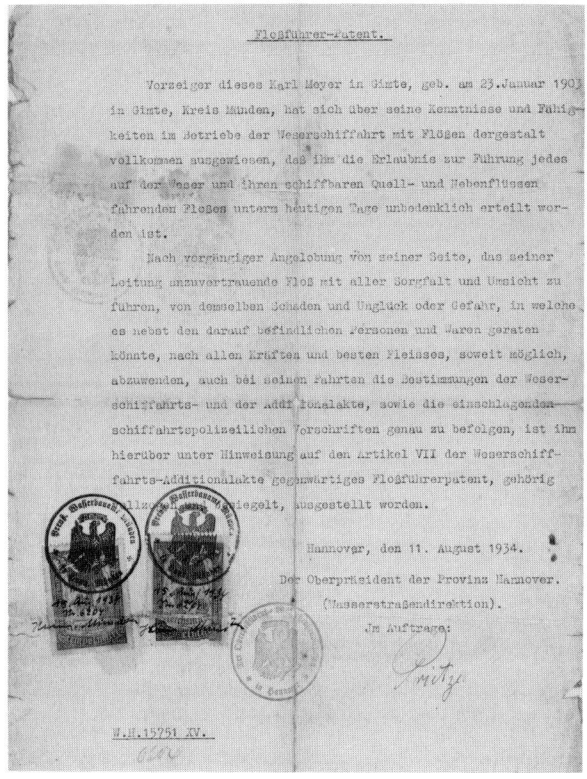

„Floßführerpatent" von Karl Meyer, 1934

tent mit dem Nachweis einer zweijährigen Fahrenszeit erworben werden mußte. Eine geregelte Ausbildung wurde im 20. Jahrhundert auf allen größeren Flüssen üblich.

„In einer zweijährigen Lehrzeit [auf der Weser] wurde vor allem die Kenntnis des Fahrwassers und die Technik des Einbindens vermittelt. Seit dem Jahr 1944 besteht nur noch eine verkürzte Lehrzeit. Danach darf sich jeder um einen Floßführerberechtigungsschein bewerben, der mindestens ein Jahr auf einem Floß Fahrenszeit geleistet hat. Bis zum Jahr 1944 war beim Wasserstraßenamt in Hann.-Münden eine Prüfung abzulegen, die die Kenntnisse des Flößers auf dem Gebiet des Floßbaues, der wasserpolizeilichen Bestimmungen, der

Stromverhältnisse usw. überprüfte. Dazu kam eine praktische Prüfung mit einer kurzen Probefahrt …" Durch eine Tarifordnung aus dem Jahr 1943 wurden die Arbeitszeit, der Urlaub, die Entlohnung usw. erstmals geregelt.[5] Im „Floßführer-Patent" von Karl Meyer aus Gimte von 1934 heißt es: „Vorzeiger dieses … hat sich über seine Kenntnisse und Fähigkeiten im Betriebe der Weserschiffahrt mit Flößen dergestalt vollkommen ausgewiesen, daß ihm die Erlaubnis zur Führung jedes auf der Weser und ihren schiffbaren Quell- und Nebenflüssen fahrenden Floßes unterm heutigen Tag unbedenklich erteilt worden ist." Dem weiteren Text zufolge mußte der Flößer gewissenhafte Arbeit geloben und „auch bei seinen Fahrten die Bestimmungen der Weserschiffahrts- und der Additionalakte, sowie die einschlagenden schiffahrtspolizeilichen Vorschriften genau befolgen …" Das „Weserschiffahrtspatent für Flossführer" von Willi Wasmuth von 1951 ist wesentlich knapper gefaßt. „Der Flösser … hat bei der … vor der Prüfungskommission in Hameln stattgefundenen Prüfung nachgewiesen, dass er über die erforderlichen Eigenschaften, Fähigkeiten und Kenntnisse zur Führung von Flössen auf der Weser von Hann.-Münden bis Minden verfügt." Es folgen Personenangaben wie bei einem Personalausweis. Das abgelegte Gelöbnis über die gewissenhafte Führung fehlt. Während das Patent von Meyer noch quasi ein Passe-Partout für alle Flüsse im Stromgebiet war, gilt das von Wasmuth nur noch für die Weser bis Minden. Hier spiegelt sich die Reduzierung der Flößerei auf den Hauptstrom.

Die Einrichtung einer solchen Flößerprüfung hatte es wohl schließlich auch anderen als den Gimtern, den quasi geborenen Flößern, erlaubt, das Handwerk zu erlernen. So kam beispielsweise Willi Wasmuth aus Gieselwerder mehr zufällig zur Flößerei, wie er 1990 berichtet: Aus der Kriegsgefangenschaft zurückgekehrt und frisch verheiratet, suchte er Arbeit. Sein Nachbar, der sein Schiff im Krieg verloren hatte, flößte ersatzweise und nahm Wasmuth auf eine Probefahrt bis Elsfleth mit. Wasmuth blieb dabei, und nach drei Jahren Fahrenszeit — anscheinend war man schnell auf die längere Ausbildungszeit zurückgekommen — „habe ich mich", so Wasmuth, „beworben um das Flößerpatent, das Schifferpatent für Flößer. Dann habe ich selbstständig gefahren." Notwendig für den Erwerb des Scheins war laut Wasmuth neben der verlangten praktischen Erfahrung die Kenntnis der Weserschiffahrtsordnung und der einschlägigen wasserpolizeilichen Bestimmungen.

Für solche Floßführer-Patente gab es anscheinend nicht einmal gesonderte Formulare. Sowohl das Patent von Willi Wasmuth von 1950 wie das von Karl Meyer aus Münden von 1934 bestehen aus schlichtem Schreibmaschinenpapier, sind formlos getippt und erhalten den Charakter von Ausweisen nur durch ein paar Amtsstempel. Dieses einfache Schriftstück muß ein Floßführer bis heute beim Flößen auf der Weser mit sich führen. Dies gilt noch für das auf der Oberweser verkehrende Vergnügungsfloß.

Es erscheint beinahe wie ein konkreter Beweis für die auffällige Formlosigkeit des Formulars, wenn die Familie dem Wernshausener Flößer Friedrich Storandt sein Floßführer-Patent für die Weser von 1935 zu einem Jubiläum als Kalligraphie mit schöner Zeichnung eines Flößers in Aktion mit Flößerstab gestalten ließ, in einer Form, in der man sich eine ordnungsgemäße ältere Urkunde vorstellt.[6]

Die gesellschaftliche Zuordnung der Flößer

Flößer waren sowohl in Städten wie Dörfern ansässig. Ihre gesellschaftliche Stellung war dabei sehr unterschiedlich.

In Celle etwa, einer Stadt, die Th. Müller als eine Gewerbesiedlung definiert, „deren Wirtschaftsleben als Etappenort und Nahmarkt hauptsächlich auf dem durchgehenden Land- und Flußverkehr beruhte", ge-

„Weserschiffahrtspatent für Floßführer" von Willi Wasmuth, 1951

hören die Flößer zu denjenigen Gewerben, die im Hochmittelalter im Rat der Stadt vertreten waren: „Händler, Holzflößer, Brückenbauer, Bäcker, Schuhmacher, Schneider und Drechsler . . ." werden als Ratsmitglieder genannt.[7] Flößer hatten also als Vertreter eines für die Stadt besonders wichtigen Wirtschaftszweiges einen gehobenen Rang.

In Bremen übernahmen bremische Schiffer sozusagen die Lotsendienste für die Flöße, in Münden die mündischen.

Bremer wie Mündener Flößer und Schiffer waren in einer Gilde. Dies bedeutet zum einen, daß Flößer und Schiffer hier gleichberechtigt waren. Diese Gleichstel-

lung ist an sich nichts Besonderes, findet sich beispielsweise in Form von Vereinen, z. B. beim Schiffer- und
Flößerverein in Kamp am Rhein. In der jüngeren Vergangenheit scheint die Durchlässigkeit beider Berufe
schon fast selbstverständlich. Der Flößer Gottfried
Henne aus Oedelsheim war gelernter Schiffer. Der
Nachbar Wasmuths, der diesen zur Flößerei hinführte,
war gelernter Schiffer und kehrte nach einigen Jahren
als Flößer zur Schiffahrt zurück.

Indem die Flößer der Schiffergilde zugeordnet waren,
waren sie also zünftig organisiert. Eine solche zünftige
Organisation war möglicherweise für städtische Flößer
kennzeichnend. Die Flößer der Dörfer an der Weser
und ihren Nebenflüssen kannten keinerlei vergleichbare Organisationsform.

Diese mangelnde Organisation von Flößern war ganz
im Sinne der Forstleute. So schreibt Jägerschmid: „In
wenigen Gegenden waren die Flößer in früheren Jahren zünftig, eine wie alle Innungen verrostete Einrichtung, deren manchfaltige Nachteile für die heutige
Zeit wir kennen, und welche sich weder mit den aner-
kannten neuen Grundsätzen, noch mit dem Geschäfte
selbst verträgt, welches b. d. Flößerei Pünktlichkeit,
Beharrlichkeit und Ausdauer auch bei strengster Witterung, Muth in der Gefahr, Redlichkeit, unbedingten
Gehorsam im Vollzug von Obleuten, Floßmeistern
und Floßherrn erhaltenen Befehle, fordert." [8] Jägerschmid sieht also eine berufsständische Organisation
der Flößer als wirtschaftswidrig. Dies entspricht den
Grundsätzen der wirtschaftsliberalen Haltung des 19.
Jahrhunderts gegenüber mittelalterlichen Organisa-
tionsformen.

Wenn wir im Folgenden z. B. manche Streitfälle mit
den zünftigen Hann.-Mündener Flößern anführen, bei
denen die Forderungen der Gilde Geschäfte über Monate verzögerten, erscheinen die Bedenken des Forst-
manns verständlich. Die Kehrseite aber war, daß die
nicht organisierten dörflichen Flößer mangels jeder ge-
nossenschaftlichen Rechtsvertretung der Willkür städ-

tischer Händler und der Obrigkeit ausgeliefert waren.
Das Vorhandensein einer Floßgenossenschaft in
Wernshausen scheint auf den ersten Blick der Behauptung, die Flößer in Dörfern seien nicht organisiert gewesen, zu widersprechen. Mitte des 19. Jahrhunderts,
zur Blütezeit der Flößerei auf der Werra, scheint diese
Vereinigung gegründet worden zu sein. Ihr letzter
ehrenamtlicher Vorsitzender war der Kommerzienrat
Fischer, der größte Holzhändler in Wernshausen. Mit
diesem Vorsitzenden wird die Gewichtung der Vereinigung deutlich: Es handelt sich vornehmlich um eine
Vereinigung der Holzhändler. Ziel war die Verbesserung der Bedingungen für die Flößerei, wie Änderung
gefährlicher Wehre, Mitsprache bei der Gestaltung
neuer Wehre oder auch Pflege und Verbesserung des
Einbindeplatzes in Wernshausen, für den die Genossenschaft einen Groschen pro Floß verlangte. Sie
scheint einen gewissen Einfluß gehabt zu haben, da sie
beispielsweise zu Fragen neuer Stauanlagen und der
Gestaltung der zugehörigen Floßwehre gehört wurde.
Die Genossenschaft war insofern auch ein Verein der
Flößer, als in Wernshausen Flößer und Floßherren
nicht ganz zu trennen waren. Die Vorfahren der Grün-
der der bedeutenden Holzhandelsfirmen am Ort
waren im Wechsel Flößer und Händler. Das schlagend-
ste Beispiel für die Verquickung von Flößern und Floßherren ist die Familie des erfolgreichen Holzhändlers
Wilhelm Fischer jun. Wie die weniger erfolgreichen
Familien war sie vom Rückgang der Arbeitsplätze für
Flößer durch die Eisenbahn betroffen; denn auch vier
Fischersöhne wanderten 1862 nach Amerika aus. [9] Die
Flößergenossenschaft in Wernshausen war weder eine
ausschließliche Standesvertretung der Holzhändler
noch der Flößer. Sie hat vielmehr als Vereinigung zur
Rettung und Förderung der Flößerei im Interesse bei-
der Gruppen gewirkt.

Mit dieser besonderen Konstellation von Flößern und
Floßherren ist Wernshausen durchaus kein Sonderfall.
Auch im Flößerort Unterrodach im Frankenwald bei-

spielsweise war die Grenze zwischen Flößern und Holzhändlern fließend. Neben den großen Holzhändlern und den ärmsten Tagelöhnern gab es eine mittlere Schicht von Flößern, deren Namen wechselnd bei den Floßherren und Flößern auftreten. Das Steueraufkommen der kleinen Floßherren konnte ab und an geringer sein als das eines Flößers, der auf der nächsten Steuerliste wieder unter den Herren geführt ist. [10] Der Flößerverein Unterrodach, gegründet 1864, also wie in Wernshausen gegen die Mitte des 19. Jahrhunderts, war ebenso eigentlich ein Verein der Floßherren. Entsprechend der wechselnden Stellung der Flößer war er wenig streng in der Aufnahme von bzw. im Ausschluß von nicht mehr standesgemäßen Mitgliedern.

Anders als in Wernshausen an der Werra waren an der Weser Händler und Flößer getrennt. Erst mit der neuen Sozialgesetzgebung für Flößer 1937 wurden die Flößer von Angestellten der Holzhändler zu selbständigen Unternehmern. [11] Doch lag die Trennung von Flößern und Händlern ursprünglich auf einer ganz anderen sozialen Ebene.

Die Händler saßen nach mittelalterlichem Recht in den Städten. Die Schiffer-Flößer in Bremen und Münden erklären sich aus der besonderen Rechtslage, dem Flößprivileg der Schiffergilden im Rechtsbereich der Städte. Dieses war nicht unbedingt auf den Stadtraum beschränkt, sondern war beispielsweise im Fall Mündens über einen ganzen Flußabschnitt, die Fulda bis Kassel, ausgedehnt.

Die einfachen Flößer saßen auf dem Dorf.

Für das besondere Verhältnis von städtischen Händlern und dörflichen Flößern ist das Beispiel Gimte bei der Stadt Münden in den Archivquellen gut und anschaulich belegt.

Seit wann Bewohner des Dorfes Gimte für die Mündener flößten, ist unklar. In der Literatur wird eine Entwicklung zum Flößerdorf im Laufe des 18. Jahrhunderts angenommen. [12] Erste urkundliche Nennung ist die Klage der Mündener Schiffergilde über für das Kloster Hilwartshausen flößende Gimter Bauern von 1774. [13] Mit Sicherheit geht das Floßgeschäft der Gimter wesentlich weiter zurück. Im frühen 19. Jahrhundert war es so selbstverständlich geworden, daß die Gimter für die Mündener flößten, daß die Zeitgenossen meinten, es wäre nie anders gewesen. In einer undatierten Eingabe der Mündener Holzhändler, die inhaltlich zu einem Streit um das Handelsrecht der Gimter zwischen 1829 und 1831 gehört, heißt es:

„Das Fahren der Holzflöße die Weser hinab bis Bremen, ist seit dem der Holzhandel besteht, alleiniges Geschäft der Bewohner von Gimte, die außerdem Fischerey und einen nicht unbedeutenden Ackerbau betreiben." [14] Das betrifft aber nur die Weser, nicht Werra und Fulda oberhalb Mündens und die Fahrt durch das Hohl von der Werra zur Fulda, die weiterhin von der Schiffergilde in Münden beansprucht wurden.

Im gleichen Sinne heißt es in einer Eingabe des Mündener Holzhändlers „Ulrichs und Cons.[orten]" an den Magistrat vom 21. Juli 1829:

„So lange jenes Stapelrecht bestand ist der Handel mit dem auf der Werra hieher verflößten Tannenholze, von hier aus die Weser hinab nur von hiesigen Bürgern betrieben worden, indem es auswertigen nicht verstattet war, Tannenfloßholz für ihre Rechnung vor hiesiger Stadt vorbeyflößen zu lassen. Zum Weiterverflößen des hier angelangten Tannen-Floßholzes bedienten sich die hiesigen [Mündener] Holzhändler ausschließlich der Flößer in Gimte, durch welche sie zugleich den Verkauf des Holzes in den Wesergegenden größtentheils besorgen ließen; indem sie selbst nur höchst selten eine Floßreise mitmachten." [15]

Der Ausdruck „bedienten sich der Gimter" zeigt bildhaft, daß die Mündener Händler die Weisungsbefugten waren, die Gimter Flößer als Untergebene in deren Auftrag arbeiteten. Zugleich wird deutlich, daß die Flößer nicht nur praktische Erfahrung im Umgang mit dem Floß haben mußten. Der jeweilige Floßmeister war zugleich der Bevollmächtigte des Händlers, der das Handelsgeschäft abwickeln mußte. Hierfür gab es sicher Direktiven des Auftraggebers, aber im Einzelfall mußte der Floßmeister wissen, welche Zölle rechtens, welche Stapelrechte u. ä. unumgänglich waren und wie der im Lauf der Fahrt erzielte Erlös zu verrechnen war.

Diese Kenntnisse im Handel mit Holz waren die Voraussetzung dafür, daß sich die Flößer von Gimte schließlich im 19. Jahrhundert mit der untergeordneten Rolle als dienende Transporteure nicht mehr begnügen wollten. Sie wollten selber Unternehmer sein.

Die Akten zu solchen Streitigkeiten um die Rechte der Flößer geben zuerst einmal weiteren Aufschluß über Arbeit und Rechte der Gimter Flößer im 18. und frühen 19. Jahrhundert sowie zur Frage, in welchen Bereichen die Gimter überhaupt flößen durften.

1805 wollte der Amtmann Ostermeier vom Kloster Hilwartshausen Tannenbalken und Sparren „von Gimter Bauern aus Kassel auf der Fulda" herabflößen lassen. Ein „Pro Memoria" vom Juli des gleichen Jahres im gleichen Aktenvorgang bringt weiteren Aufschluß. Ein Zimmermeister hatte im Auftrag die Balken und Sparren aus dem Holzmagazin in Kassel für Hilwartshausen angekauft, wo dringend Stall und Scheune, beide baufällig, neu gebaut werden mußten. Für das Herabflößen hatte er einen Vertrag mit dem Gimter Anton Hede und Consorten getroffen. In Münden war die Ware arretiert worden, weil die Beschäftigung der Gimter Flößer gegen das Mündener Schifferprivileg verstieß. Der angeklagte Zimmermeister wehrte sich gegen ein Strafgeld, da ihm unbekannt gewesen sei, daß die Gimter dort nicht flößen dürften. Der Flößer Hede bemerkt dazu folgendes: „...Kaufmannsgüter dürfte nur die Schiffergilde transportieren, Holz aber hätten er und andere Gimter bereits mehrmals auf der Fulda nach Münden für dasige Holzhändler ohne Widerspruch transportiert". Der Amtmann Ostermeier läßt es dahingestellt sein, ob diese Behauptung des Gimters zutrifft. Er betont nur, daß das Holz unbedingt benötigt werde und es sich schließlich um Holz zu einem herrschaftlichen Bau handele, das unverzüglich freizugeben sei. Zum 15. Juli heißt es dann in einer Anweisung aus Hannover an den Magistrat, daß das Holz durchzulassen sei, da es eben „zum herrschaftlichen Bau bestimmt" sei. Am 14. Juli 1805 schon wird aus Hannover angeordnet, daß der Amtmann Ostermeier die Strafe bezahlen müsse, mit dem aufschlußreichen Zusatz, er könne sich ja an dem „regelwiederden Gimter Floßmeister schadlos halten"[16]. Ob er das Geld wirklich von Anton Hede ersetzt bekommen hat, ist nicht aktenkundig, aber doch sehr wahrscheinlich.

Aus der Quelle ergibt sich zum einen, daß die Gimter zu Anfang des 19. Jahrhunderts seit längerer Zeit schon auch oberhalb Mündens flößten. Wenn sie dies für Mündener Händler taten, ging es anscheinend manchmal problemlos. Vor allem muß es sich gelohnt haben, ein Strafgeld zu riskieren.

Zum anderen wird deutlich, daß die Gimter, wenn sie erwischt wurden, den kürzeren zogen. Gegen die Privilegien der Mündener konnten sie sich nicht durchsetzen.

Die Flößer des Dorfes Gimte hatten also eine eindeutig untergeordnete Position, waren vom Wohlwollen der Mündener abhängig.

Aus der Sicht der Mündener Händler hatten die Gimter besondere Vorteile, wie eine Darstellung von 1829, in der es um Bewahrung von Mündener Handelsprivilegien geht, zeigt.

1. wurden sie danach gut bezahlt,

2. hatten sie Nebenverdienste, indem „sie verschiedene Waaren, als Selterswasser, irdenes Zeug und dergl. auf den Flößen mitnahmen und damit für ihre Rechnung in den Wesergegenden handelten".

3. hatten sie einen weiteren Zuverdienst, „da sie in den Zwischenzeiten, wenn sie gerade kein Holz zu verflößen hatten, besonders im Winter, sich mit dem Fischfang beschäftigten, und auch hiervon einen nicht unbedeutenden Nutzen bezogen".

Diese Vielfachbeschäftigung wird gar als ein Privileg angesehen, während die armen Holzhändler von einer einzigen Profession leben müßten. Ihr Gewerbe sei als ein ausschließlicher Lebensunterhalt zu schützen, im Gegensatz zu dem der vielseitigen Flößer. [17]

Diese Einschätzung ist eher zynisch. Zutreffend ist wohl, daß die Holzhändler die Konkurrenz der Flößer als Händler fürchteten, da diese in ihrer Doppelfunktion als Flößer und Händler Dumping-Preise anbieten könnten. Im weiteren Text wird auch ganz deutlich, daß man von der Vorstellung ausging, die Flößer-Händler würden das Preis-Niveau drücken. Daß diese dabei aus mangelnder Kenntnis des Handelsgebarens, wie die eingesessenen Händler behaupteten, selber auch zuzahlen würden, war, vor allem auf längere Sicht, eher unwahrscheinlich.

Der angebliche Reichtum, den die Gimter durch die Flößerei erwerben konnten, relativiert sich in einem Bericht des Amtes Münden an die königliche Landdrostei vom 13. Februar 1831: „Die Bewohner des ohnweit der Stadt Münden am Ufer der Weser belegenen Dorfes Gimte leben fast ausschließlich von der Schiffahrt und dem Fischfange und namentlich treibt der bei weitem größere Theil seiner Einwohner das Geschäft als Flößer. Die wohlhabenderen Mitglieder gedachter Gemeinde haben zum Theil das Bürgerrecht der Stadt Münden anquirirt und treiben den Holzhandel auf eigene Rechnung, die weniger bemittelten übernehmen den besagten Dielenhandel für Rechnung der Holzhändler in Münden und für Ausländer, welche oberhalb Münden wohnen . . . fast alle finden darüber ein gutes Auskommen. Andere Erwerbsquellen bieten sich für benanntes Dorf fast gar nicht dar, und sind deßen Bewohner fast eines jeden Gewerbes durchaus unkundig." [18]

Die Gimter Flößer hatten im Amt Münden einen Fürsprecher, allerdings nicht aus Menschenfreundlichkeit, sondern weil man fürchtete, daß die hessische Konkurrenz das Floßgeschäft an sich ziehen könnte. Weder die

Einkünfte aus dem Floßgeschäft noch die guten Arbeitskräfte mochte man verlieren. Also mußten die Bedingungen für die Gimter verbessert werden. Eine für das Amt Münden unschädliche Verbesserung war die Berechtigung zum Handel.

Die Gimter Flößer hatten durchaus ihr Auskommen, waren aber auf die drei wasserbezogenen Erwerbsquellen Flößerei, Schiffahrt und Fischerei und auf ein wenig Landwirtschaft angewiesen. Der Beruf des Händlers bot wesentlich größere Chancen: Wenn sie doch zu einem gewissen Wohlstand kamen, kauften sich die Flößer in das Bürgerrecht der Nachbarstadt ein, um handeln zu können. Das muß sich gelohnt haben, denn der Erwerb eines Bürgerrechtes war durchaus kostspielig.

Festzuhalten ist, daß Flößer nie ohne Nebenerwerb auskamen. Die Fischerei in Gimte ist nicht Zeichen beneidenswerter Vielseitigkeit der Flößer, sondern war eine Notwendigkeit. Die Flößerei konnte nie ganzjährig betrieben werden. Spätestens im November setzte der Frost ihr ein Ende und vor März war kein Neubeginn möglich. Die einkommenslose Zeit mußte mit anderen Tätigkeiten überbrückt werden.

Eine typische Winterarbeit der Flößer war das Wiedendrehen. Anders als in Süddeutschland, wo Wieden auch von anderen Orten als fertige Handelsware bezogen wurden, stellte man sie im Weserraum am Flößerort her. Im Süden wurden Wieden oft auch in größeren Mengen hergestellt. Es gab regelrechte Wiedenhändler mit riesigen Handelsgebieten. Den Umfang der Wiedendreherei zeigt im Schwarzwald der Bau spezieller Bähöfen, die eine große Anzahl von Stämmen zur Verarbeitung erhitzen konnten. [19] Im Weserraum finden sich solche großen, extra für diesen Zweck gebauten Anlagen nicht. Wiedendreherei war hier reine Heimarbeit der Flößer für den Eigenbedarf. Wiedendreherei als Winterarbeit läßt sich für die Rhume- und Leineflößer in Elvershausen nachweisen [20], ebenso für Werra und Weser. Für die Werra ist belegt, daß die Flö-

Im Gegensatz zum professionellen Wiedendrehen im Schwarzwald war die Wiedenherstellung im Weserraum ein gelegentlicher Nebenerwerb
(Delfs)

ßer den Drehklotz für die Wieden in der Küche liegen hatten, wo das Erhitzen gleich am Herdfeuer möglich war. [21]

Es wurden aber auch im Sommer Wieden gefertigt, wo sie wegen der natürlichen Wärme nicht gesondert erhitzt werden mußten. „Sie wurden dann zum Teil direkt auf dem Floß gedreht, wobei man das starke Ende in den vorhandenen Bohrlöchern befestigte." [22] Es handelt sich bei der sommerlichen Wiedendreherei wohl um eine Ergänzung der mitgenommenen Vorräte.

Auch wenn die Wieden im Weserraum nicht als Massenware für den Handel produziert wurden, war die Menge noch so gewaltig, daß Waldschäden die Folge

waren. Schon in der fürstlich-sächsischen Landesordnung von 1740 wurde darüber geklagt und die Entnahme der dünnen Stämme — immerhin Eichen von 3 bis 4 m Höhe, Fichten von 1 $1/2$—2 m — aus dem Wald nur noch unter Aufsicht der Forstbeamten gestattet. Der Umfang, den die Wiedendreherei auch in Heimarbeit hatte, wird deutlich, wenn Delfs mitteilt, daß ein geschickter Dreher bis zu 100 Stück in der Stunde schaffte. [23]

Neben Fischerei, Landwirtschaft und Wiedendrehen finden sich auch ganz andersartige Nebenberufe bei Flößern. Für Wernshausen ist mit der Urkunde im Turmknauf des Kirchturms von 1783 eine Liste der Einwohner überliefert, die auch für 133 Männer Berufe angibt. Davon waren 33 Flößer. Nattermann, der die Urkunde anscheinend eingesehen hat, bevor sie wieder im Turmknauf eingesetzt wurde, übermittelt leider nur einen Auszug mit den 33 Flößern. Die übrigen Ortsbewohner fehlen. [24] Die Kenntnis auch ihrer Berufsstruktur würde konkretere Schlüsse zulassen, etwa, ob Flößer bestimmte Nebentätigkeiten ausschließlich ausübten. Die 33 mitgeteilten Berufskombinationen geben interessanten Aufschluß. Als Holzhändler ist ein Wernshausener genannt, der zugleich Schneidermeister war. Ein Einwohner ist Floßherr, einer ist als Floßherr, Oekonom und Musikant, einer als Floßherr und Ackermann aufgeführt. Weiterhin findet sich ein Faktor, ein zweiter Faktor ist auch Fischer, ein dritter zugleich Schreiner. Die Verbindung mit einem Handwerk findet sich auch bei Flößern. So sind fünf Flößer zugleich Weber.

Bei der Unvollständigkeit der Liste muß man mit der Interpretation vorsichtig sein. Doch ist auffällig, daß einfache Flößer mit der Weberei ein typisches schlecht bezahltes Heimarbeiter-Handwerk ausübten, das bei ihrer Abwesenheit möglicherweise sogar die Frauen weiterführen konnten. Weiter gab es einen Kreiser (?) und Flößer. Elf Männer werden ausschließlich als Flößer bezeichnet. Das muß nicht bedeuten, daß sie nicht

Wiedendrehplatz zum professionellen Wiedendrehen im nördlichen Schwarzwald, um 1900
(v. Schönebeck, Wildbad)

auch weitere Tätigkeiten ausübten. Das Drehen von Wieden ist beispielsweise nicht als Beruf angeführt. Sechs sind Tagelöhner und Flößer. Mit 17 ist der Anteil der einfachen Flößer und Tagelöhner ohne weitere Berufsangabe relativ hoch. Drei sind Musikanten und Flößer. Gerade die Tätigkeit als Musikant ist wieder ein Hinweis auf die Durchlässigkeit in der Sozialstruktur; denn auch ein Floßherr übt die Musik aus, sogar neben der Ökonomie, dem Handel. Diese Durchlässig-

keit wird auch augenfällig, wenn etwa in der Familie Jung zwei Familienmitglieder als Flößer, eines als Faktor und eines als Floßherr — es ist der Musikant — aufgelistet sind. Zwei Mitglieder der Familie Hermann sind allerdings Floßherr bzw. Holzhändler, während alle Pfaffs unter den Flößern zu finden sind. Andererseits kommen ein Fischer und ein Krech, Vorfahren der wenig später aktenkundigen Wernshausener Holzhändlerdynastien, als einfacher Flößer und Weber bzw.

Flößer und Musikant vor. Zwei Pfaffs wiederum waren 1851 unter den zwölf Floßherren. [25]

Die Liste bestätigt trotz der elf „Nur-Flößer", daß eine Häufung von Tätigkeiten bei Flößern üblich war.

Dies scheint ebenso typisch zu sein wie die Schichtdurchlässigkeit. In ihrer ausführlichen Untersuchung über die Flößer des Frankenwaldortes Unterrodach, die auf einem wesentlich umfangreicheren Material fußt, kamen Birgit Schweizer und Gilles Piot zu vergleichbaren Strukturen. [26]

In ihrer Untersuchung wird dabei auch die Tätigkeit der Frauen untersucht. Diese mußten die Männer während der langen Abwesenheiten sowohl in der Kinderbetreuung als auch etwa der Feldarbeit oder Ordnungsarbeiten am Ort wie Nachtwächterdienst und Straßenpflege ersetzen. Dies wird im Weserraum ähnlich gewesen sein, doch fehlt konkretes Material als Beleg. In den 50er Jahren unseres Jahrhunderts zumindest übernahmen etwa die Frauen der Flößer Willi Wasmuth und Louis Alrutz während der Abwesenheit der Männer ganz selbstverständlich die Arbeit auf dem Acker und — bei Wasmuths — im Stall. Flößerfrauen trugen damit wesentlich zum Familieneinkommen bei.

Die Notwendigkeit des Nebenerwerbs läßt sich bis zu den letzten Flößern in den 50er Jahren unseres Jahrhunderts verfolgen. So besaß Willi Wasmuth aus Gieselwerder „zwei, drei Äcker, bißchen Getreide, paar Kartoffeln, paar Schweine im Stall". Louis Alrutz aus Gimte betrieb eine kleine Landwirtschaft. Neben Kleinlandwirtschaft und der z. B. für Gimte typischen Fischerei gab es auch zuletzt noch individuelle Möglichkeiten des Nebenerwerbs. Der Floßmeister Karl Meyer aus Gimte war Lohndrescher und Flößer. Er besaß eine eigene Dreschmaschine, die er betätigte oder verlieh.

Flößer — gesuchte Arbeitskräfte

Reichtümer waren mit dem Beruf des Flößers nicht zu erwerben. Zudem war Flößerei nie ein Beruf für das ganze Jahr. Zuverdienst war nötig. Das ist zu betonen. Doch andererseits bot dieser Beruf in der Vergangenheit ein relativ sicheres Einkommen; denn Holz wurde stetig gebraucht. Nur Kriege und zu trockene Sommer konnten die Flößerei nachhaltig unterbinden.

Wie stark der Arbeitsmarkt eines Flößerortes von der Flößerei abhängig war, zeigt das Beispiel Wernshausen. Hier war der Anteil der Flößer schon im 18. Jahrhundert hoch, erhöhte sich zu Anfang des 19. Jahrhunderts noch wesentlich. Als 1858 die Werra-Eisenbahn fertig war, ging ein großer Teil des Holztransportes, vor allem der Dielen und der Spezialhölzer, an das neue Verkehrsmittel. Am 1. Januar 1859 schon beantragten 20 Flößer von Themar „eine Herabsetzung des staatlichen Flößzolles, so daß er den Eisenbahntarifen entspreche, da sonst die Flößerei mit der Eisenbahn nicht konkurrieren könne. Durch den Bahnbau seien sie brotlos geworden. Sie hätten auf Anstellung im Bahndienst gehofft, ihres vorgerückten Alters wegen habe man sie aber nicht berücksichtigt." [27] In der Festschrift, die die Firma Fischer 1913 zum 100jährigen Jubiläum herausgab, heißt es für diese Zeit:

„Es wird wohl kaum ein zweiter Ort gefunden werden, aus dem eine verhältnismäßig so große Auswanderung nach Amerika stattgefunden hat, wie aus Wernshausen. 620 Personen aus diesem Ort haben innerhalb weniger Jahrzehnte des vorigen Jahrhunderts ihre Heimat verlassen, um dem Zug der Zeit folgend, das Glück jenseits des großen Wassers zu suchen. Doch hatte diese starke Auswanderung noch ihren besonderen Grund in den wirtschaftlichen Verhältnissen des Ortes. Am 1. November 1858 war die Werra-Eisenbahn Lichtenfels—Coburg—Meiningen—Eisenach eröffnet worden, und Wernshausen wurde eine ihrer Stationen. Dadurch war der Wernshausener Holzhandel nicht mehr an den alten Verkehrsweg der Werra—Weser gebunden, sondern der Schienenweg stand ihm gleichfalls zur Verfügung. Von den 150 Flößern, die man damals in Wernshausen zählte, sind der größte Teil mit ihren Familien nach Amerika gezogen, da sie sich durch die Eröffnung der Eisenbahn in ihrem Broterwerb als Flößer beschränkt glaubten, die Landwirtschaft der Ortsflur aber zu gering war, um eine größere Zahl weiterer Hände zu beschäftigen und andere Erwerbsgelegenheiten in Wernshausen und Umgegend damals fehlten . . . Immerhin wohnen heute [1913] noch gegen 20 Flößer in Wernshausen . . ."[28]

An dieser Auswandererwelle wird deutlich, wie stark der Arbeitsmarkt in Wernshausen von der Flößerei bestimmt war. Bei der Aufnahme des Eisenbahnverkehrs brach er beinahe völlig zusammen.

Eine ähnliche Situation schildert 1930 Alexander Graf Stenbock-Fermor für den Flößerort Wallenfels im Frankenwald. Um das Drama, das das Ende der Flößerei hervorrief, verständlich zu machen, charakterisiert er zuvor die Zeit der Flößerei: „Seit vielen Generationen lebten die Bewohner von der Flößerei. Von Jugend auf waren sie mit dem Holz vertraut. Das Holz war ihre Arbeit, ihr Brot, ihr Schicksal. Sie gehörten zum Holz, wie der Bauer zum Acker gehört, der Fischer zum Meer. Von den Bergen holten die Flößer die gefällten Holzstämme, die sie kaufen mußten. Sie schleiften die Stämme die Abhänge hinab zur wilden Rodach. Hier wurde das Holz gespannt, wurden die Flöße gezimmert. Wenn eine Flotte von Flößen fertig war, erhielt die nächste Mühle Nachricht, das Stauwerk wurde herabgelassen, das Wasser stieg im schmalen Flußbett, und die Flöße . . . trieben flußabwärts. So ging es . . . in andere Flüsse, hinunter nach dem Rheinland und Westfalen. Die Flößer verkauften ihr Holz und kehrten zurück mit Geld beladen. Das ganze Dorf nahm Teil an der Freude. In der Kirche hielt man ein Dankgebet ab. Es wurde gezecht und gesungen."[29]

Es lohnt sich, diese Beschreibung, obwohl sie von einem anderen Flußgebiet stammt, so ausführlich zu zitieren; denn Stenbock-Fermor beschreibt bildhaft, wie die Arbeit des Flößers mit ihrer Vielzahl von Aktivitäten, ihrer Härte aber auch der Möglichkeit des für die damalige Zeit ungewöhnlichen Reisens einen ganzen Lebensstil umfaßte, nicht nur für den Flößer, sondern auch für die Familie und das dörfliche Umfeld. Daß sie mit Geld beladen zurückkamen, ist, wie die Notwendigkeit der Nebenverdienste bezeugt, reichlich übertrieben; doch mußte das für die Zeitgenossen vielleicht so wirken, da der Verdienst von Geld im ländlichen Bereich, der ansonsten vielfach noch auf der Selbstversorgung mit Naturalien fußte, etwas ganz Besonderes war. Zugleich stellt er damit die auf das Ende der Flößerei folgende Arbeitslosigkeit in ein umso grelleres Licht. Am Ort gab es, wie eben auch in Wernshausen, keine Erwerbsmöglichkeiten für die Männer. „Ein großes Elend bricht über das Dorf herein . . . Dreihundert Männer suchen auswärts, weit von der Familie getrennt, nach Verdienst. Sie wandern nach Ostpreußen, nach Pommern, Westfalen, Österreich, bereit zu jeder Arbeit."[30]

Die Einschränkung der Flößerei durch die Eisenbahn betraf im Weserraum nicht nur Wernshausen an der Werra. An allen Flüssen, bei denen die Flößer in besonderem Maße gefährliche Wehre zu überwinden hatten und wo die Fahrt entsprechend langwierig war, bedeutete die Eisenbahn, wesentlich krasser noch als an der Werra, das absolute Ende. An der Werra blieb immerhin die Stammholzflößerei lohnend.

Auf der Leine endete die Flößerei unmittelbar nach der Fertigstellung der dortigen Eisenbahnstrecke um 1875, auf der Rhume dann 1883.[31]

Das Ende bzw. die erhebliche Reduzierung der Flößerei bedeutete also z. B. für Wernshausen, vermutlich ebenso für Elvershausen, den totalen Einbruch des Arbeitsmarktes. An diesem Einbruch läßt sich rückblickend auch die vormalige Bedeutung erschließen.

Es gibt andere Indizien, um den Stellenwert der Flößerei für die Beschäftigung einer Region abzulesen.

In Elvershausen etwa waren um 1850 alle Häuslinge Flößer, doch reichte dies als Arbeitskräftepotential nicht aus. Auch aus den umliegenden Ortschaften wurden Flößer angeworben.

Das gleiche gilt auch für Gimte als bevorzugten Flößerort der Mündener. „Nur dann und wann, wenn gerade viel Tannenholz auf einmal zu verflößen ist, und es in Gimte augenblicklich an Flößern fehlt, nehmen sie wohl einen Einwohner aus einem benachbarten Dorfe, der mit Floßen umzugehen weiß, an."[32] Da diese Ersatzkräfte immerhin mit Flößen umzugehen wußten, kann dies so ganz selten nicht vorgekommen sein. Auf jeden Fall gab es noch ein Reservoir an Arbeitskräften im Hinterland.

Flößer konnten manchmal geradezu zu einem Mangelberuf werden. Dann reichten die Arbeitskräfte von einem Fluß nicht aus. Im Frühjahr 1833 z. B. waren die zu verflößenden Brennholzmengen, die über die Oker nach Braunschweig kommen sollten, von Einheimischen nicht zu bewältigen. Die Forstdirektion wies daraufhin den Neustädter Forstmeister Dommes, der die Oberaufsicht über die Brennholzflöße führte, an, „in Elvershausen bei Northeim eine hinreichende Anzahl geübter Leineflößer anzuwerben"[33].

Als gesuchte Arbeitskräfte konnten Flößer durchaus Bedingungen stellen. Dies läßt sich am Fall der 200 Flöße, die Johann Georg Ballauff für den Bremer Holzhändler Jaenicke und dieser wiederum im Auftrage des preußischen Staatsministers Julius von der Horst 1784 von Kassel nach Bremen bringen sollte, ablesen.

Diese Flöße lagen bereits 1783 auf der Fulda bei Kassel und konnten wegen Niedrigwassers nicht befördert werden. 1784 nun entstand ein Streit zwischen der Stadt Münden und dem Holzhändler Ballauff über den Freipaß für das Holz einerseits und den Transport selbst andererseits.

Dem Privileg der Mündener Schiffergilde zufolge mußte das Holz bis zur Weser mit Mündener Flößern transportiert werden. Die Ansprüche, die im folgenden gestellt wurden, sind sicher auch vor dem Hintergrund dieses Privilegs zu sehen, sind auf Grund der Stützung durch die Gilde in diesem Fall besonders ausgeprägt. Doch sind sie in kleinerem Maßstab sicher auf die unorganisierten dörflichen Flößer zu übertragen.

Ballauff hatte parallel zu den Verhandlungen mit den Mündenern, die seit Januar 1784 liefen, mit Ausländern und „Gimter Bauern" geflößt, weil dies angeblich billiger war. Am 26. April war dieses Unternehmen durch eine Klage im Mündener Rathaus gestoppt worden. Nun allerdings konnte nicht die genügende Anzahl von Mündener Flößern zur Verfügung gestellt werden. Nach Aussage der Mündener lag dies daran, daß die versprochene Erklärung Ballauffs im Februar unterblieben war „und er dadurch die Zeit, wo Schiffern genug zu haben gewesen, aus eigener Schuld versäumt"[34] habe. Erst im November 1784 kam es schließlich zu einer Vereinbarung mit der Schiffergilde über die Verflößung der 200 Flöße und den Einsatz der Flößer.

Wird im Verlauf der Verhandlungen immer wieder die außerordentliche Machtposition der Schiffergilde deutlich, so läßt sich darüber hinaus auch die Stellung der Flößer ablesen. Da sie eben Fachleute waren, auf die keiner verzichten konnte, waren sie nicht unbedingt auf die Stützung durch eine Gilde angewiesen.

Im März, als den Gimtern das Flößen von Kassel nach Münden untersagt wurde, waren angeblich nicht genügend Flößer in Münden zu bekommen. Denn hätte es wirklich zahlreiche arbeitsuchende Mündener Flößer gegeben, wäre es im Interesse ihrer Gilde gewesen, ihnen die entsprechende Arbeit zukommen zu lassen. Es scheint tatsächlich so gewesen zu sein, daß man frühzeitig planen mußte, um für die Verflößung größerer Mengen Holz eine genügende Anzahl von Arbeitskräften zu bekommen.

Dies wird noch augenfälliger, liest man die Bedingungen, die des „hiesigen Schiffers Julius Wulframs ältester Sohn Henrich" am 13. August 1784 stellte. Zum einen geht es um den Lohn. Von einem anderen Holzhändler habe er im Vorjahr für ganz leichte Flöße pro Floß einen halben Louisd'or bekommen, von Ballauff für solche, von denen wegen ihres übermäßigen Gewichtes zwei in Spiekershausen stehen geblieben wären, nur je 2 Reichstaler.

Nicht nur das Verhältnis von Lohn und guter Transportierbarkeit der Flöße mußte angemessen sein. Auch für die Bauweise der Flöße wurden besondere Absprachen verlangt. „Wenn gedachter Ballauff die noch über und diesseits Cassel stehende Flöße gehörig befestige und solchergestalt einrüste, daß man trocken darauf stehen könne, so wolle er sich verbindlich machen, dieselben hieher zu führen", doch nur, wenn auch der Lohn entsprechend wäre.[35]

Sogar angenehme Arbeitsbedingungen also konnten verlangt werden: leicht zu transportierende Flöße, ein Aufbau für trockene Füße. Durch seinen Sekretarius Schmidt bot Ballauff am 27. August eine weitere Arbeitserleichterung an, daß nämlich die Flöße „wenn sie weiter gebracht werden sollten, jedesmal von neuem befestigt werde durch seine, des Ballauffs, Leute". Damit sollte den Flößern eine bedeutende zusätzliche Arbeitsbelastung abgenommen werden.

Der Spediteur seinerseits stellte allerdings auch Bedingungen, und zwar 1. die Arbeitszeiten betreffend. Am 8. Oktober ließ Ballauff durch seinen Sekretarius Schneider im Rathaus übermitteln, daß er gern bereit sei, den „Fulda-Schiffern" — damit sind diejenigen gemeint, die die Flöße die Fulda herabbringen sollten — „den Taglohn 24 Mg [Mariengroschen] . . . zu zahlen", verlangte jedoch dafür, „daß zu Vermeidung demnechstiger Differenzen bestimt würde, mit welcher Stunde des Tages sie gegen solchen Taglohn die Arbeit anzugehen, und mit welcher Stunde sie davon abzugehen befugt seyn solten; desgleichen, daß dieser Taglohn, wenn

sie nicht den gantzen Tag arbeiten, ihnen nur pro rata bezahlet würde; so, wie auch, daß, wenn sie die Fahrt ohn Noth verzögerten, ihnen pro rata des Taglohn decortiret werden solten; nichtminder, daß dem Caspar Baurmeister, dem man für die Aufsicht ebenfalls . . . 24 Mg. zugestehen wolte, als eine Pflicht auferlegt werden zu annotiren, zu welcher Zeit die Schiffers mit den Flößen abführen, um damit beurtheilet werden könne, ob sie die Fahrt unterwegens ohne Noth verzögert hätten . . ."[36]

Als Arbeitstag zählte normalerweise die Zeit von Sonnenaufgang bis Sonnenuntergang, also die Zeit, in der man genügend Tageslicht für die Arbeit hatte. Ein Arbeitstag war also jahreszeitlich unterschiedlich lang. Nach Angaben des Flößers Henne von 1989 betrug er noch im 20. Jahrhundert bis zu 16 Stunden. Die Flößer verletzten demnach ihre Pflicht, wenn sie erheblich vor Sonnenuntergang irgendwo festmachten. Vor allem ging es Ballauff mit Sicherheit um die Privatgeschäfte der Flößer in den einzelnen Dörfern auf der Strecke. Denn wenn an Orten angelegt wurde, die zwar für den Kleinhandel der Flößer interessant waren, aber für den Holztransport unnötig, so gingen solche Aufenthalte auf Kosten des Auftraggebers. Dasselbe traf auf Besuche von Gaststätten irgendwo auf der geplanten Tagesstrecke zu, wie die weiteren Vereinbarungen deutlich machen.

Am 1. November 1784 nämlich äußerte sich der von einer Reise zurückgekehrte Gildemeister Armius Baurmeister positiv zu den Forderungen Ballauffs, verlangte jedoch für seinen Mitgildemeister Caspar Georg Baurmeister 1 Thaler für die Aufsicht des Transports. Der hohe Lohn für die Aufsicht erklärt sich im folgenden: Baurmeister sollte sich um sämtliche Aspekte des Transports kümmern, „mithin auch die Wahl der dazu richtigen Schiffleute, und zwar in der Maße . . ., daß Herr Ballauff das erforderliche Leinenzeug und andere Geräthschaften auf seine Kosten anschaffen und die Schifleute auf der Fahrt sich in den Kneipen und

Wirthshäusern nicht ohne Noth aufhalten würden" [37]. Wenn man diese Bemerkungen über den Aufenthalt in Kneipen und Wirtshäusern liest, kommt einem sogleich die Vorstellung vom wild-romantischen und lustigen Flößerleben in den Sinn. Für den süddeutschen Raum gibt es eine ganze Reihe von Schilderungen, die vom urwüchsigen und leichtsinnigen Flößer erzählen. Eine davon mag genügen, die immerhin einen Grund für den Leichtsinn angibt: „Zwangen heftige Winde oder sonstige widrige Verhältnisse zum Anlegen oder unfreiwilligen Aufenthalt, so vertrieben sich die Flößer die Zeit mit Wildern, auch mit Karten- oder Würfelspiel, wobei nicht selten der ganze Verdienst draufging. Aber es war ein lustiges Leben." [38]

Wie sah nun die Realität des lustigen Flößerlebens im Stromgebiet der Weser aus?

Die Floßfahrt

Die Beschreibung unterschiedlicher Floßtypen auf den einzelnen Flüssen hat schon deutlich gemacht, daß die Bedingungen sehr unterschiedlich waren, daß nicht nur die Flüsse verschiedenartige Fahrzeuge erforderten, sondern beide zusammen ganz unterschiedliche Fahrweisen.

Am gefährlichsten wirkt die Fahrt auf kleinen, kurvenreichen Flüssen mit vielen Mühlen- und Stauwehren. Die Floßfahrt von der Northeimer Gegend nach Hannover begann in Elvershausen eher beschaulich. „Nicht selten fuhren bis Northeim auch Frauen mit. Sie machten in der Stadt ihre Einkäufe und wanderten, die Kiepe auf dem Rücken, zu Fuß unter dem Fachberg zurück." [39] Vor dem ersten Wehr, der Rhume-Mühle, waren sie ausgestiegen.

Die Flößer machten hier wie vor jedem Wehr erst einmal fest. Während im Frankenwald die Ankunft der Flöße vorgemeldet wurde, damit die Wehrbesitzer rechtzeitig öffnen und so eine flüssige Durchfahrt ge-

währleisten konnten, oder etwa auf der Enz ein Flößerlehrling zum Öffnen der Wehre vorgeschickt wurde [40], kannte man diese Art der systematischen Wehröffnung im ganzen Weserraum anscheinend nicht.

Auf den kleineren Flüssen einschließlich der Werra fuhren immer mehrere Flöße gleichzeitig los. Die Flöße wurden aneinandergekuppelt. Die Lenkarbeit konnte so auf die Besatzungen aller Flöße verteilt werden. Die einzelnen Floßstücke, auf Rhume und Leine „Kähne" genannt, mußten nun vor dem Wehr auseinandergekuppelt und festgemacht werden. Nach Schließen der Mühlenwehre öffneten die Müllergesellen die Schützen vom Schloßbaum des Wehrs. Ein Flößer stand hinten auf dem Kahn, in gebückter Haltung, um nicht vom Schloßbaum umgerissen zu werden, raste nach dem Passieren durch die schäumende Gischt nach vorn, um mit der Floßstange den „Kahn" sicher an den Pfeilern der fast unmittelbar folgenden Brücke vorbeizulenken. Dieser Vorgang wurde wiederholt, bis alle Kähne unterhalb der Brücke sicher gelandet und festgemacht waren. Dort konnten sie wieder verkuppelt werden, und die Fahrt ging weiter bis zum nächsten Wehr. Insgesamt waren auf der Strecke bis Hannover sieben Wehre und eine Zollstelle, die immerhin ein zusätzliches Anlegemanöver erforderte, zu passieren.

Wesentlich gefährlicher noch als die beschriebene Rhumemühle war die Leinemühle zu Elze für die Flößer. „Nach sehr niedrigem Schloßbaum mußte das ebenso niedrige Balkenwerk des Fußbodens der Mühle unterschwommen werden. Diese Hindernisse waren so gebaut, daß sie den Flößer zwangen, sich an einem fest eingetriebenen Krampen mit einem starken Leibriemen auf jedem Kahne bauchwärts anzuschnallen. Der Mann wurde hierbei vollständig durch das Wasser gespült." [41] Die Flößer wurden also bis auf die Haut naß, von Kopf bis Fuß. Das mag im heißen Sommer erfrischend sein. Doch wurde diese Prozedur auch im zeitigen Frühjahr und im Spätherbst unternommen, war also nicht nur unangenehm, sondern äußerst ungesund.

Waren die Flößer nach dem Passieren der Rhume-Mühle noch einmal nach Hause gelaufen, um vor der langen Fahrt die letzte Übernachtung daheim zu genießen, und hatten so vielleicht trockene Kleidung angezogen, ist das bei den späteren Wehrpassagen eher unwahrscheinlich. Die Flößer hatten zwar eine große Tasche, einen Holster, mit, doch ob darin die nach heutigen Vorstellungen unabdingbare Wechselwäsche war, ist so sicher nicht. Zumindest arbeiteten sie mit nassen Füßen weiter; denn zwei paar Stiefel konnte sich ein einfacher Flößer damals nicht leisten.

Eine ähnlich feuchte Angelegenheit scheint auf der Oertze das Durchschleusen an der alten Wolthauser Klippmühle gewesen zu sein. „Die ganze Schleuse wurde aufgezogen, das erste Floß machte los; mit hochgezogenen Krempelstiefeln stand ein Flößer vorn; schon schoß es den brausenden Fall hinunter, seine Spitze tief in den Mühlenkolk bohrend, daß das Wasser dem Flößer über die Knie ging. Dann lief die Welle nach hinten, durchnäßte den dort stehenden Mann in der Regel bis auf die Haut, wenn es ein Neuling war." Für die Flößer war in diesem Moment das hochflutende Wasser unwichtig. Sie mußten sich, wie schon auf der Leine, darauf konzentrieren, das Floß gezielt in die Oertze zu manövrieren. „... oft aber landete es [das Floß] auf dem ‚Bockwerdel' und konnte nur mit Mühe wieder flott gemacht werden, oder es trieb im Kolk immer rundum zum Gespött der anderen Flößer, die allerhand kränkende Bemerkungen zuriefen"[42].

Als weiteres Beispiel für die Flößerei auf einem Fluß mit zahlreichen Wehren sei die Werra angeführt. Die Lenkung war hier insoweit anders, als das Floß nicht nur mit Flößerstangen dirigiert werden konnte. Ein etwa 6 m langer Ruderbaum war auf einem Bock am vorderen Ende befestigt und konnte so einer präziseren Steuerung dienen. Eine ähnliche Vorrichtung hatten auch die Allerflöße.

Eine Gruppe von Flößen auf der Werra (Nattermann)

Die Wehre auf der Werra waren ähnlich simpel wie für die Leine beschrieben. In Berka und Falken gab es im Jahr 1900 nicht einmal Aufzugvorrichtungen an den Floßdurchlässen. Hier war schon das Öffnen bei hohem Wasserstand extrem gefährlich. „Meistens bestehen die Floßdurchlässe aus mehreren neben einander liegenden Schützenöffnungen mit hölzernen Schützen und Losständern, nach deren Wegnahme ein Durchlaß von rd. 4 bis 4,6 m Lichtweite frei wird."[43] Schon 1900 hatte die gemeinsame Schaukommission der Anliegerländer eine Verbesserung der Situation gefordert. Als Musterbeispiel galt damals die im Jahr zuvor aus Beton gegossene Floßschleuse in Wanfried, durch die der dortige Mühlenbesitzer die alte Floßrinne ersetzt hatte. Ein Rollschütz erlaubte hier die Einfahrt, ein Stemmtor die Ausfahrt.

Noch in den 30er Jahren, als der Wernshausener Lehrer Nattermann mehrfach auf Flößen mitfuhr und die Fahrt dokumentierte, waren zwar zu den Kammerschleusen von Wanfried, Eschwege, Allendorf und Münden die von Vacha und Lengers hinzugekommen;

Durchfahrt durch das Wehr der Klostermühle Allendorf (Nattermann)

doch ansonsten waren die einfachen Wehre nach wie vor üblich.

Ihre Durchfahrt war wahrscheinlich für den mitreisenden Lehrer von größerer Dramatik als für die geübten Flößer. Er schildert den Vorgang von der Anfahrt an: „Langsam geht es jetzt vorwärts, denn das Wasser staut sich. Unser Ohr vernimmt ein dumpfes Brausen, das von fallendem Wasser verursacht wird. Das Wehr der Klostermühle in Allendorf ist in nächster Nähe. Es muß durchfahren werden. Da klopft auch alten Flössern das Herz. Unser Führer hat nicht Zeit, uns zu unterhalten, denn jetzt gilt es vorsichtig zu sein, wenn die Durchfahrt gelingen soll. Noch ist sie nicht frei, erst gegen Entrichtung des Zolles wird das Fach geöffnet. Ein Flösser verläßt deshalb sein Floss, um den Zoll, den er vom Faktor bekommen hat, zu entrichten und die Durchfahrt zu bewirken. Dauert es lange, bis er zurückkehrt, so wird die ,Landfest' an einen Baum angebunden und das Fahrzeug zum Stillstand gebracht, bis die Fahrt frei ist." Bei Annäherung an ein Wehr wird die Fahrt des Floßes durch das Stauwasser also so-

weit gebremst, daß ein Landgang während der Fahrt ohne Probleme zu bewältigen ist. Einen halsbrecherischen Sprung an Land hätte sich Nattermann für seine Beschreibung sicher nicht entgehen lassen.

„Am Rauschen des Wassers merkt man, daß die ,Schütze' hochgezogen wurde. Die Landfest wird gelöst, und rascher, immer rascher schwimmt das Fahrzeug vorwärts. Uns wird bange! Wir setzen uns auf die Auflage und den Steg, damit uns das Wasser nicht durchnäßt, wenn es über das Floß geht. Aufrechtstehend, mit scharfem Blick die Krümmungen musternd, rudert unser Führer bald rascher, bald langsamer mit kräftiger Hand, um das Floß zwischen den beiden Fachtstöcken hindurchzubringen. Er muß vorsichtig sein und sein ganzes Fahrzeug im Auge haben, denn leicht kann der hintere Teil noch im Fach hängen bleiben, wenn es der vordere schon durchmessen hat. Plötzlich legt sich das vordere Ende des Floßes nach unten, um tief ins Wasser hineinzusinken. Der Flößer zieht rasch den Ruderbaum zurück und springt auf den Steg. Wir selbst bücken uns, um nicht am Floßfach anzustoßen. Das Wasser überspült Wasserbett und Auflage und droht uns, die Füße zu durchnässen. Kaum ist die vordere Hälfte hindurch, so stößt unser Freund den Ruderbaum ins Wasser und rudert kräftig, um nicht am Ufer hängen zu bleiben. Ein dumpfer Fall, — auch der hintere Teil schlägt auf die ,Gleite' auf. Jetzt wird er vom Wasser überspült. Viel rascher, als sich alles beschreiben läßt, sind wir hindurchgekommen. Floß auf Floß folgt."[44]

In seiner nüchterner gehaltenen Beschreibung zu einer Fotoserie heißt es zum Wehr von Philippsthal, das in Flößerkreisen bis zum Schluß als besonders gefährlich galt: „In Philippsthal kamen wir an das steilste Flosswehr des ganzen Werralaufs . . . Hier genügt nicht mehr Sitzen auf der Pritsche. Mit der Geschwindigkeit eines Akrobaten müssen die Flösser auf den Bock springen, wenn das Floss mit rasender Geschwindigkeit in den Strudel hinab saust . . ."[45]

Auf der Springpritsche sitzend, schützt sich der Flößer vor dem Wasser (Nattermann)

Durchfahrt durch das Wehr in Philippsthal (Nattermann)

Schon die Passage eines intakten Wehrs war also ein halsbrecherisches Manöver — ganz abgesehen von der Gefahr der Durchnässung. Und nicht immer waren die Wehre in einem guten Zustand. Da die Pflege der Wehre nicht im besonderen Interesse der Müller lag, konnte es oft lange dauern, bis sie wieder instand gesetzt wurden.

Bei einem defekten Wehr konnte die Durchfahrt wirklich dramatisch werden. In solchen Fällen ergriffen die Flößer Vorsichtsmaßnahmen, wie es Nattermann ein-mal erlebte: In Tiefenort war „der Schwebebaum ent-zwei, der in jedes Wehr zur Überwindung des Sturzlo-ches eingebaut ist, und seine Stämme starrten unheil-verkündend aus der Flut. Selbst die Flösser trauten der Geschichte nicht und liessen zunächst ein Floss führer-los hindurch. Dann folgten die drei übrigen mit Be-mannung." Ein solcher Wehrzustand provozierte Un-fälle geradezu. In Philippsthal wären im Vorjahr „zwei Flösser um ein Haar ums Leben gekommen. Der Schwebebaum war zerrissen, und als die Flosse hin-durch fuhren, zerschellten sie an den aufragenden Schwebestämmen. Die Stämme flossen auf dem toben-den Wasser umher, als ob eine riesige Streichholz-schachtel darüber ausgeleert worden wäre, und dazwi-schen schwammen mit dem Tode ringend die Flösser. Einer hielt sich krampfhaft am Ruderbaum, der sich festgeklemmt hatte und mit seinem Oberteil aus den tosenden Wirbeln herausragte. — Noch verlief alles glimpflich, die Baumstämme mussten sie freilich müh-sam zusammensuchen und die Flösse von neuem bin-den."[46]

Werrafloß in der Nähe von Hann.-Münden. Gefährliche Strömungen erforderten die ganze Kraft der Flößer (Stindt)

Nicht nur defekte, auch falsch konstruierte Wehre konnten lebensgefährlich werden.

Dies belegt etwa ein verzweifelter Leserbrief von Wernshausener Flößern, den das „Meininger Tageblatt" am 22. März 1894 abdruckte: „Wir Flößer von hier, August Hermann, Karl Malsch und Robert Malsch, bitten die zuständige Behörde inständig, baldigst dafür zu sorgen, daß der bei dem Umbau der Kloster-Allendorfer Mühle in eine Schleiferei ebenfalls veränderte Floßgang — als lebensgefährlich für uns —

und so bald wie möglich so zweckmäßig und ungefährlich wieder hergestellt werde, wie es lange Jahre bei der Mühle bestanden hat. / Unser Kamerad Heinrich Jung hier fuhr als der Erste stehend durch diesen neuen Floßgang; sein Floß tauchte in dem tiefen Unterwasser tief unter, das Wasser drückte ihn um und wusch ihn von der Flöße ab; er wäre ertrunken, wenn ihn nicht der Allendorfer am Ufer stehende Wirt mit eigener Lebensgefahr aus dem Wasser gerettet hätte. Seitdem bleibt von uns keiner auf der Flöße, wir klettern vor dem gefährlichen Floßgang aufs Ufer, und unterhalb desselben steigen wir wieder auf, freilich ebenfalls nicht ohne Gefahr." [47]

Nicht immer liefen solche Unfälle so relativ glimpflich ab. Für die Werra erwähnt Nattermann die „Gräber ertrunkener Flößer. Viele Friedhöfe von Wernshausen bis Münden bergen solche Männer, die das Wasser im kräftigen Mannesalter als Opfer forderte." [48] Belege hierfür gibt er leider nicht an.

Für das erwähnte Wolthauser Mühlenwehr an der Oertze ist für 1831 und 1845 überliefert, daß jeweils zwei Flößer ertranken. [49]

Nicht nur die Wehre waren Gefahrenstellen für die Flößerei. Die Leine etwa war kurvenreich, und die aneinandergekuppelten Flöße mußten ohne Uferberührung geführt werden. Mit der Floßstange — hier Staken genannt — mußten die Kähne vom Ufer ferngehalten werden. An schwierigen Stellen mußte ein Flößer, sozusagen auf der Stelle tretend und rückwärts von Kahn zu Kahn springend, alle Teile des Gespanns am Gefahrenpunkt vorbeibringen. Erst hinter Elze wurde die Fahrt ruhiger.

Wenn Nattermann die Fahrt nach der Passage des Kraftwerkswehrs von Spichra mit den Worten beschreibt: „ . . . unterhalb der Schleuse gings nun frischfröhlich vorwärts. Die mächtigen Ruderbäume bogen sich in den Kurven, so stark war teilweise das Gefälle" [50], so spürt man zwischen den Zeilen des unbeschwerten Passagiers die harte Lenkarbeit des Flößers.

Häufig wurde das Steuerruder der Weserflöße mit der Schulter gedrückt
(Stindt)

Was hier so geschmeidig und flott wirkte, konnte für einen unerfahrenen Mann am Ruder bisweilen tödlich enden. „Vor wenigen Jahren schleuderte der Ruderbaum einen 17jährigen Lehrling zwischen Tiefenort und Dorndorf unter sein Floß. Er konnte erst nach einigen Tagen als Leiche ans Ufer gezogen werden."[51]

Die Floßfahrt auf der Weser

Schwierigkeiten und Gefahren, die Flößern begegnen konnten, waren auch bei der Floßarbeit auf der Weser an der Tagesordnung. Nur auf den ersten Blick erscheint diese viel leichter als die Fahrt auf den kleineren Flüssen mit ihren zahlreichen Wehren. Schon die Tatsache, daß die Lasten auf den Weserflößen anders als auf denen der kleineren Flüsse nicht sorgfältig aufgebunden werden mußten, vermittelt die Vorstellung einer geruhsameren Fahrt. Richtig ist, daß kein Weser-

Weserfloß vor dem Kernkraftwerk Würgassen
(Slg. Weserbund / Wagner, Vlotho)

flößer gebückt oder sogar bäuchlings unter Wehren durchschlüpfen mußte, daß er kaum in schäumender Gischt vollständig durchnäßt wurde. Die Probleme waren anders gelagert.

Aufschlußreich ist ein Gespräch mit dem Weserflößer Willi Wasmuth vom Oktober 1990, das nachdrücklich die Kraft, die die Lenkung eines Floßes erforderte, verdeutlicht: „Na ja, ich will Ihnen ganz offen sagen, das war ein hartes Brot, war nicht immer Sonnenschein.

Wenn sie da in Minden waren, da waren die Schultern blau zum Teil vom Drucken [gegen das ca. 14 m lange Steuerruder, das mit der ganzen Körperkraft gehalten wurde]. Ja, die Ruder wurden mit der Schulter gedrückt."

Unvorsichtigkeit konnte beim Lenken leicht einen Unfall auslösen. Ein Floß mit 176 Festmetern Holz und drei Mann Besatzung näherte sich einmal dem Atomkraftwerk Würgassen, wie Wasmuth erzählt. „Und da hatte ich jemand bei mir, war'n Schiffer, und an der Stelle zum Atomkraftwerk, da läuft das ein bißchen schneller. Ich sag: ‚Fahr nicht so hoch da rein, wenn Dich ein Stau packt, dann ist er weg.‘ ‚Was Du wohl hast‘, sagt er, ‚Du willst mir doch wohl keine Vorschriften machen.‘ Ich sag: ‚Bleib da und fahr nicht in die Bucht rein.‘ Na ja, wir haben ein bißchen rumgemeckert, und auf einmal, pup, da hat das Wasser gepackt, und das Floß ging weg und brach auseinander.“ Die verschwemmten Stämme wurden mühsam wieder eingesammelt und nun zu zwei Flößen gebunden.

Die Schilderung ist insoweit besonders interessant, weil sie zwei Dinge deutlich macht. Zum einen ist auch die Fahrt auf einem größeren Fluß wie der Weser nicht ungefährlich und keineswegs gemächlich. Zum anderen ist eine genaue Kenntnis sowohl der Stromverhältnisse wie der speziellen Reaktionen eines Floßes notwendig. Der mitfahrende Schiffer hatte Probleme mit der Lenkung, weil ein Floß eben anders und wesentlich schwerfälliger reagiert als ein Schiff.

Dieser Tatsache trägt das „Polizeireglement behuf Dampfschiffahrt auf der Weser“ von 1844 Rechnung, wenn unter § 3 angeführt wird: „Die Dampfschiffe haben die Verpflichtung anderen Schiffen oder Flößen, die ihnen begegnen oder die von ihnen eingeholt werden, nach den im folgenden bestimmten Regeln auszuweichen, sofern nicht ein anders ausdrücklich bestimmt ist.“

Unter § 7 wird das Dampfschiff zur Betätigung der Dampfpfeife oder der Schiffsglocke angehalten, während andere Schiffe und Flöße durch weiße Fahnen ihr Kommen signalisieren. Bei Flößen sollten diese auf langen Stangen angebracht sein, damit die Fahrzeuge etwa hinter blickverstellenden Flußwindungen von fern sichtbar waren.

Unter § 8 heißt es, daß die Dampfer den anderen Fahrzeugen jeweils rechts ausweichen müssen.

Die Schwerfälligkeit der Flöße warf umso größere Probleme auf, je dichter der Schiffsverkehr, besonders der

Weserfloß mit Signalfahne
(Alrutz)

Hier spielerisch benutzt, diente das Signalhorn zur Warnung von Schiffen
(Henne)

Auf einer Tafel mußten Name und Herkunftsort des Floßführers angezeigt werden
(Alrutz)

Begegnung von Floß und Seeschiff vor Bremerhaven,
um 1935
(Stindt)

Hochzeitsreise; denn um sich 1937 nicht gleich wieder von der frisch angetrauten Frau trennen zu müssen, hatte er sie zur Mitfahrt überredet. Gerade diese Fahrt wurde so aufregend, daß seine Frau sich nie mehr auf ein Floß traute. Der erste Beinahe-Unfall führt die Schwierigkeit beim Manövrieren eines Flusses im dichten Schiffsverkehr vor Augen: „In der Rossenr. Südenbucht [bei Varenholz] kam ein Schleppzug mit beladenen Schiffen uns entgegen. Wir konnten das Floß nicht rechtzeitig in die richtige Lage bekommen und fuhren mit den schwer beladenen Schiffen zusammen. Das Holz fing an zu rollen, und ich hatte Angst um meine Frau. Sie weinte und wollte sofort nach Hause."

Ab Hemelingen wurde die Fahrt auf der Weser für die Flößer erst einmal geruhsamer. Im Laufe der 60er Jahre traf dies schon ab Minden zu, da die Flöße nun wegen der durch die Schleusen gedrosselten Fließgeschwindigkeit mit Schlepper fahren mußten. Das gleiche gilt für den Mittellandkanal, auf den die Flößer in Minden seit 1915 wechseln konnten. Zwei Flöße wurden, um Schlepplohn zu sparen, jeweils an einen Schlepper angehängt.

Hinter Bremen brachte die Fahrt dann ganz andersartige Probleme, wie es die Schilderung Hennes von seiner aufregenden „Hochzeitsreise" erkennen läßt.

„Wir wurden zum Hohentorshafen geschleppt, dort mußten wir auf das hohe Wasser (Flut) warten, dann fuhren wir mit fallendem Wasser ab nach Bremerhaven. Ich kann mich nicht erinnern, ob wir auf dieser Fahrt zu spät in Bremen abfuhren oder ob sich der Dampferkapitän verrechnet hatte, denn als wir in Bremerhaven vor der Kaiserschleuse ankamen, kam die Flut und drückte die Flöße mit Gewalt an die Mauer, so daß die Flöße auseinander rollten. Meine größte Sorge galt meiner Frau, daß ihr bloß nichts passierte. Unsere Zelte und alles was wir hatten war durch den Bruch verloren gegangen.

Das Holz trieb durch die Flut in die Schleuse, und wir waren froh, als wir wieder Land unter den Füßen

Dampfschiffsverkehr, wurde. Auf dem Rhein mit seinem hohen Verkehrsaufkommen wurden die Flößer zur Benutzung von Schleppern verpflichtet, um die Manövrierfähigkeit zu verbessern und so die Gefahr von Floßunfällen zu vermeiden.[52] Auf der Weser bis Minden durfte dagegen bis zuletzt aus eigener Kraft geflößt werden.

Dabei kam es häufiger zu gefährlichen Situationen. Eine solche schildert der Flößer Gottfried Henne 1989 rückblickend. Es handelt sich ausgerechnet um die

Flöße an der Kaje in Bremerhaven, um 1935
(Stindt)

hatten. Meine Frau hat nie wieder ein Floß betreten, und jedesmal, wenn ich mit dem Floß unterwegs war, hatte sie große Angst um mich, bis die Flößerei zu Ende war."

Neben den geschilderten Schwierigkeiten hatten die Flößer mit Hochwasser und Eisgang zu kämpfen, saßen dann möglicherweise an einem Ort auf der Strecke fest, weil der plötzlich veränderte Wasserzustand kein Weiterkommen zuließ. Vom Nebel spricht der Flößer Henne als vom schlimmsten Feind des Flößers. Wenn er unvermittelt einbrach, war kaum ein Anlegeplatz zu finden; und das war ohnehin ein schwieriges Geschäft.

Zudem waren die Flößer allen Unbilden der Witterung ausgesetzt. Dauerregen oder Hitze konnten die Floßfahrt zur Qual machen.

Leben auf dem Floß

Die Übernachtung

Das Fahrttempo war je nach Wasserstand und damit nach der Fließgeschwindigkeit des Flusses unterschiedlich schnell. Eine Rolle spielte auch die Jahreszeit und dies nicht nur wegen Hoch- oder Niedrigwasser. Es durfte nämlich von der Morgen- bis zur Abenddämmerung gefahren werden, oder, präzise: Eine Stunde vor Sonnenaufgang durfte gestartet werden, eine Stunde nach Sonnenuntergang mußte gelandet werden. Die Tagesarbeitszeit war also beispielsweise im Hochsommer wesentlich länger als im Spätherbst, es ergaben sich so Arbeitszeiten von 8 bis 16 Stunden. Entsprechend warnt Jägerschmid vor einer Ausdehnung der Flößerei in den frühen Winter, da dann die Arbeitszeit zur kurz und, bei gleichbleibendem Taglohn, die Unkosten zu hoch würden. [53]

Wie die Komponenten Geschwindigkeit, Jahreszeit sowie ein möglicher Anlegeplatz zusammenspielten, macht die Schilderung des Flößers Henne anschaulich: „Wenn wir morgens mit dem Floß einige Kilometer gefahren waren, fingen wir schon an zu rechnen, wo wir abends anlegen konnten, denn es gab nur wenige Stellen, an der die Strömungen nicht zu stark waren, es erforderte viel Kenntnis und harte Arbeit, ein Floß zu landen."

So übernachteten die Flößer in der Regel an bestimmten Orten. Bei der Floßfahrt von Elvershausen bis Hannover waren es — abgesehen von der ersten Nacht, die gewöhnlich noch einmal zu Hause verbracht wurde, mindestens sechs auswärtige Übernachtungen, in Salzderhelden, Freden, Alfeld, Elze, Schulenburg, schließlich in Hannover [54], zwischen Alfeld und Elze war Brüggen eine weitere beliebte Station. [55] Wo die Elvershäuser im Einzelnen ihr Nachtlager fanden, ist bislang unbekannt. Wenn es die Witterung eben erlaubte, werden sie nicht unbedingt im Gasthaus ge-

nächtigt haben, sondern im Heu, „um billig zu leben", wie es für die Allerflößer aus Winsen überliefert ist. [56] Auch die Stationen der Allerflößer waren festgelegt. Am ersten Tag ging es je nach Verhältnissen bis Essel, Hademstorf oder Eickeloh, am zweiten Tag bis Verden, am dritten bis Bremen.

Für die Werra werden Dankmarshausen und Philippsthal, wo „ein bekannter Wirt" Nachtlager bot [57], genannt. Nach Aussagen des Flößers Friedrich Storandt waren es „u. a. ... Heimboldshausen, Creuzberg, Wanfried, Allendorf (bei Hartmann im ‚Anker', Bahnhofstraße), in Oberrieden (bei Böttner) und in Werleshausen" [58].

Die Erfahrungen von Nattermann wie die Angaben Storandts zeigen, daß die Werraflößer zumindestens im 20. Jahrhundert für die Nacht häufig Gasthäuser aufgesucht haben. Das Vorhandensein angenehmer Wirtschaften war demnach neben Tempo, Eintritt der Dämmerung und dem möglichen Landeplatz ein weiterer Faktor für die Wahl des Tagesziels.

Auf den kleineren Flüssen war ein Übernachten auf den Flößen selbst nicht möglich. Es gab auf den Fahrzeugen nicht einmal Schutz gegen die Unbilden der Witterung.

Auch die Werraflöße, so wie sie fotografisch und in Beschreibungen überliefert sind, hatten keine Einrichtung für ein Nachtlager. Doch scheinen in der Vergangenheit Hütten vorgekommen zu sein. Eine Federzeichnung aus den Reisebildern des Grafen von Münster von 1805 zeigt ein zeltartiges Giebeldach. Während die Lenkung mit Ruder einschließlich der Anbringung desselben den heutigen Kenntnissen von Werraflößen entspricht, fehlt die Pritsche. Ebenso verhält es sich bei den Flößen auf einer vogelperspektivischen Ansicht der Firma Fischer in Wernshausen. Im Vordergrund sind drei Flöße ohne Springpritschen, aber mit Hütten zu sehen. Die Darstellung kann ab 1870 entstanden sein, da das Holzhandelshaus in diesem Jahr nach dem Tod des Wilhelm Fischer jun. in

Die Osterburg an der Werra. Das Reisebild des Grafen von Münster zeigt ein Werrafloß mit Hütte, 1805.
Lavierte Federzeichnung   *(Westfälisches Landesmuseum für Kunst und Kulturgeschichte)*

E. & S. Fischer umbenannt wurde.[59] Dieses Signet zeigt eines der Schuppendächer. Möglicherweise hat es auf der Werra solche Flöße ohne Pritsche, aber mit Hütte gegeben, als noch nicht ganz so viele Mühlenbetriebe mit ihren Wehren bestanden. Ob die Werraflö-ßer ursprünglich auf ihren Fahrzeugen schliefen, bleibt noch zu klären.

Anders als auf den kleinen und mittleren Flüssen war es auf der Weser üblich, daß die Flößer auf ihren Fahrzeugen nächtigten. Die Werraflößer müssen ihrem Be-

Werraflöße mit Hütten ohne Springpritsche vor dem Werk der Firma E. & S. Fischer in Wernshausen, nach 1870
(Aus: Gedenkblatt Fischer, 1913)

Weserflößer unter dem Dach einer Floßhütte
(Heimatstube Gimte)

richterstatter Nattermann wahre Wunderdinge über den Komfort der Weserflöße erzählt haben; denn er schreibt ernsthaft, daß in Hann.-Münden die Flöße an den Spediteur übergeben wurden, „der sich mit seinem Gehülfen eine bequeme Hütte mit Federbetten auf dem Doppelfloß errichten kann, und dann gemächlich die Weser hinunterschaukelt"[60].

Liest man die detaillierte Beschreibung einer Weserfloßhütte bei Delfs, der noch Gewährsleute kannte, die solche Hütten benutzt haben, entlarvt sich die Angabe der Werraflößer als ein Ausdruck der Verachtung für die Weserflößer mit ihrer angeblich so viel leichteren Arbeit. Von Komfort nämlich ist nicht die Rede. Die angeblichen Daunen waren schlichtes Stroh. „Die Hütte hatte eine Länge von 3 — 4 Metern und war nach vorne, also in der Fahrtrichtung, schräg abgeflacht. An beiden Seiten war sie offen und nur mit Decken und Leinentüchern verhängt. Als Dach wurde eine doppelte oder 4-fache Lage von Brettern so gelegt, daß die obere Lage genau die Fugen der unteren verdeckte, so daß kein Regen eindringen konnte. Der Unterboden des Schlafraumes bestand ebenfalls aus Brettern, auf denen Heu oder Stroh aufgeschüttet wurde. Im ganzen benötigte man zum Bau der Hütte 40 — 50 Bretter. Nach hinten, zum Heck, war die Hütte durch eine geflochtene Strohwand abgeschlossen, in der sich eine kleine Öffnung befand. Das Dach stand gewöhnlich einen Meter über die Strohmatte hinaus, unter ihm wurde das Gepäck abgelegt."[61]

Eine solche Hütte schützte bei ungünstigem Wind nicht einmal vollständig gegen Regen, bei sommerlicher Sonne mußte sich die Hitze trotz der offenen Seiten bald unter der Dachschräge stauen. Solche Hütten waren ähnlich auf Main und Neckar üblich. Nur auf den riesigen Rheinflößen gab es richtige Häuser, die den Floßherren und Faktoren — standesmäßig differenziert — den gewohnten Komfort boten. Für die Mannschaften gab es auch hier nur Massenquartiere auf Stroh.

Bei aller Primitivität dieser Hütte war der Aufbau doch ziemlich aufwendig, auch wenn die meisten Teile am Ankunftsort als zusätzliche Holzladung verkauft werden konnten. Es ist also nicht verwunderlich, wenn sich im 20. Jahrhundert immer mehr die Verwendung von Zelten durchsetzte.[62] Möglicherweise wurde es auch schwerer, die gebrauchten Bretter am Zielort zu verkaufen, so daß sich ihre Mitnahme nicht mehr lohnte und nur überflüssige Arbeit verursachte. Wasmuth bemerkt 1990: „Wir haben keine Hütte gebaut. Wir haben mit Zelt gefahren. Das war für uns handlicher, schneller." Ein weiterer Gesichtspunkt kam hinzu: „Ein Zelt hat doch mehr Windschutz geboten als wenn Sie so 'ne Holzhütte hätten bauen müssen. Kam ein Bund Stroh drunter, ein Bund Stroh rein, dann hatte sich die Sache." Doch auch ein Zelt konnte nicht beliebig groß sein, wie der Flößer Henne bemerkt: „Diese [Zelte] mußten klein sein, denn das Floß war sonst bei Wind und Wetter noch schwerer zu lenken." Diese Angabe Hennes öffnet den Blick für den Grund der Bauweise einfacher Floßhütten. Die Hütten, so wie sie uns überliefert sind, stellen ein über Generationen im natürlichen Windkanal der jeweiligen Flüsse optimiertes Gebäude in der letzten Fassung dar. Ausgangspunkt für das schräg nach vorn geneigte Dach war nicht eine optimale Gestaltung für die zwei Menschen, die darunter leben sollten, sondern eine Form, die bei der Fahrt möglichst wenig Widerstand bot.

Weder Zelt noch Hütte auf den runden, feuchten Balken waren besonders gemütliche Aufenthaltsorte. Wenn im „Schweinfurter Tageblatt" vom 29. April 1961 geschrieben steht: „Flößerromantik ist nicht ausgestorben ... Das Leben der Flößer ist noch unverfälschtes ‚Camping'. Eine primitive Holzhütte, die sie am Ufer aus mitgebrachten Brettern gezimmert haben, bietet ihnen Schutz ..."[63], so fehlt dem Schreiber dieser Zeilen anscheinend jede Vorstellung vom Leben in solchen Hütten bei schlechtem Wetter.

Auch die übrige Ausstattung der Flöße entspricht kaum modernen Gewohnheiten. Sanitäre Einrichtungen, wie sie heute an jedem Arbeitsplatz vorausgesetzt werden, waren auf Flößen nie vorgesehen. So etwas fiel immer erst auf, wenn Passagiere, vor allem Frauen, über längere Zeit mitreisten. Als Gottfried Henne 1937

Zelte lösten auf den Weserflößen im 20. Jahrhundert die Hütten ab (Alrutz u. Stindt)

Bei dringenden Geschäften gab es auf dem Floß keine Rückzugsmöglichkeit (Alrutz)

*Feuerstelle auf einem Werrafloß
(Nattermann)*

stelle, kein im Handel erworbener Flößerofen mitgeführt. Der Kochherd wurde im Eigenbau gefertigt.

An der Aller wurde als Feuerschutz für das Floßholz eine viereckige Moosschicht aufgelegt. Über ein offenes Holzfeuer hängte man einen Kupferkessel. [65]

Für die Werra beschreibt Nattermann „eine Schicht Rasensoden . . . auf ein paar Brettern" [66]. In seinem Manuskript von 1952 wird er präziser: „Auf mehrere dünne Bretter von 50 — 60 cm im Quadrat, die auf die Auflage zu liegen kommen und zu diesem Zwecke mitgenommen worden sind, werden die Rasenstücke mit der Grasnarbe nach unten gelegt, etwas angefeuchtet, und — der Kochherd ist fertig. Als Brennholz dienen die Stammspitzen, die entfernt werden mußten, weil sie das Gleichmaß störten." Das offene Feuer wurde mit Ziegelsteinen umbaut. [67]

Die Flößer stachen ihre Soden auf der Fahrt ab. Nattermann beschreibt den Vorgang anschaulich: Der Flößer „späht (er) am Ufer entlang nach Rasen, die sich zum Kochherd verwenden lassen. Kräftige Ruderschläge steuern das Floß dem Ufer zu. Im günstigsten Augenblick bringt ihn ein Sprung nach kurzem Anlauf ans Ufer. Rasch werden einige Rasen gestochen und aufs vorüberfahrende Fahrzeug geworfen. Mit sicherem Sprung folgt er seinen Rasen, um aus ihnen einen Kochherd herzustellen . . ." [68]

Nattermann scheint auch ältere Quellen über das Abstechen von Grassoden für Herde eingesehen zu haben. Er verweist darauf, daß „Verwarnungen und Strafverfügungen an die Flößer" im 18. und 19. Jahrhundert diesbezüglich „recht häufig" waren. [69] Leider nennt er weder Belege noch Beispiele für diese Angaben. Seine Beschreibung des Sodenstechens macht anschaulich, daß die Flößer ohne jegliche Rücksicht auf Ufer und Wiesen passende Stellen suchten. Seine Fotos zeigen, daß die Rasenstücke groß und mächtig hoch waren, also tiefe Löcher zurückgelassen haben müssen. Die Grasnarbe ist für den Schutz der Uferböschungen bei Überschwemmungen notwendig. Ihre Verletzung kann zu Auswa-

seine Frau mitnehmen wollte, „lehnte sie zunächst ab und frage, wie sieht das auf einem Floß mit den Sanitäranlagen aus. Ich mußte lachen, wußte mir aber gleich zu helfen. Ich baute aus grünen Zweigen eine Ecke auf dem Floß, welche für diese Zwecke bestimmt war." Ansonsten pflegte man sich mehr oder weniger diskret über Bord zu bücken, wie es der Flößer Louis Alrutz sogar einmal fotografisch festhielt.

Die Floßküche

Zum „unverfälschten Camping" gehörte im Frankenwald „eine ‚Kochnische', in welcher ein donnernder Kanonenofen eine gewisse Behaglichkeit verbreitet . . ." [64] Die schlichte Herdstelle der Flößer im Weserraum hätte den Verfasser des Artikels wahrscheinlich als eine weitaus ‚unverfälschtere' Kochtechnik noch mehr entzückt.

Anders als im Frankenwald, auf dem Main oder dem Rhein wurde auf den Weserflößen keine richtige Herd-

schungen und damit zur Zerstörung der Böschung und Reduzierung der Wiesengrundstücke führen. So ist es nur zu verständlich, daß die Anrainer sich über das mutwillige Sodenstechen immer wieder beschwerten. Erfolg hatten sie damit bis zum Ende der Flößerei nicht.

Auch auf den Weserflößen dienten Grassoden als Grundlage der Herdstelle. Doch war hier der Herdbau etwas anders. Delfs zufolge wurde ein quadratischer Kasten von 50 cm Seitenlänge, der mit Erde gefüllt war, gebaut. Als Windschutz und Auflager für Topf oder Pfanne diente ein Stück Blech.

Anscheinend hatte jeder Flößer im Detail seine eigene Methode, die Herdstelle zu fertigen. Gottfried Henne schreibt: „Die Kochstelle bestand aus Erde, etwa 60 x 60 cm, und einem alten Eimer ohne Boden." Auf der Fotoserie einer Bremerhavener Holzhändlertochter aus den 30er Jahren sieht man einen umgedrehten Eimer, der vom oberen Rand an für das Feuerloch aufgeschlagen ist. Auch die Gestelle anderer Herde auf Weserfloß-Fotos erweisen sich bei näherem Hinsehen an Hand der charakteristischen Rillen und Henkelösen als Blech von Eimerwänden. Wasmuth schildert seine Herdvariante folgendermaßen: „Da wurden erstmal Steine reingelegt, und auf die Steine kam so eine Grasdecke, so Soden. Wir haben uns dann son alten Eimer genommen, den hat man aufgehauen, dann hat man den aufgeklappt, ein Drittel vorn war Eingang und eines Rahmen. Mit der Axt haben sie ein paar Luftlöcher reingehauen und dann oben den Boden rausgehauen aus dem Eimer." Diese Variante zeigen auch Wasmuths Fotoalben. Zumindest die Flößer schienen die Wandlung eines Eimers in eine Herdstelle nicht schwer zu finden. „Wenn wir da waren, wurde der Eimer weggeschmissen, es gab ja genug Eimer" (Wasmuth 1990).

In die Öffnung wurde das Holz immer wieder nachgeschoben, wie in einen primitiven Kamin. Darauf standen Kochtopf, Pfanne oder Kessel.

Das Herdfeuer diente aber auch zum Aufwärmen der Flößer bei frostiger Witterung. Wenn man bedenkt, daß

Ein aufgeschlagener Blecheimer als Kochstelle eines Weserfloßes
(Stindt)

vom ersten Morgengrauen an gefahren wurde, konnte ein wärmendes Feuer bis in den Sommer hinein bitter nötig sein.

Der Bau von Herdstellen weist darauf hin, daß die Flößer auf der Fahrt ihr Essen selbst kochten.

Die Verpflegung der Flößer ist bislang für die Zeit vor dem 20. Jahrhundert nur für den süddeutschen und rheinischen Raum im Einzelnen urkundlich belegt.

An der Kinzig genehmigte die Floßordnung um 1700

Kochstelle von Willi Wasmuth (Wasmuth)

Die Feuerstelle mußte ständig in Gang gehalten werden (Alrutz)

täglich eine Suppe, ein Stück Fleisch, Gemüse, Brot und immerhin ein, wenn auch mit einem „nicht mehr als" eingeschränktes ½ Maß Wein. Lebensmittel und Getränke wurden also vom Floßherrn gestellt. Das häufig belegte Deputat an erheblichen Mengen von Alkohol hat den Flößern den Ruf außerordentlich trinkfester Gesellen eingebracht. Die Mengen waren allerdings auch oft beträchtlich. Am Main gab es z. B. noch 1927 einen Tarifvertrag, der den Flößern beim Einbinden täglich 4, auf der Fahrt täglich sogar 5 Liter Bier zugestand.[70] Die Nahrungsmittelvorsorge, die für ein Floß getroffen werden konnte, machen für den Rhein die Erinnerungen des Kölner Händlers Johann Baptist Fuchs besonders anschaulich: „Zeichnete sich ab, daß ein Floß bald in Richtung Niederlande abfahren könnte; wurden die letzten Vorbereitungen getroffen: Der Bäcker zu Linz wurde aufgefordert, für die ganze Reise das Brot in die Magazine des Floßes einzuliefern, dem Bierbrauer in Köln wurde die Zahl der Biertonnen gemeldet, die er voll in Bereitschaft zu halten hatte, um im Vorbeifahren an hiesiger Stadt diesen Vorrath aufs Floß zu liefern. Das Schlachtvieh wurde aufgekauft, dürre Gemüse und Erbsen, Linsen und Bohnen angeschafft . . ." Es folgen die „Viktualien für die Bewirtung der Floßherren".[71] Die genannten Mengen machen die ungeheure Größe eines Rheinfloßes anschaulich. Daneben fällt ins Auge, daß Bier hier ein Nahrungsmittel unter vielen ist, ein Bestandteil der sonstigen Verpflegung der Floßmannschaft.

Der Floßherr war verantwortlich dafür, daß die Flößer durch gehörige Nahrung bei Kräften blieben. Er mußte für diese aufkommen.

Eine solche Fürsorge für die Flößer durch den Arbeitgeber muß es auch im Weserraum gegeben haben. So erhielten bis etwa 1890 den Aussagen Wernshausener Flößer zufolge die Flößer während des Einbindens jeden Tag am Vor- und Nachmittag Brot und pro Mann ein Viertel Liter Schnaps. Ab 1890 gab es pro Kopf 1 Mark Extrageld beim Einbinden. 1914 war diese Sonderzah-

Die übliche Verpflegung war ein Eintopf (Stindt)

lung zu Ende.[72] Ob auch die Nahrungsmittel für die Fahrt gestellt wurden, bleibt unklar. In einem Bericht von Wasmuth von 1978 wird für die Weser immerhin einmal für die Zeit „zwischen den beiden Kriegen . . . 5,— RM und das Essen" als Taglohn genannt.[73] Im 20. Jahrhundert war im Weserraum die Verpflegung auf dem Floß anscheinend in der Regel Sache der Flößer selbst. An der Werra wurde unterwegs eingekauft. Sogar das Kochgeschirr nahm man nicht von zu Hause mit. Es wurde in Salzungen erstanden und früher am Zielort wieder verkauft. Ursprünglich nahm man Tongefäße,

139

Zur Bereicherung des Speisezettels wird ein Aal gehäutet (Stindt)

zuletzt Blechtöpfe und Blechtassen. Das Werraflößerlied widmet dem Einkauf des Geschirrs eine eigene Strophe, die sogar die Läden nennt. „Bei Lacum und bei Bachmann auch / wird sich nun gut versehen / Wir schaffen uns Töpfe an / und kochen den Kaffee dann."

Auf der Einkaufsliste standen Hülsenfrüchte und Brötchen sowie Kaffee, Zichorie und Zucker. Die letzten drei Lebensmittel erinnern daran, daß Kaffee nicht einfach ein belebendes Getränk war wie heute, sondern seit dem 19. Jahrhundert ein Grundnahrungsmittel der kleinen Leute darstellte. In diesem Sinne spielte er eine ähnliche Rolle wie zuvor und noch gleichzeitig das Bier.

Zum nahrhaften Kaffee und den Hülsenfrüchten kamen unterwegs frische Waren. So „erstanden die Flösser [in Creuzberg] einige Pfund Eisbein, die hier besonders billig sind"[74]. Daneben spendeten „befreundete Wirte" auch einmal Kartoffeln. Man nahm aber auch bedenkenlos mit, was am Wege lag. Ein „Flösser ‚fand' in einem Garten ein wenig Suppengrün, Petersilie und Zwiebelschlotten, ein anderer fochte bei Bekannten Pfeffer und Salz [zu den genannten Kartoffeln]. Die Suppe geriet denn auch fürtrefflich," wie Nattermann noch im nachhinein genüßlich angibt.[75] Aalfänge und Fischreusen,

die am Wege lagen, wurden gern für eine kostenlose Erweiterung des Speisezettels genutzt.

An der Weser wurden die Koch- und Eßgeschirre und die Nahrungsmittel von zu Hause mitgenommen.

Wasmuth berichtet hierzu: „Das Essen wurde mitgenommen. Es gab Bohnen, Linsen, Erbsen, Hülsenfrüchte, grundsätzlich. Da wurde ein Eimer Wasser mitgenommen, Trinkwasser, und Kaffee gekocht. Bier oder Sprudel oder sowas gab es nicht. Da wurde nichts getrunken, kein Bier, kein Schnaps, nichts. Da wurde Bohnenkaffee mitgenommen und wenn man Durst hatte, ging man an den Wassereimer, dann wurde da was getrunken. Es wurde alles mitgenommen. Für sechs, sieben Tage, da wurden Kartoffeln mitgenommen, da wurde Brot mitgenommen, da wurde Speck mitgenommen, da wurde Wurst mitgenommen, da wurde Butter mitgenommen und dann die Hülsenfrüchte . . . Es wurden auch Eier mitgenommen."

Der Unternehmer-Flößer Wasmuth sorgte dabei nur für sich selbst. Sein Mitarbeiter mußte seine Verpflegung selbst mitbringen.

Der Speisezettel war bei Gottfried Henne, der immerhin schon in den 30er Jahren des 20. Jahrhunderts flößte, ähnlich: „Das Essen auf dem Floß war jeden Tag Eintopf mit gebratenem Speck und Zwiebeln. Dies gab es täglich bis zur Endstation." Beilagen wie Brot werden nicht erwähnt, sind aber wohl vorauszusetzen.

Auch auf der Weser wurden die Nahrungsmittel unterwegs ergänzt, zum Teil im Tausch gegen Holz, ein Aspekt, auf den an anderer Stelle noch einzugehen ist.

Die Zubereitung der Nahrung war Aufgabe der Flößer, nicht nur an der Weser, sondern auch in Süddeutschland. Aus den auf dem Floß vorrätigen Nahrungsmitteln wurde eine Art Suppe zubereitet, bei nicht zu warmer Witterung in größeren Mengen gekocht, so daß für die nächste Mahlzeit gleich vorgesorgt war. Das war praktisch, da man so Zeit sparen konnte.

Henne weist auf zwei ganz besondere Probleme bei der Nahrungsmittelvorsorge hin: „Auf unseren Proviant mußten wir immer sehr aufpassen, sonst holten uns die Ratten nachts alles weg. Dieses passierte uns auf einer Fahrt." Auch Wasmuth erwähnt die Ratten.

Das zweite Problem war das Wasser für den Kaffee. Die Oertze-Flößer „brachten sich in einem grün gestrichenen Fäßchen Wasser mit, um nicht das Flußwasser trinken zu müssen."[76] Auf der Weser wurde es in Eimern mitgenommen. „Unsere Küche bestand aus einem Kaffeekessel, einer Bratpfanne, einem Kochtopf, einem Eimer mit Trinkwasser", schreibt Henne. Fotos belegen, daß auch manchmal von Schiffen, die größere Vorräte faßten, nachgetankt wurde. Ursprünglich hat man Flußwasser verwendet, das aber mit der Zeit immer problematischer wurde. Gottfried Henne erzählt in einem Interview, daß in Monaten mit einem „r" zum Kochen Weserwasser benutzt wurde, also im Frühling und Herbst, bei höheren Wasserständen, wenn der Gehalt an Schadstoffen geringer war. Im Sommer war das Weserwasser ungenießbar. „Schlimm war es, wenn es im Sommer heiß war, dann hatten wir den ganzen Tag nichts Frisches zu trinken, das war oft sehr hart", berichtet Henne.

In dieser Beziehung waren die Flößer auf der Werra und anderen Flüssen mit Wehren weniger geplagt; denn sie konnten die Aufenthalte an den Wehren nutzen, um Trinkwasser zu holen. Sie konnten überhaupt anders als die Weserflößer ihr Fahrzeug bei angestautem Wasser vor Wehren oder Schleusen und entsprechend verlangsamter Fahrt leicht kurzzeitig verlassen, um anschließend vom Ufer aus flußabwärts wieder aufzuspringen.

Dagegen war die Kälte für die Flößer auf den kleineren Gewässern problematischer, da sie oft bei den Wehrdurchgängen mehr oder weniger naß wurden. Die kleine Herdstelle reichte da kaum zum Aufwärmen, geschweige denn zum Trocknen der nassen Kleidungsstücke. Nattermann, der bei einer Mitfahrt im Juli frühmorgens noch die „Hundskälte" beklagt, schreibt diskret: „In den Flaschen ist ein Extrakt zur Entfaltung innerer Wärme."[77]

Auch Spülen gehörte zum Flößeralltag
(Stindt)

Flößer übernehmen Trinkwasser von einem Schiff
(Stindt)

Weniger diskret stand auf manchen Schnapsgläsern der Flößer der vielsagende Spruch: „Ohne Eier und Branntwein / mag der Teufel Flösser sein."[78]

Solche Sprüche kommen nicht von ungefähr. In der Beschreibung der Flößerei auf der Oertze von 1930 heißt es vor Durchfahren des Wolthauser Wehrs: „Bald herrschte in der Mühlenstube ein lustiges Treiben. Während der Kaffee gekocht wurde, verschwand der Inhalt eines Blaurands [ein besonderes Schnapsglas] nach dem andern in den immer durstigen Kehlen der Flößer …" Nach der Passage des Wehrs werden die

Flößer schon wieder bei einer Pause in der nächsten Gastwirtschaft erwischt. Die Flößer „konnten an der Schenke vor der Wolthauser Brücke ... nicht vorbei. Die ausgetrockneten Kehlen der Flößer mußten erst einmal wieder angefeuchtet werden."[79]

Ausgiebige Trinkgelage zur Unzeit sind für die Flößer schon in älterer Zeit überliefert. Hier ist an die Abmachungen zwischen dem Holzhändler Ballauff und der Mündener Schiffergilde im Herbst 1784 zu erinnern, die ausdrücklich erwähnen, daß der zuständige Gildemeister den unnötigen Aufenthalt in Wirtschaften verhindern wolle und solle. In der Floßordnung für die Leine vom 6. März 1659 heißt es vielsagend unter Punkt 12.: „Sollen sie sich auf der Reise in den Krügen nicht über die Zeit aufhalten und die Flöße versäumen." Eine häufige Folge von Trinkgelagen spiegelt die nächste Anordnung im gleichen Abschnitt: „Sollen sie sich in den Krügen und sonst auf der Reise nicht zanken noch schlagen und ander Unlust anfangen."[80]

Exzessiver Alkoholgenuß und anschließende Schlägereien brachten die Flößer in den Ruf rauher trinkfester Gesellen. Diesen Ruf förderten die Flößer häufig durch Erzählungen von besonders ausgiebigen Gelagen. So berichtet der Flößer Storandt, daß sie einmal morgens die Abfahrt verpaßt hätten, da ein Flößer früh im noch dusseligen Kopf in der Dachkammer, wo man nächtigte, statt der Fensterläden eine Schranktür öffnete und es folgerichtig noch stockdunkel fand.[81]

Die andere Seite des gesteigerten Alkoholkonsums ist, daß bei rauher Witterung und feuchter Kleidung Alkohol oft eine notwendige — und die einzige — Medizin war, die vor den Folgen wie Erkältung und Grippe schützen konnte. So stehen die Flößer in dieser Beziehung in einer Reihe mit Vertretern anderer Berufe, die ungeschützt dem Wetter ausgesetzt waren, wie mit Seeleuten, Waldarbeitern oder Bauhandwerkern.

Nattermanns Erlebnisberichte vom Flößen auf der Werra in den 20er und 30er Jahren unseres Jahrhunderts dürften ein gutes Normalbild vom Wirtschaftsbe-

such auf Floßreisen vermitteln. Hier ist immerhin auffällig oft von ‚befreundeten Wirten' die Rede. Diese boten jedoch nicht nur Alkohol, sondern eben auch ein Nachtlager, ab und an Essen oder besondere Zutaten für die Flößersuppe. Abends wurde dann auch Karten gespielt und erzählt.

Für die Weser zeigt der Bericht des Flößers Wasmuth für die 50er Jahre ein vergleichbares Bild. Auf die Frage nach bestimmten Flößerwirtschaften bemerkt er: „Ja, wir legten immer so an, daß wir einen günstigen Gang hatten zur Wirtschaft." Er erinnert sich dabei besonders gern an eine Wirtschaft in Polle mit einem alten Ehepaar und einem Wirt, der gern Karten spielte. Hier übernachtete man bei starkem Eisgang auch schon einmal.

Kneipen wurden also, auch an der Weser, wo man in der Regel auf dem Floß schlief, abends besucht, und zwar vor allem der Unterhaltung wegen. Die häufige Einkehr der Flößer in Gasthäusern diente weniger dem sinnlosen Saufgelage. Sie stellte vielmehr eine besondere Form der Geselligkeit dar.

Beim Bericht Wasmuths fällt auf, daß er bei der Angabe von Wirtschaftsbesuchen das „nur abends" betont. Weiterhin empört er sich noch heute über Ausschweifungen mancher Kollegen: „Wir lagen da [in Vössen] mal mit drei Flößen. Junge, da habe ich nur mit dem Kopf geschüttelt, wie der Bauer denen hinten die ganze Lage runterzog, so ne ganze Querlage, alle hintern Deich geschleppt [eine beträchtliche Ladung Holz also wurde hier schwarz verkauft]. Junge, Junge, wenn dat mal gutgeht.' ‚Mag Du Dich darum bekümmern.' Da haben se gesoffen die ganze Nacht. Andern Morgen waren se noch nicht richtig da. Ich weiß nicht, wie das gelaufen ist."

Ein solches Trinkgelage war anscheinend nicht der Normalfall. Der Konsum von Alkohol ist nach den Aussagen der letzten Weserflößer erstens auf die arbeitsfreie Zeit am Abend beschränkt gewesen. Die Mitnahme von Alkohol auf dem Floß war ungewöhnlich.

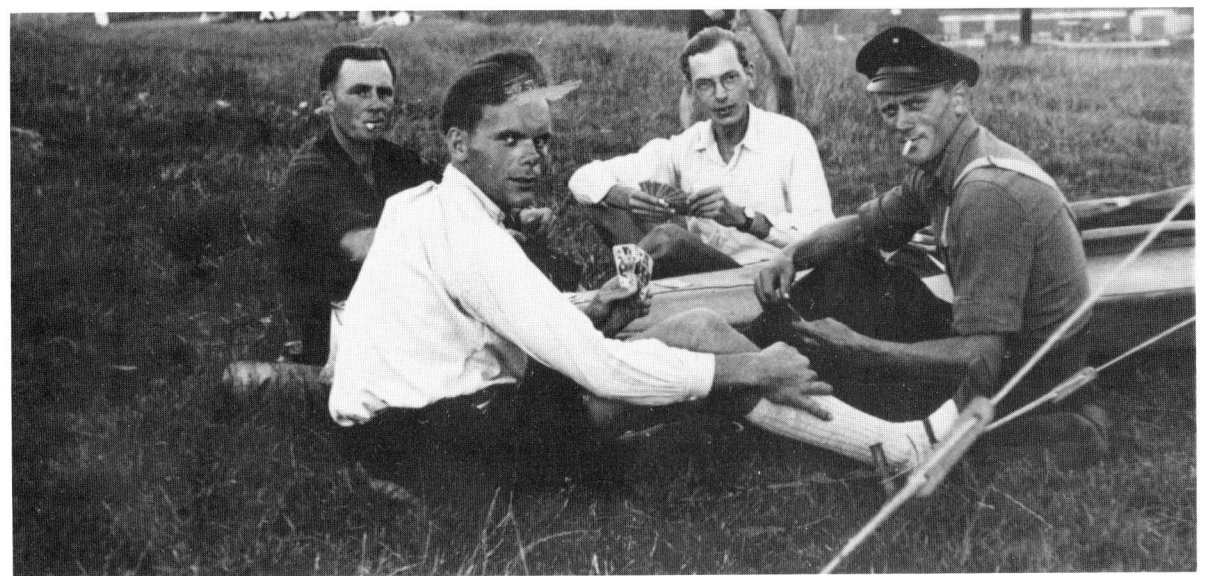

Flößer und Paddler spielen Karten bei der Rast. Bei Minden, 1950   *(Wasmuth)*

Auch auf dem Floß bot das Kartenspiel eine willkommene Abwechslung, hier bei einem Stau vor der Hamelner Schleuse   *(Wasmuth)*

Zum Ortsjubiläum von Wernshausen 1984 wurden Biergläser und Humpen mit Flößermotiv hergestellt

Wasmuth erklärt geradezu nachdrücklich: „Da wurde nichts getrunken, kein Bier, kein Schnaps …"
Diese Betonung der Abstinenz bei der Arbeit auf Weserflößen ist insofern auffällig, als sie sich von den Erzählungen — auch der Flößer selbst — an den anderen Flüssen vollkommen abhebt. In Süddeutschland wie in Thüringen gab und gibt es zum Teil noch heute spezielle Flößerbiere oder Flößerschnäpse. Auch der Spruch vom Schnapsglas der Wernshausener Flößer ist ein beredtes Zeugnis. Für das Ortsjubiläum und Flößerfest 1984 in Wernshausen wurden ganz selbstverständlich als Andenken Gläser und Humpen mit Flößerdarstellungen produziert. Gleiches gilt für ähnliche Gelegenheiten in Süddeutschland auch. Nur an der Weser gibt es weder alkoholische Flößergetränke noch Reisemitbringsel, die auf den Zusammenhang von Flößerei und Alkohol verweisen. Im 20. Jahrhundert zumindest hat die Weser in dieser Beziehung eine Sonder-

rolle gespielt. Daß das nicht immer so war, zeigt die Absprache mit den Mündener Schiffern von 1784. Festzuhalten bleibt, daß die Flößer beim abendlichen Landgang die Geselligkeit suchten — ein Wunsch, der als Abschluß einer überaus harten Tagesarbeit nur zu verständlich ist und noch verständlicher wird, wenn man sich klar macht, wie lange die Flößer insgesamt unterwegs waren.
Die Elvershausener Flößer waren bis zu neun Tagen kurz vor Hannover unterwegs. Hier wurde das meiste Holz von Bremer Händlern gekauft, „die es nun mit eigener Mannschaft bei Nienburg in die Aller und bei Verden in die Weser schwimmen ließen" [82]. Falls Floßpersonal knapp war und Elvershausener Flößer doch einmal bis Bremen flößten, verlängerte sich die Reise entsprechend.
Von Winsen über Aller und Weser bis Bremen brauchten die Flößer im Sommer zwei bis drei Tage, im Winter fünf bis sechs Tage. Für Flößer, die etwa von der Oertze zur Aller kamen, verlängerte sich die Reise um einen weiteren Tag.
Die Wernshausener Werraflößer waren von Wernshausen bis Hann.-Münden im Schnitt fünf Tage unterwegs. Von Münden bis Bremen brauchte man, bevor die Zollschranken und die vielen Landesgrenzen im 19. Jahrhundert fielen, etwa 14 Tage. Für die 30er Jahre unseres Jahrhunderts rechnet der Holzhändler Karl Rosemeier eine Woche, Gottfried Henne, der für ihn flößte, gab an, daß man im Sommer sechs Tage, im Winter aber neun Tage für die Fahrt nach Bremen ansetzen mußte. Wasmuth nennt für die Strecke Gieselwerder — Minden im Idealfall zwei Tage.
Die Reise bis nach Holland oder ins Rheinland nahm sechs bis sieben Tage in Anspruch. Zur Floßreise ist die Zeit des Floßbaus zuzurechnen, für die Wasmuth zweieinhalb bis drei Tage veranschlagt. Die Arbeitszeiten entsprachen selbstverständlich nicht unserem 8-Stunden-Tag, sondern richteten sich vielmehr nach den natürlichen Tageszeiten und dem Arbeitsanfall.

Vier Wernshausener Flößer mit Gepäck auf dem Rückweg (Nattermann)

Reisende mit Traglasten

Natürlich mußten die Flößer auch wieder nach Hause kommen. Mit dem Bau der Eisenbahnen wurde der Rückweg erheblich erleichtert und verkürzt. Die Allerflößer etwa konnten nun zumindest von Bremen bis Verden fahren. Die Elvershausener kamen mit dem Zug nach Hause, ebenso die Wernshausener. Auch die Weserflößer gelangten per Bahn fast bis in ihre Orte. Manche allerdings zogen aus Kostengründen den Fußweg vor, schickten aber immerhin das große Gepäck mit der Eisenbahn zurück.

Gemessen an unseren heutigen Maßstäben war eine solche Bahnfahrt ebenfalls nicht erholsam, schon weil Floßfahrt und Bahnfahrpläne nicht aufeinander abgestimmt waren. So erzählt Wasmuth: „Wir haben auch mehrere Nächte gelegen. Daß sie hinkamen und fuhr kein Zug mehr, und lagen in Altenbeken oder lagen in Ottbergen, und da fuhr kein Zug mehr, und da lagen wir nachts am Bahnhof, Kopp auf dem Tisch."

Und dann ist für den Rückweg noch das beträchtliche Gepäck der Flößer zu bedenken; denn die Werkzeuge zumindest wurden mit zurückgenommen. So wurden die Flößerstangen zwar am Zielort verkauft — oft als

Zusatzlohn für den Floßmeister —, die Pickhaken aber zuvor abgeschlagen und in den Holster oder Rucksack gepackt beziehungsweise über die Schulter gehängt. Zum Standardgepäck gehörten auch Bohrer und Axt, an der Weser eine Positionslampe und zumindest im 20. Jahrhundert der Anker. Darüber hinaus gehörte ein Signalhorn dazu, zeitweise auch ein Sprachrohr, das zur Verständigung mit Schiffern diente. Ebenso wurde das Kochgeschirr eingepackt. Den Umfang eines solchen Flößergepäcks beschreibt Wasmuth anschaulich: „Wir mußten einen Kaffeekessel mitschleppen, sie mußten nen Kesselpott mitschleppen, sie mußten nen Wassereimer mitschleppen, das war immer son Sack. Was meinen Sie, wenn wir auf dem Bahnhof eingestiegen sind, was das für ein Gerampel war, son großen Rucksack und dann noch's Geschirr — Teller und alles. Lampen mußten sie mithaben. Sie mußten abends ja auch Positionslampen setzen. Die Drähte kamen nachher von der Firma mit der Bahn zurück. Aber die Wurfleinen und Pickhaken usw., Axt, alles mußte mit. Reisende mit Traglasten."

All dies gewaltige Gepäck hatten die Flößer auch schon vor Einrichtung der Eisenbahnlinien. Damals gingen sie die ganz Strecke zu Fuß nach Hause. Die Elvershausener und Wernshausener liefen nach der anstrengenden Floßfahrt in der Regel zwei Tage, die Weserflößer acht bis zehn Tage, waren also bis in das 19. Jahrhundert hinein ursprünglich drei bis vier Wochen von zu Hause weg. Man muß sich rückwandernde Gruppen von zehn Flößern und mehr mit großen Rucksäcken vorstellen. Koffer, wie sie die Werraflößer zuletzt hatten, waren erst für die Bahnreisenden sinnvoll. Manchmal leisteten sich einige Flößer zusammen ein Fuhrwerk, um schneller nach Hause zu kommen und so auch schneller das nächste Floß flußabwärts steuern zu können. Ein solcher Luxus schmälerte jedoch gleichzeitig den Verdienst.

Zehn bis zwölf Floßreisen etwa waren ein guter Jahresschnitt für einen Weserflößer.

Das lustige Flößerleben?

Wenn man sich die Härte der Flößerarbeit vor Augen führt, ihre Arbeitszeiten, die langen Abwesenheiten von zu Hause, kann man sich über die Erzählungen vom schönen freien Flößerleben nur noch wundern. Die Vorstellung vom lustigen Flößerleben schwindet vollends, wenn man die Darstellung Wasmuths hört: „Drei Jahre Gefangenschaft, kein Bett gesehen, keine Decke gesehen, keine Bettdecke gesehen, da konnte man das in der Flößerei gut verkraften. Lagen sie ja auch bloß auf Stroh. Wurde ja keine Hose ausgezogen. Da krochen sie dann abends rein, da lagen sie noch nicht richtig, da waren sie schon weg vor Müdigkeit. Morgens früh, da war es noch dunkel, da wurde schon geguckt und alles losgebunden. Einer blieb noch ein bißchen liegen, der andere fuhr denn ... Da bin ich schon sechs, sieben Tage unterwegs gewesen, manchmal im Regen. Morgens früh um zehne, elfe schon durchgeregnet, abends waren sie immer noch naß. Durch die Gefangenschaft war man ja so abgehärtet ... Wir hatten nur den einen Vorteil, daß wir etwas mehr zu essen kriegten wie da."

Die harte körperliche Arbeit, vor allem die Arbeitsumstände, die häufig durchnäßten und schlecht trocknenden Kleidungsstücke waren nicht gerade gesund. Viele Flößer litten unter rheumatischen Erkrankungen. Für den Wernshausener Flößer Heinrich Nößler ist überliefert, daß er mit etwa 50 Jahren so starkes Rheuma hatte, daß er an den Rollstuhl gefesselt war.[83] Er war sicher nicht der einzige Flößer, der relativ früh durch eine Berufskrankheit arbeitsunfähig wurde.

Doch das ständige Leben in der freien Natur, die Härte der Arbeit und die ständige Gefahr haben ein Idealbild vom Flößer entstehen lassen, das sich gleichermaßen in allen Flößgebieten findet, und zwar merkwürdigerweise oft in Kombination mit der Einsicht in die Probleme des Berufs. So schreibt der Mainzer Holzhändler Carl Frank: „Trotz der Bedeutung der Flößerei für

Beim Ortsjubiläum in Wernshausen 1984 wurde ein Floß gebaut. Die „Flößer" traten in Zimmermannskleidung auf (Hoßfeld)

so manches Gewerbe bestanden hier fast beispiellose Zustände. Wind und Wetter ausgesetzt, oblag der Flößer seinem gefahrvollen Berufe, und die Familie wußte bei keiner Fahrt, ob ihr Ernährer je wiederkehren werde. Nach der schweren Arbeit kroch der Flößer in die Schutzhütte, die im hinteren Teile genau die Einrichtung gewisser Ställe aufwies, um dort auf Stroh auszuruhen ... Bei noch so langer Fahrt kamen die Leute nicht aus den Kleidern."[84]

Trotz der Einsicht in das elende Leben der Flößer kann er sich der Begeisterung für die seltsamen Gestal-

ten nicht erwehren: „Jene biederen Schwarzwälder Flößer aus dem Murgtal oder von der Nagold, ausgerüstet mit ihren langstieligen Äxten und aufgesteckten Floßhaken, an denen sie ihre altertümlichen Reisetaschen und Mäntel angehängt trugen, gewährten einst einen überaus malerischen Anblick ..."[85]

Der Kontrast zwischen der Einsicht in das Flößerelend und der Schwärmerei für den Flößer ist bei Nattermann noch extremer ausgeprägt. Gerade hatte er noch die Gefährlichkeit der Arbeit geschildert, hatte festgestellt, daß „manches Familienglück zerstört [wurde],

Ortsjubiläum in Wernshausen 1984
(Hoßfeld)

wenn der Ernährer, der Vater vieler Kinder, im nassen Element ein vorzeitiges Grab fand", so folgen als nächstes die „Lichtseiten". Der Flößerberuf „erzieht tatkräftige, umsichtige Männer, ein starkes und kühnes Geschlecht, das vor keiner Gefahr zurückschreckt und mit Geistesgegenwart den rechten Augenblick zu benutzen weiß. Im Kampfe mit dem Elemente stählt sich die Kraft des Mannes. Markige Gestalten sind es, die wir unter den Flößern erblicken. Sie gleichen den Riesen des Waldes, die sie befördern, und sind voller Treue in ihrem Berufe, beseelt von echt kameradschaftlichem Geist."[86]

Dieses Bild vom Flößer als dem Heros, der die Natur bewältigt, der mit seiner Kameradschaft und Treue zugleich unter die Kategorie edel und gut fällt, entlarvt sich gerade vor dem Hintergrund des Elends als romantisches Klischee.

Dieser Einschätzung entspricht, daß man sich den Flößer in einer angemessenen besonderen Tracht vorstellen möchte. Wenn man die Fotos von Flößern aus dem 19. und 20. Jahrhundert im Weserraum ansieht, er-

scheinen die Männer immer in einer normalen Arbeitskleidung, im 20. Jahrhundert mit Schlägermütze, auch einmal mit breitkrempigem Hut, und einem Drillich-Anzug einfachster Machart. Wenn Nattermann davon spricht, daß die Flößer früher mit Zylinderhüten gefahren seien, wird auch dies nur einer üblichen Kopfbedeckung entsprochen haben. Doch zur Vorstellung vom zünftigen Flößer gehört die Tracht. Als 1841 beim Festzug zum Silberjubiläum des Württemberger Königs Wilhelm I. auch eine Flößergruppe teilnahm, wurde eine Flößertracht kreiert, die später die Grundlage für Schwarzwälder Flößertrachten wurde.[87] Als in Wernshausen 1984 Flößer auf einem Schaufloß auftreten sollten, wurden sie nicht etwa in die Arbeitskleidung gesteckt, wie sie für die letzten Flößer bekannt war, sondern in Zimmermannstracht. Dieses Ausweichen auf eine bei den Zimmerleuten noch gängige Bekleidung ist nicht allein daraus zu erklären, daß in der damaligen DDR nichts anderes zu bekommen gewesen wäre. Man wählte — wohl eher unbewußt — die Tracht der letzten Wandergesellen, die die Freiheit der Straße und des Meisterwechsels der Sicherheit eines festen Lehrvertrags vorziehen und ab und an als verwegene Gestalten im modernen Stadtbild auffallen. Zeitungsberichte über die wenigen wandernden Zimmerleute erinnern nicht umsonst an die sehnsuchtsvolle Beschreibung der Flößergruppen durch den Mainzer Holzhändler Frank.

Genauso verbreitet wie die Vorstellung vom verwegenen freien Flößerheros ist das Gegenbild vom Flößer als dem Leichtfuß, der unterwegs sein Geld verspielt. Über die Elvershausener Flößer, die Leineflößer also, ist ein Gedicht überliefert, das solche Vorurteile über Flößer mit einer Beschreibung der Gefahren vereint:

In Nuurten (Northeim)
do es ne enge Purten (gem.: Schleuse).
In Saulterhellen (Salzderhelden)
jift et wat tau vertellen (geruhsame Fahrt).
In Freien (Freden)

jift et graute Leinewandsbreien.
In Alfeld
jift et dat ieste Jeld (erster Verkauf).
In Brüggen
jift et wat upen Rüen.
In Bandeln
jift et nie wat tau handeln.
In Hannover
harren sei nits mei over.

Die letzte Zeile zumindest suggeriert, daß die Flößer unterwegs das ganze Geld, zumindest das, was sie in Alfeld verdient hatten, durchgebracht haben. Die Schläge in Brüggen interpretieren die beiden Autorinnen, die den Text überliefern, Becker und Tinnappel-Becker, als Prügel auf Grund von Anbändeln mit den Dorfmädchen.[88]

In die gleiche Richtung weist das Flößerlied der Wernshausener Flößer, das ein Flößer verfaßt haben soll. Mit dem Kehrvers „Mit Lust und Plaisir / Luastige Flößermänner / die sind wir" werden die einzelnen Stationen durchgegangen, vom letzten Blick auf „der Heimat Fluren" über das erste Wehr bis zum Anschaffen des Geschirrs.

Der gefährlichsten Wehre wird in Reimen gedacht:

„Auch Vacha ist ein böses Nest.
Da tut es manchem grauen,
denn fährt man nicht richtig ein,
So büßt man den Ortbaum ein."

Oder:

„In Dankmarshausen vor der Brück
War mancher schon in Nöthen.
Es fehlte oft nicht ein Haar,
So traf man den Pfeiler gar"

Auch zweier Beinahe-Unfälle wird ironisch gedacht:

„Herr Gotthold, der fuhr hinterdrein
und fuhr ins Mühlenrad hinein",

um in der nächsten Strophe in Falken für ein neues Unglück herzuhalten. Auch eine Strophe mit der Anspielung auf Ausschweifungen findet sich:

„In Berka im Ratskeller,
Da tut mir's wohlgefallen.
Dort schmeckte uns das Bier sehr fein,
Es bringt's uns lieb Mägdelein"

Mit solchen Liedern, die die Gefahren der Floßfahrt durchaus drastisch vor Augen stellen, diese mit dem Refrain jedoch zugleich verharmlosen, sowie dem Verweis auf Alkohol und Mädchen unterstützen die Flößer häufig selbst das zwiespältige Bild, das sich Außenstehende von ihnen machten und machen. Sie erscheinen zugleich als loser Bursche und Heros. Ständig sind sie von Gefahr umgeben, doch kommen auch die angenehmen Seiten des Lebens nicht zu kurz.

Daß die Flößer die Abende in Kneipen feierten und nicht den ganzen Verdienst mit nach Hause brachten, trifft nur einen Teil der Realität. Die Gefahren, die Härte der Arbeit mit häufiger völliger Durchnässung, hochgefährlichen Manövern an den Mühlenwehren und ebenfalls strapaziösem Rückmarsch unter großem Gepäck ließ für ständige nächtliche Ausschweifungen gar nicht genügend Kraft.

Vom lustigen Flößerleben als primärer Charakteristik der Arbeitsumstände der Flößer ist hier kaum zu sprechen.

Trotz aller Mühsal hingen die Flößer an ihrem Beruf. Auch das wird deutlich, wenn sie ihre Arbeit in einem Lied wie dem Wernshausener darstellen.

Die alten Flößer, die sich und ihre Familien nach dem Ende der Flößerei in den frühen 60er Jahren unseres Jahrhunderts mit anderen Berufen durchbringen mußten, wie z. B. Willi Wasmuth als Handelsvertreter oder Louis Alrutz als Arbeiter in einer Gummifabrik, erinnern sich gern, fast begeistert an die Fahrenszeit. Wenn Louis Alrutz sinnierend bemerkt: „Flößerei war ein bewegtes Leben", so liegt darin die glückliche Erinnerung an eine Arbeit, die anders als gleichförmig-stupide Fabrikarbeit eben auch unterhaltsam sein konnte, weil sie vielseitig war und, noch für die erste Hälfte unseres Jahrhunderts gar nicht so selbstverständlich, über den engen Rahmen des Wohn- und Herkunftsortes hinausführte.

In einem weiteren Punkt unterschieden sich Flößer im ländlichen Bereich von anderen Berufsständen: Sie verdienten mit ihrer Arbeit Geld. Ihr reales Vermögen war meist sicherlich geringer als das der Landwirte mit Landbesitz und Immobilien. Doch sie konnten mit ihrem wenigen Geld etwas kaufen. Dies wurde bewundernd und zum Teil neidvoll zur Kenntnis genommen. Wenn für die Elvershausener Flößer überliefert ist, daß sie ihren Familien aus Hannover immer etwas Schönes mitbrachten, heißt das so zum einen, daß man sich durch den Geldverdienst unnötige Gegenstände leisten konnte oder sich auch nur leichtsinnigerweise einfach leistete.

Zugleich spiegelt sich darin ein anderer Aspekt, der die Flößer von ihren Nachbarn unterschied: Sie brachten etwas aus der Stadt, aus der großen Welt mit.

Genau wie Schiffer und Seeleute kamen die Flößer herum, erlebten etwas, gewannen eine gewisse Weltläufigkeit.

Für die älteren Flößergenerationen kommt ein weiterer Gesichtspunkt hinzu. Flößer waren nicht nur Erbauer und Führer einer besonderen Art von Wasserfahrzeugen. Schon aus den Quellen des 18. Jahrhunderts, als die Flößer noch lange nicht die Befugnis zur Arbeit als selbständige Händler hatten, ergibt sich, daß sie, als Vertreter der Handelsinteressen ihrer Auftraggeber, quasi deren Handelsgeschäfte erledigten.

Dieser Handel beschränkte sich nicht auf die Stämme oder Dielen, die den Floßkörper bildeten. Flößer transportierten auch immer Waren, die man gewöhnlich unter dem Sammelbegriff „Oblast" führt. Zum Teil verkauften die Flößer solche Oblasten auf eigene Rechnung, waren also nicht nur Handelsbevollmächtigte, sondern selbst auch als Kleinhändler tätig.

Das Floß als Transportmittel

Spezialhölzer als Oblast

Nicht nur gut gewachsenes Stammholz wurde auf dem Wasserweg befördert. Die Sonderform der Dielenflöße machte schon deutlich, daß auch bearbeitete Hölzer geflößt wurden.

Die Anforderungen, die die zu Anfang genannten Handwerke an die von ihnen benötigten Spezialhölzer stellten, waren vielfältig. Die Pipenstäbe der Faßmacher (Faßdaubenrohlinge) mußten andere Eigenschaften und Formen haben als etwa die Hölzer für den Hausbau. Wiederum andere mußten Weinpfähle oder Bohnenstangen für die Landwirtschaft haben. Dabei handelte es sich häufig um Formate, die zum Bau eines Floßes ungeeignet waren.

Auch wenn alte Sparren, Balken und Säulen für die Zweitverwendung auf dem Wasserweg an den Ort des Neubaus gebracht werden sollten, konnten sie kaum zu einem stabilen Floßbett verbunden werden.

Besonders problematisch war das Schiffbauholz.

Im Schiffbau war man auf Holz mit idealen Naturkrümmungen angewiesen, da solches wesentlich belastbarer ist als künstlich aufgebogenes oder auf Form gesägtes Holz. Die Bedeutung solcher Krummhölzer läßt eine Tafel mit Baumquerschnitten erkennen, die Jägerschmid veröffentlichte und an der er erläuterte, welche Wachstumsformen für welche Zwecke zu verwenden und wie im Wald ganz gezielt schon Schiffe oder auch Gebäude oder Brücken zusammenzustellen seien.[1] Es wurde sogar versucht, das Wachstum der Bäume künstlich zu beeinflussen, um bestimmte Krummhölzer zu gewinnen.[2]

Gekrümmte Hölzer konnten zwar etwa an den äußeren Langseiten eines Floßes eingebunden werden, aber nur beschränkt auf Einzelstücke und nur bis zu einem bestimmten Krümmungsgrad. In größeren Mengen wa-

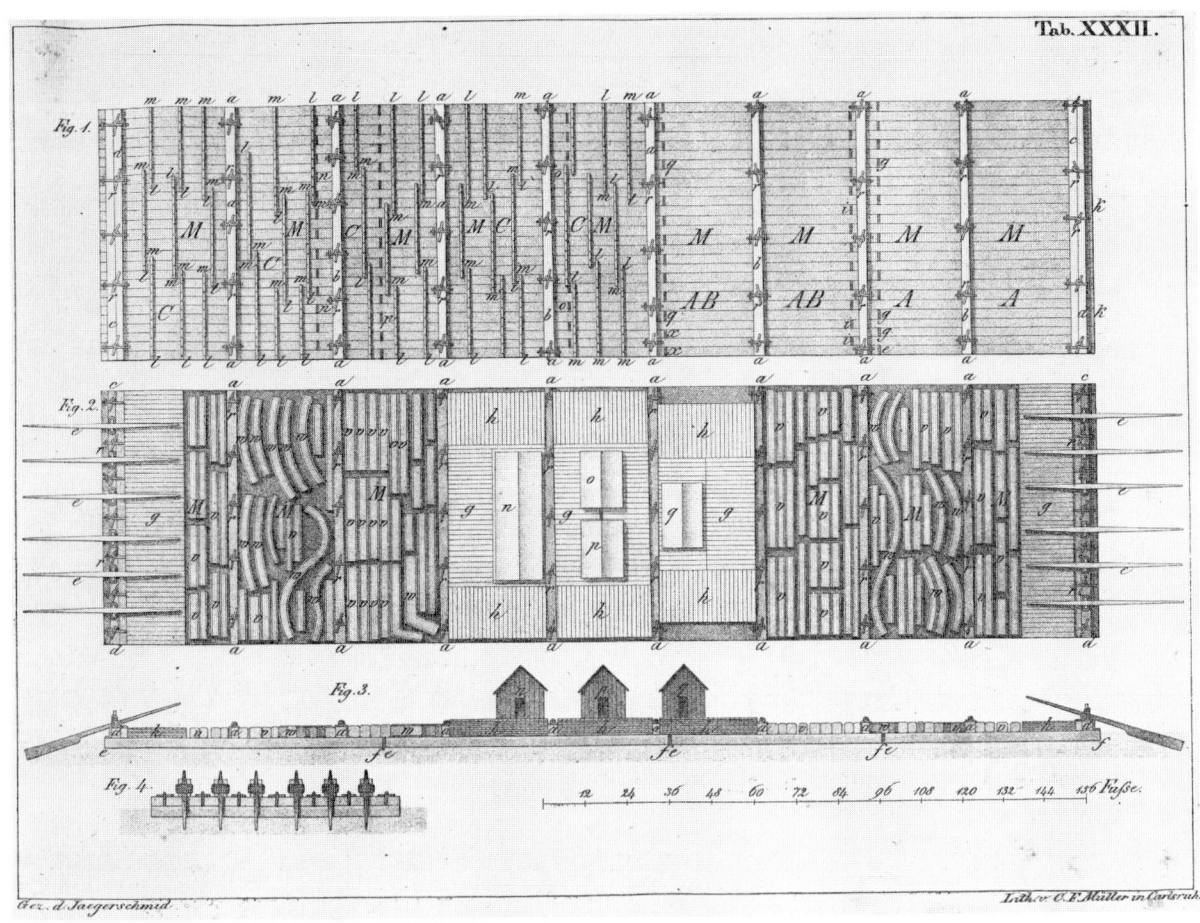

Die Tafel XXXII zu Jägerschmids Handbuch über das Floßwesen von 1827 / 28 zeigt ein Rheinfloß mit systematisch gestapeltem Krummholz und Schnittwaren

ren sie dagegen als Auflage auf einem Wasserbett aus Stammholz zu flößen. Dasselbe gilt für andere Sortimente zu kurzer oder zu dünner Hölzer. Eine mögliche systematische Verteilung solcher Stämme oder Baumstücke ist in der Aufsicht eines Rheinfloßes bei Jägerschmid besonders gut nachzuvollziehen. Die Darstellung zeigt vor und hinter der Plattform mit den Floßhütten die konsequent verschränkten Krummhölzer, während an beiden Enden das einfacher zu stapelnde Holz angeordnet ist.[3] In kleinerem Rahmen muß man sich ähnlich geordnete Aufbauten von Krummhölzern auch für die Weserflöße vorstellen.

Auch die in einem Floßkörper ohne besondere Hilfsmittel nicht schwimmfähigen Laubholzstämme wurden vielfach als Oblast befördert. Buchen- und Eichenstämme wurden wegen des hohen Gewichtes im hinteren Teil gestapelt. Nach Delfs konnten auf einem Weserfloß von 150 Festmetern 45 Festmeter Laubholz

Im 20. Jahrhundert wurden keine Holzoblasten mehr auf der Weser mitgeführt. Selten finden sich noch als Relikte früherer Oblasten Bündel mit dünnen Holzstangen (Slg. Keweloh)

transportiert werden. Um 1950 war es üblich auf „ein Floß von 110 fm Fichte rund 35 fm Laubholz" aufzunehmen. Das ergibt ein Verhältnis von Weich- zu Hartholz von 3:1. Dafür war allerdings ein idealer Pegelstand von 1,50 m nötig.[4]

Eine solche Menge Hartholz konnte auf diese Weise also erst nach dem planmäßigen Ausbau der Weser nach 1887 befördert werden, und auch dann nur bei einem idealen Wasserstand. Denn mit dem Ausbau der Weser war die Mindestwassertiefe nur von 0,40 auf 0,80 m erhöht worden.

Bretter und Latten wurden ebenfalls als Floßladung mitgenommen. Bis zu Mannshöhe wurden sie am hinteren Ende in Querrichtung gestapelt. Latten konnten dabei auch kreuzweise geschichtet werden, um die Standsicherheit zu erhöhen. Eine Befestigung dieser Fracht war auf den Weserflößen nicht nötig.[5]

Delfs hat bestimmte Holzsortimente herausgearbeitet, die so nur auf der Weser üblich waren:

„1. Achsholz, 4 ½ bis 5 Fuß langes, gespaltenes Eichenholz, das zu Wagenachsen verarbeitet wurde,

2. Bandholz, Holz zu kleinen Fässern, ein Bund enthielt 20 Stück,

3. Bodenstäbe, gespaltenes Eichenholz, das zum Boden der Fässer gebraucht wurde,

4. Klappholz, groß gespaltenes Eichenholz zum Faßbau,

5. Kiepsäulen, geschnittenes Eichenholz, 5 Fuß lang, wurde zum Bau von Viehställen verwandt,

6. Legdenholz, Schwellenholz, das zum Bau von Häusern benötigt wurde,

7. Looshölzer, Eichenbauholz, 4 Fuß lang und 4—5" dick, wurde zum Bau niedersächsischer Bauernhäuser verwendet,

8. Nothholz, eichene Dielen zum Bau von Särgen,

9. Piepenstäbe, Stabholz zum Bau von Fässern,

10. Quardelenbänder, Bandholz, das zu Trantonnen beim Walfang benötigt wurde."[6]

Solche Oblasten wurden nach Einführung der Eisenbahn rasch von diesem neuen Transportmittel übernommen, da bei solchen kleineren Holzsortimenten die Bahn schneller und materialschonender arbeitete.

Auch auf den kleineren Flößen auf Werra, Aller oder Oker wurden Schnittholz und andere Holzsortimente mitgenommen. Hierauf gehen die Werra-Floßordnungen von 1838 bzw. 1844 ein, die die Oblasten genau festlegen.

In der Floßordnung der Sachsen-Meiningschen Landesregierung von 1839 heißt es: „Bei Vermeidung gleicher Strafe [5 Taler] darf als sogenannte Drauflage auf den Flößen nicht mehr als a) auf Flößen bis zu 8 Zoll Nürnberger Maßes 1 Schock, b) bei Flößen bis zu 11 ¼ Zoll Nürnberger Maßes Höhe 2 Schock und c) auf Flößen bis zu 16 Zoll Nürnberger Maßes Höhe 2 ½ Schock Dielen mitgenommen werden."[7]

Nach Delfs hatten die Thüringer Flöße in der Regel eine Oblast von 1—2 m³ Bretter „auf dem hinteren

Teil des Floßes in der Längsrichtung und nie quer gestapelt und mit Seilen oder Wieden und Krampen befestigt". Jede Ladekapazität wurde ausgenutzt. So ruhte
der Mittelbock oft auf einer zusätzlichen Balken- oder
Bretterladung.[8]

Nach Nattermann wurden zuletzt vor allem Kanthöl-
zer und Stollen transportiert. Früher müssen die Auflagen häufig aus Brettern und Dachlatten bestanden
haben, die mit Stricken festgebunden waren. Die Bretterladung unter dem Steg trug die Bezeichnung „Not-
dielen".[9]

Auf der Leine waren „Obstbaumpfähle, gebündelte
Stäbe für Rosen usw., Erbsenreiser, auch Latten und
Leisten" üblich. Sie hießen mundartlich „Upholt" und
mußten, wie auf der Werra, ordentlich festgebunden
werden, um bei den Abfahrten an den Wehren nicht
abzurutschen oder abgespült zu werden. Hier handelten die Flößer meist auf eigene Rechnung mit dem auf
dem Floßbett gestapelten Holz.[10]

Auf der Aller wurden Latten und Bretter als Fracht
mitgenommen.[11]

Die differenzierten Untersuchungen Müllers zur Oker
sind besonders aufschlußreich. Sie lassen nämlich eine
Veränderung der Frachten im Lauf der Zeit ablesen.

In den Rechnungen über Bauholzflöße des späten
16. Jahrhunderts wird deutlich, daß mit dem Bauholz
gleich Latten, Schindeln oder Schiefer sowie Holzkohle mitgeliefert wurden. Auch der sonstige Holzbedarf der Hofhaltung des Herzog Julius von Braunschweig wurde als Floßoblast mit antransportiert.
Genannt werden etwa Schiffbauholz oder beispielsweise zum Jahr 1569 300 Stück Eschenbandelholz für
die Fässer im fürstlichen Wein- und Bierkeller.[12] Besonders auffällig ist die Menge der mitgenommenen
Weinpfähle.[13]

Für das frühe 19. Jahrhundert sieht das Sortiment auf
der Oker nach den Quittungen des Bauholzmagazins
in Braunschweig von 1816 bis 1841 wieder anders aus.
Es sind nun nicht nur vermehrt Hopfen- und Bohnen-

*Ein Frankenwaldfloß mit Brettern als Oblast. Ähnlich
hat man sich die Oblast auf Werraflößen vorzustellen, bis
die Eisenbahn nach der Mitte des 19. Jahrhunderts den
Schnitt- und Spezialholztransport übernahm
(Delfs)*

stangen angeführt, also Spezialholz zur Versorgung
landwirtschaftlichen Bedarfs, sondern Baumstangen
zur Anpflanzung von Alleen oder Chausseen.[14] Hier
wurde die Flößerei für eine neuartige Landschafts-
pflege eingesetzt, den Bau von Kunststraßen auf dem

Land und den Einbau geplanter Natur in den Stadtraum.

Die Abhängigkeit der Holz-Oblasten von Konjunktur
und Bedarf wird in einem weiteren Wechsel der ver-
breitetesten Oblast zur Mitte des 19. Jahrhunderts
deutlich. Nun kamen verstärkt Eisenbahnschwellen
hinzu. Durch dieses neue Transportgut erfuhr die Flößerei einerseits eine erhebliche Steigerung. Andererseits verhalf sie dem Transportmittel zum Entstehen,
das bald eine ernsthafte Konkurrenz für die Flößerei
darstellen sollte. An der Oker, an der Leine mit ihren
Nebenflüssen und am Oberlauf der Werra bedeutete
die Eisenbahn das Ende der Flößerei.

Warentransport auf Flößen

Neben den Spezialhölzern wurden aber auch andere
Waren als Floßladung transportiert. Dieser Transport
von Waren auf Flößen war noch wesentlich vielfälti-
ger und ist noch stärker nach Flußlandschaften zu diffe-
renzieren als die Holzsortimente.

Delfs erkannte im Warentransport auf Flößen eine
Frühform des Fernhandels. „Auf den flachen Flußläufen der Werra, Fulda, Leine und Oker sind die Flöße
vor allem im Oberlauf, der nie schiffbar gemacht
wurde, lange das einzige Beförderungsmittel gewesen." [15]

Wenn es im Interesse der Herrschaft lag, wurde der
Transport von holzfremden Waren gezielt gefördert.
Bei der Analyse zur Flößbarmachung der Radau
wurde Herzog Julius 1570 der Ausbau des Flusses u. a.
als besonders nützlich dargelegt, weil auf kleinen Dielenflößen auch Torf befördert werden könnte. [16]

Im Vertrag zwischen Hildesheim und Braunschweig
über die Nutzung der Oker von 1764 wurde das Recht
der Braunschweiger auf den Transport von Kieselsteinen und Schlacken auf Flößen ausdrücklich festgelegt. [17]

Herzog Karl nämlich hatte 1753 seine Hauptstadt von
Wolfenbüttel nach Braunschweig verlegt und wollte
diese entsprechend fürstlich ausgestalten. Hierzu gehörte seit 1755 die Pflasterung der Straßen und Plätze.
Material dafür stand in der Nähe von Braunschweig
nicht in genügender Menge und der gewünschten Qualität an.

Auf der Schunter konnten nach deren Ausbau Sand-
steinplatten per Schiff nach Braunschweig gebracht
werden. Auf Radau und Oker wurden „Kieselsteine . . .
auf den Bauholzflößen transportiert. Auf die Balken
wurden Pritschen genagelt. Die Kieselsteine wurden
im Radaubett aufgelesen und auf das schwimmende
Floß aufgeladen, wobei jedes Floß etwa 100 Steine tragen konnte. Jedoch war der Steintransport nur bei gutem Wasserstande möglich, da sonst die schweren
Flöße auf den Kiesbänken in den Steinfeldern der
Radau und Oker aufliefen."

Als die Pflasterung der Stadt schadhaft wurde, berief
Herzog Karl Wilhelm Ferdinand eine Pflaster-
kommission ein, die 1804 schließlich 800 Zuber
(= 12 000 cbf) Kiesel anforderte. Die per Floß heran-
geschafften Mengen reichten jedoch nicht aus, so daß
der Bau von Spezialflößen angeregt wurde. Doch dies
erwies sich als unrentabel, da es problematisch war, die
extra konstruierten Holzplattformen wieder an den
Einsatzort zurückzubefördern. 1817 wurde schließlich
von der Herzoglichen Kammer angeordnet, alle
Balken- und Sparrenflöße möglichst mit Kieselsteinen
zu beladen. Zwar hatte die Kammer 1804 den Floßtransport der Kiesel als „obwohl beschwerlich und
etwas gefährlich für die Flößer, dennoch für thunlich"
erklärt, doch begnügte man sich schließlich in der
Hauptsache mit den Kieselsteinen aus der engeren Umgebung der Stadt Braunschweig. [18]

Nicht nur grobes Baumaterial ließen die Regierenden
auf Flößen transportieren. Auch delikateste Ausstat-
tungsstücke wurden auf solchen herangeschafft. So ließ
im 19. Jahrhundert der Landgraf von Hessen-Rothen-

burg Spiegel zur Ausstattung seines Schlosses in Corvey auf Flößen die Weser herabbringen.[19]

Der gewerbliche Warentransport auf Flößen wird oft erst bei Streitfällen oder Verordnungen urkundlich faßbar. Durch die Konkurrenz von Importen konnten die örtlichen Gewerbe beeinträchtigt werden. Daher finden sich häufiger Verdikte für bestimmte Waren.

So heißt es im Vertragsentwurf zum Abkommen über die Okerflöße zwischen den Regierungen von Braunschweig und Hildesheim vom 1. Dezember 1764, das noch im gleichen Monat ratifiziert wurde und, vom Land Hannover übernommen, bis zum Ende der Okerflößerei gültig war, u. a.:

„Das Mitführen von Waren, besonders von Bier und Brantwein, auf den Flößen ist verboten."[20]

Mit dem Verbot, gerade diese Güter auf der Oker zu befördern, sicherten beide Vertragspartner das jeweilige Monopol der Brauer in ihrem Herrschaftsbereich.

Ein zweiter Grund, der immer wieder zu Versuchen führte, den Warentransport auf Flößen zu unterbinden, läßt sich bis ins 20. Jahrhundert hinein verfolgen. In dem Moment, wo neben der Flößerei Schiffahrt betrieben wurde, stellte der Warentransport auf den Flößen eine unliebsame Konkurrenz zur Schiffahrt dar. Immer wieder suchten die Schiffer diesen zu verhindern und erreichten auch zwischenzeitlich Verbote.

So finden sich in den Mündener Akten im frühen 19. Jahrhundert mehrfach Klagen über aus Schiffersicht unerlaubte Nebenverdienste der Flößer.

In einer Eingabe aus der Zeit um 1830 heißt es: „Ohne nun auch Gewerbesteuer als Kaufleute oder Schiffer zu bezahlen treiben diese Menschen Handel mit Brunnen, Töpferwaaren, Essig und dergl., die sie auf ihren Flößen mitführen und damit, was sie sich oft berühmen, einen einträglichen Schmuggelabsatz ins In- und Ausland, welches dadurch sehr begünstigt wird, daß dergleichen Fahrzeuge nicht der strengen Controlle unterworfen sind als die Schiffe. Auch schmälern sie da-

Mündener Fayence wurde häufig auf Flößen transportiert (Orig. im Stadtmuseum Münden)

155

*Mündener Fayence
(Stadtmuseum Münden)*

durch manchem der kleineren Schiffer seinen Verdienst, daß sie zu höchst billigen Preisen Waaren von einem Ort zum andern mitnehmen."[21]

Im August 1818 reichten die Schiffergildemeister beim Mündener Magistrat eine Beschwerde über den Warentransport auf Flößen ein. „Der hiesige Bürger und Holzhändler Christian Lotze ist nicht Miglied der Schiffergilde, und hat demungeachtet von den Innhaber der hiesigen Fayanza Fabriquen neun oder zehn Kisten Fayanza oder Porzellan zum Transportieren auf der Weser ... verladen und dadurch eines strafbaren Eingrifs in unsern Gildeprivilegien sich zu Schulden kommen laßen."[22]

Die Mündener Fayence-Fabrik war 1755 gegründet worden. In den 30er Jahren des 19. Jahrhunderts war ihr Niedergang schon eingeleitet. Nach einem Besitzerwechsel 1829 florierte sie noch einmal, schloß dann aber 1855 endgültig.[23]

Gerade im Zusammenhang mit der problematischen Situation einer Fabrik fällt es auf, daß sich aus dem Warentransport nicht nur für die Flößer ein guter Nebenverdienst ergab.

Die Flöße boten auch besonders preisgünstige Transportmöglichkeiten, die von den Fabrikanten bewußt genutzt wurden. Die Beschwerde der Schiffergildemeister vom April 1823 beim Magistrat in Münden macht dies anschaulich: „Indem abermals die Flößer sich unterfangen verschiedene Arten Güther auf den von ihnen zu transportierenden Holzflößen die Weser hinunter zu schiffen, wodurch sie uns unsere Nahrung schmälern, dieses aber vorzüglich mit den von der hiesigen Fayenzefabrique abzusendenden Kisten mit Fayanza der Fall ist, so finden wir uns genöthigt nachstehende Flößer anzuklagen, deren widerrechtliches Treiben der Schifffahrt nur bekannt geworden ist und müßen bedauern, daß so mancher Fall der Art nicht zu unserer Kenntnis gelangt, da gewöhnlich jene Kisten des Morgens in aller Frühe durch das Fuhrwerk des Fabrique Inhabers nach Gimte gefahren werden, folg-

lich die hiesige Schlachte meiden und umgehen. . .“ [24]
So lohnend also muß das Geschäft mit dem verbotenen Transport auf Flößen gewesen sein, daß der Fabrikant die Waren heimlich im Schutz der Dunkelheit vor die Stadt schaffen ließ. Auf diese Weise war nicht nur der Transport billiger. Er sparte zugleich die Gebühren für die Nutzung der Mündener Hafenanlagen.

Die Begründungen bzw. die Verteidigung der Flößer für den Warentransport sind unterschiedlich. Immer wieder wird angeführt, daß die anderen es auch tun. Eine Einsicht in ein schädigendes Verhalten gab es nicht. Die Holzhändler wußten angeblich von nichts und verwiesen auf ihre Floßmeister, wie zum 1. Mai 1821 „der Holzhändler Ulrich . . .“, der auf die Anklage, „daß er auf seinen Holz Flößen porzellain Kisten geladen habe, um solches nach Bremen zu transportieren, . . . erklärte, daß ihm davon nichts bekannt sey, und wenn es geschehen wäre, so hätte solches sein Floßmeister Friedr. Götze aus Gimte gethan . . .“

Hierzu äußert sich der daraufhin vorgeladene Götze am 6. Juli 1821: „. . . Er könne nicht läugnen im Monat April d. J. 2 Kisten aus Porzellan von hiesigen Fayence habend auf seinen Flößen mit genommen zu haben. Dieses Porcellain habe er jedoch auf seine Rechnung zum einzelnen Wiederverkauf in Hameln, Holzminden et.so.fer. gekauft. Er habe dies seit mehreren Jahren gethan, ohne daß ihm solches geziehet worden sey. Da nun hierdurch die Schiffergilde keineswegs beeinträchtigt werde, so glaube er nicht strafwürdig zu seyn . . .“ [25]

Weiterhin argumentierten die Flößer mit der Tatsache, daß sie noch lange fahren könnten, wenn die Schiffahrt wegen zu geringen Wasserstandes der Weser schon längst nicht mehr möglich sei. Auf die Anzeige des Schiffergildemeisters Winkelmann vom 18. August 1818 wegen des Transports mehrerer „Kisten Steinguth von hiesiger Fayence fabrick auf seinen Holzflößen nach Bremen . . . gestand“ der angeklagte Holzhändler Lotze „die Anschuldigung ein und führte zu seiner

Entschuldigung an, daß die Schiffer wegen des kleinen Wassers diese Kisten nicht hätten abfahren können. Zugleich zeigte Denunciat an, daß vor ohngefähr einem Monat der Flößer Kreike in Gimte, wie er selbst gesehen habe, ebenfalls Porzellain Kisten mit auf Bremen genommen habe.“ [26] So entschuldigte sich immer wieder der eine Angeklagte mit den Gewohnheiten des anderen.

Daß eine Konkurrenzsituation zur Schiffahrt entstand, ist leicht vorzustellen.

Immer wieder wehrten sich die Schiffer gegen den Handel auf Flößen. 1826 kam es zu einer Beschwerde der Weserschiffer an die „Königlich Großbritannisch-Hannoversche Landdrostei“, die diese mit der abschätzigen Bemerkung: „Über die angebliche Beeinträchtigung des Schiffahrts-Gewerbes, durch die Dielen-Flößer“ dem Mündener Magistrat weiterreichte. In der auf den 23. Mai 1826 datierten „Vorstellung und Bitte des Vorstandes der sämmtlichen Weser-Schiffer. . .“ wiesen diese darauf hin, daß mit Einführung der Weserschiffahrtsakte 1823 die Ausübung der Schiffahrt nur nach Prüfung erlaubt sei. „Gleichwohl erlauben es sich die die Weser von Münden nach Bremen hinunterfahrenden Holzflößer auf ihren Holzflößen Waaren in Ladung mitzunehmen, bestehend in Steingut, Fayanza, Brunnen, Manufactur-Waaren, Erdenzeug, Siebzargen, Eisen, Äpfel, sonstiges Obst, leere Fässer, Kleidungsstücke und dergl.“

Schon lange hatten sich die Weserschiffer umsonst beschwert: „Wir haben mehrmals hierüber Beschwerde bey dem wohllöblichen Magistrate der Stadt Münden hierüber geführt und um Abhilfe dieses Mißbrauchs gebethen . . . Wir haben ferner in einer an die Revisions-Commißion der Weser-Schiffahrts-Acte zu Bremen im Jahre 1824 übergebenen Vorstellung, betreffend Abstellung von Beschwerden, auch Veranstaltungen und Maßregeln, welche, nach unserer Erfahrung, Handlung und Schiffahrt erleichtern können, auf diesen Mißbrauch beschwerdend vorgestellt. . .“ [27]

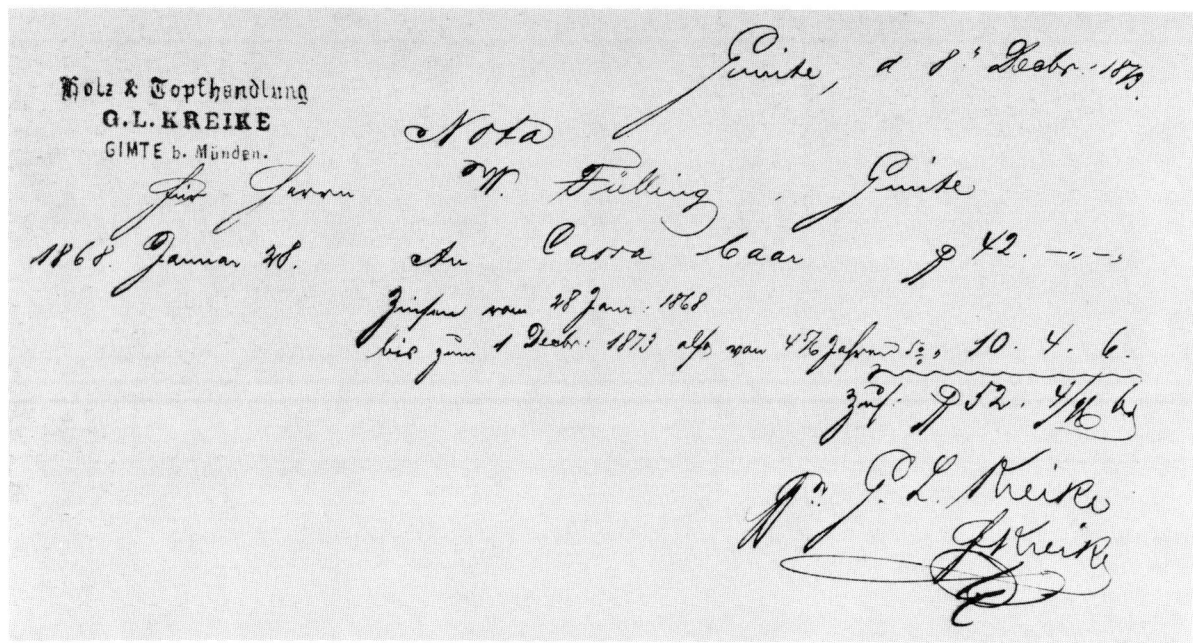

Der Gimter Holzhändler Kreike zeigt offiziell im Briefkopf, daß er gleichzeitig mit Töpferwaren handelt

Auf die Dauer fruchteten die Beschwerden der Schiffer jedoch nicht.

Die Streitfälle mit den Schiffern und das Verladen von Fayence in der Dämmerung verleiten zu der Vermutung, daß hier nur ein umfangreicher Schwarzhandel betrieben wurde. Doch zumindest schon Mitte des 19. Jahrhunderts muß es sich um ganz legale Geschäfte gehandelt haben. Ein schöner Beleg ist der Briefkopf eines Gimter Holzhändlers. Dort heißt es ausgedruckt auf einem Briefbogen von 1868: „Holz & Topfhandlung / G. L. Kreike / Gimte b. Münden".

Außerdem wurden die Warenladungen auf Flößen beispielsweise offiziell im Hamelner Schleusenregister notiert. Noch um die Jahrhundertwende sind dort für 1894 19 Flöße mit Steingut verzeichnet. Für 1895 sind es 27, für 1896 dann zwölf und für 1897 schließlich zehn Flöße mit Steingut. Dem gleichen Register zu Folge war die Oblast insgesamt gewaltig: Für 1899 werden 30 Tonnen, für 1901 und 1905 relativ wenig, nämlich 8 bzw. 3 Tonnen, für 1902 die enorme Menge von 122 Tonnen Oblastgüter angeführt. [28]

Eine vielfältige Warenpalette auf Flößen

Zwei bis zehn Kisten Mündener Fayence — die Größenordnung, die als Auflast solcher Güter auf einem Weserfloß üblich gewesen zu sein scheint, da die Zahl öfter vorkommt — stellten schon eine erhebliche Menge an Waren dar. Mündener Fayence war jedoch nur eines unter vielen verschiedenen Produkten.

Es ist zu vermuten, daß die Töpferorte Salzungen und Treffurt an der Werra die dortigen Flöße beschickten, bevor der Transport zerbrechlicher Fracht durch die vielen gefährlichen Wehre zu riskant wurde. 1894 noch sollen 19 Flöße über die Werra die Weser hinab gelangt sein, „die als ‚Oblast' mehrere Kisten Keramikware geladen hatten; auch Obst, leere Fässer und Holzkohle gehörten regelmäßig zur Fracht der Flöße"[29]. Ende des 19. Jahrhunderts scheint der Warentransport auf der Werra allmählich auszulaufen.

Gesichert ist der Floßtransport der Produkte der Töpferorte Nienhagen, Großalmerode und Oberode auf der Weser. Oberode liegt oberhalb der Schleuse „Letzter Heller" an der Werra, relativ kurz vor Münden. Mindestens seit dem 16. Jahrhundert wurde in Oberode Irdenware hergestellt, später auch Faststeinzeug und Steinzeug.[30] Der letzte Töpfer, August Müller, arbeitete dort bis 1920. In einem Gespräch um 1902 erzählte er einem Gewährsmann, „wie er als Junge so um 1870 herum Töpferwaren mit dem Floß nach Bremen geschiffert habe. Die Töpfereien in und um Hann.-Münden, ganz besonders die Mündener Fayence-Fabrik nahmen gern die Gelegenheit wahr, ihre Erzeugnisse auf dem Wasserwege stromabwärts nach Bremen zu bringen. Wenn die Flöße in und bei Münden zusammengestellt wurden, nahmen sie Töpfereien als Fracht mit auf die Reise, das brachte eine Nebeneinnahme, wenn auch nur gering. Die Töpfer schätzten den Wasserweg, weil er nicht nur billig, sondern auch ohne große Erschütterungen vor sich ging."[31]

Die Oberoder Ware läßt sich schon im 16. Jahrhundert in niederländischen Städten bis Amsterdam in archäologischen Bodenfunden nachweisen. Es ist nicht unwahrscheinlich, daß diese Gefäße zumindest bis Bremen auf dem Floßweg transportiert worden sind.

Wenn man heute Mündener Fayencen oder Oberoder Irdenware als kostbare Schätze in Museumsvitrinen sieht, kommt es einem mehr als merkwürdig vor, daß solche Objekte auf rohen Holzflößen gehandelt worden sind. Zum einen ist hier einzuwenden, daß die schönen Oberoder Stücke beispielsweise damals eine bessere Massenware darstellten. Zum anderen muß man sich den Zustand der Straßen zu der Zeit ins Ge-

Töpferwaren aus Oberode waren ein beliebtes Handelsgut auf Flößen
(Heimatmuseum Oberode)

dächtnis rufen, über die schlecht gefederte Pferdefuhrwerke rumpelten. Ein Floß war da ein vergleichsweise sicheres, erschütterungsarmes Gefährt.

Dies bestätigte der Oberoder Töpfer Müller. Bruch gab es allerdings auch auf dem Floßtransport. So erzählte derselbe weiter: „Bei aller Vorsicht war es dennoch unvermeidlich, daß einzelne Stücke durch Risse beschädigt wurden, manches wohl auch zertrümmerte. In Bremen erledigten sich die Flöße ihrer Last am Ulenstein, der im Volksmunde wohl auch Krukenbörse geheißen wurde. Dort wurden die Bruchstücke einfach ins Wasser geworfen."[32]

Zielort eines Teiles des Irdenware war also anscheinend die Bremer Schlachte. Der Ulenstein nämlich ist die zweite der schmalen Quergassen zwischen den Schlachtpforten der Bremer Schlachte, wo alle Fahrzeuge anlegen und bis zur Aufhebung des Stapel- und Umschlagzwanges aus- bzw. umladen mußten.

Weiter weserabwärts kamen andere Tonwaren als Floßlast hinzu, vor allem aus Vaake und Veckerhagen.[33] Davor lag eine weitere bedeutende Fabrikation von Geschirr an der Weser, die Porzellan-Manufaktur Fürstenberg. Auch für diese bot sich der Wasserweg für den Transport ihrer Produkte an. H. Westhoff-Krumma-

Mineralwasser, bis in unser Jahrhundert ein Luxusartikel, wurde in Steingutflaschen auf Flößen als Handelsware mitgeführt
(Orig. Fa. Sollingbrunnen, Bodenfelde)

cher betont für das 19. Jahrhundert ein „reges Interesse [der Forstleute] ... an dem preiswerten Porzellan der Manufaktur," dem einfachen weißen nämlich, und begründet dies folgendermaßen: „Die waldreiche Gegend um Höxter und die Holzflößerei auf der Weser mag sie [die Förster] in das entlegene Fürstenberg geführt haben."[34] Vielleicht mag auch das abgelegene Fürstenberg die vorbeikommenden Flöße als willkommene Transportmittel in Richtung Bremen und darüber hinaus benutzt haben. Mit Höxter und Minden liegen

zwei der Orte auf der Strecke, für die in den Geschäftsbüchern der Manufaktur Privatkunden geführt sind. Zumindest die billige dritte Wahl des weißen Porzellans oder das Wrack-Porzellan, das auch verkauft wurde, dürfte auch an anderen Haltepunkten der Flöße abzusetzen gewesen sein.

Neben verschiedenen Sorten von Geschirr werden in den Beschwerden der Weserschiffer „Brunnen, Manufactur-Waaren, ... Siebzargen, Eisen," sowie Obst, leere Fässer, Kleidung „und dergl." angeführt. Brunnen, das ist Mineralwasser, das in kleinen Betrieben an der Weser gewonnen wurde. Einer davon ist der Solling-Brunnen in Bodenfelde. Ursprünglich wurde das Wasser in Tonflaschen verhandelt, zuletzt schon in Glasflaschen, die in Holzkisten verpackt waren wie Fayence, Ton und Porzellan. Mineralwasser war im 19. und noch im frühen 20. Jahrhundert nicht ein relativ billiges, durstlöschendes Volksgetränk wie heute, sondern ein vornehmes Gesundheitswasser, dem medizinische Wirkung zugeschrieben wurde. Es handelt sich also durchaus um einen Luxusartikel.

Ein weiteres Handelsgut, das als Oblast befördert wurde, war Eisen bzw. Eisenprodukte. Eisen wurde im Harz, aber auch in Thüringen verhüttet. Auf der oberen Werra wurden Stahlbündel aus Schmalkalden nach Wernshausen gebracht.[35] Im Umkreis von Schmalkalden wurden nicht nur Metalle gewonnen, sondern auch verarbeitet. Handwerkszeug aller Art wurde hergestellt. In der breiten Warenpalette, die in den Musterbüchern aufgeführt wird, fällt der Schiffszimmermannshammer auf, den in Thüringen kaum jemand brauchen konnte. Er ist ein Indiz dafür, daß auch für den Export, und hier durchaus gezielt für den Export in den Küstenbereich, gearbeitet wurde. Für den Transport boten sich die Flöße an. Die in den Mündener Quellen genannten Siebzargen stehen wohl nur als ein Beispiel für Eisenwerkzeuge.

Zu den Produkten von Eisenhütten kamen die der Glashütten des Oberweserraums hinzu. Da diese Hütten und Produktionsstätten wegen des hohen Brennstoffverbrauchs und der Rohstoffe in schlecht erschlossenen Waldgebieten lagen, war die Möglichkeit des Floßtransports geradezu wirtschaftsfördernd.

Eine weitere Warengruppe waren Mühlen- und Schleifsteine. An der Werra kamen sie aus Creuzberg. Sie müssen wohl auf der Strecke bis Münden verhandelt worden sein. Die bis dahin nicht verkauften Steine wurden in Münden abgeworfen. Noch 1950, als Nattermann seine Untersuchungen und Beobachtungen zur Werraflößerei niederschrieb, muß es eine Stelle mit über 50 Mühlsteinen gegeben haben, die die Flößer als unverkäuflich einfach zurückgelassen hatten. Bei Münden nämlich gab es zwei Brüche, in denen Schleifsteine geschlagen wurden. Mit diesen wurde der Mündener Raum versorgt, und sie wurden auf den Weserflößen mitgenommen.

Ansonsten wurden die verschiedensten Dinge geladen, die gerade zum Verkauf standen und unterwegs Interesse finden konnten, von der Färbererde bis zu Kleidungsstücken, alten Fässern und frischem Obst. Ein Warenangebot wie in einem ganzen Gemischtwarenladen konnte so auf einem Floß gestapelt sein.

Was bedeutete nun dieser Warentransport für Flößer und Floßfahrt?

Die Flößer erzielten einen spürbaren zusätzlichen Verdienst. Durch den Warentransport und Verkauf waren die Flößer gleichzeitig Kleinhändler. Man hat sie manchmal sicherlich sehnlichst in den Dörfern und Städten an der Fahrtstrecke erwartet, wo bestimmte, zum Teil auch vorbestellte Dinge benötigt wurden.

Die Flößer, ohnehin durch Stapel und Zölle, Wehre und Schleusen zu Zwangspausen gezwungen, machten unterwegs oft zusätzlich fest, um den Dörflern auf der Strecke Waren zu verkaufen. Manchmal handelten sie auch neue Waren ein, um sie auf den nächsten Stationen wieder zu veräußern.

Die Flößer trugen also nicht nur wesentlich zur Holzversorgung der Betriebe an den kleineren Flüssen und vor allem des holzarmen Unterwesergebiets bei. Sie belieferten außerdem die Orte mit Gebrauchsgütern aus ihren Herkunftsgebieten und hinterließen so ihre Spuren in den Haushalten der Region. Daneben fungierten sie als Zwischenhändler vor allem für landwirtschaftliche Erzeugnisse. Für die Werra und die Oberweser etwa waren sie für die abseitig gelegenen Kleinhüttenbetriebe förderlich, da sie bis weit in das 19. Jahrhundert hinein die wesentlichen Fernhandelskontakte herstellen konnten.

Neben dem legalen Handel wurde auch geschmuggelt. Die vielen Hohlräume machten ein Floß kaum kontrollierbar. Auch größere schwarze Waren wurden mitgeführt. Für die Elvershausener Flößer ist überliefert, daß sie in ihre großen Holster oft Wildbret zum lukrativen Verkauf in der Stadt mitführten.[36]

Geschmuggelt wurde dann vor allem auch Holz. Der Flößer Erich Storandt aus Wernshausen erzählte, daß die Flößer oft in der Nacht vor der Abfahrt zusätzliches Holz luden, um es unterwegs schwarz zu verkaufen. Ein solcher Handel seines Großvaters flog einmal auf, weil der Käufer einer solchen Partie Holz beim Sägewerksbesitzer Fischer anfragte, ob er auch das nächste Mal eine entsprechende Lieferung bekommen könnte.[37]

Die Floßfahrt wurde durch die vielen Handelsstationen noch wesentlich verlangsamt. Die Flößer interessierte das Reisetempo nicht, ganz im Gegenteil. Als Tagelöhner erhöhten sich sogar ihre Einnahmen, je länger sie unterwegs waren. Gute Geschäfte im Kleinhandel konnten so einträglicher sein, als möglichst schnell für eine neue Floßfahrt anzuheuern. Nicht umsonst also hatte der genannte Holzhändler Johann Georg Ballauff aus Hann.-Münden 1784 auf eine Kontrolle der wirklichen Arbeitszeiten, die für den Auftraggeber geleistet wurden, bestanden.

Diese Quelle läßt zugleich vermuten, daß die Handelsgeschäfte der Flößer zumindest in das 18. Jahrhundert zurückgehen, auch wenn sie erst für das 19. Jahrhundert aus den Quellen ausdrücklich zu beweisen sind. Ebenso wie die Flößerei selber konnte der Kleinhandel auf den Flößen erst mit dem Fall der Stapelrechte und Zollschranken 1818 bzw. 1823 zu seiner höchsten Blüte kommen, da nun auch der Handelsverkehr ohne Kontrollen und Abgaben auf der Fahrtstrecke vor sich gehen konnte.

Nach dem Ersten Weltkrieg ist der Transport gemischter Warensortimente auf den Weserflößen beendet. Noch im Flößer-Patent von Karl Meyer aus dem Jahre 1934 heißt es jedoch ausdrücklich, daß der Floßführer verantwortlich sei für alle auf dem Floß „befindlichen Personen und Waren". Der Warentransport galt also noch als Selbstverständlichkeit.

Ein Gesetz von 1937 war an der Weser die wohl ausschlaggebende Ursache für das Ende der Handelsgeschäfte auf Flößen.

Die Flößer wurden nun nicht nur erstmals sozial abgesichert. Sie wurden zu Selbständigen. Der zum Floßunternehmer aufgestiegene Flößer flößte nun auf eigene Rechnung für Holzfirmen, beschäftigte dazu einen oder mehrere Kollegen als Mitarbeiter. Bezahlt wurde der Floßunternehmer nach der zu befördernden Holzmenge. Der Angestellte bekam nach Wasmuth „die Kilometer bezahlt. Ich glaube, Kilometer 50 Pfennig, und je schneller wir nach Minden hinkamen oder nach Dortmund, je schneller hatte der sein Geld verdient."

Nun war Zeit Geld geworden. Auch in den Notzeiten nach dem Zweiten Weltkrieg war so der Kleinhandel vom Floß aus nicht mehr rentabel.

Die Floßfahrt wurde nun in höchster Eile betrieben, wie es die Schilderung von Wasmuth plastisch vor Augen stellt: Den Vorschriften der Schiffahrts- und Floßordnung gemäß durften die Flößer nur fahren, so lange es hell war. „Stunde vor Sonnenaufgang, Stunde vor Sonnenuntergang. Aber was wollten sie denn machen im November bei drei Kilometer [pro Stunde]? Wenn abends der Mond durchkam ... da wurde um 7 wieder

losgeworfen, und da ging's die Nacht, wurde durchgependelt. Immer drauf runter. Der Wasserschutz kannte uns. Mir ist mal passiert, da habe ich in Bodenwerder gelegen, ich hatte den Wasserschutz gar nicht gesehen, am andern Morgen lag ich in Hameln vor der Schleuse. Sagt er: ‚Ich trau meinen Augen nicht, bist du das?' Ich sag: ‚Ja, wieso denn.' ‚Ja, du warst doch erst in Bodenwerder.' Ich sag: ‚Nö.' ‚Na, halt's Maul', sagt er. Da hab ich die 30 km noch die Nacht gemacht. Ja, was wollten sie machen. Bin ich in Bodenwerder [erst morgens] weggefahren, bin ich nach Tal gefahren, kam ich abends hin, wo nicht mehr geschleust wurde. Ja, da lag ich da wieder 'nen Tag. Sommers morgens um 3, Viertel nach 3, da ging's aber los, bis abends um zehne." Für heutige Vorstellungen kamen da unglaubliche Arbeitszeiten zusammen.

Waren wurden zwar nicht mehr transportiert auf den Flößen der 50er Jahre; doch bedeutete dies nicht, daß die Flößer auf den Nebenerwerb ganz verzichtet hätten. Wasmuth berichtet von gelegentlichen Verkäufen einzelner Stämme auf der Strecke: „Also, ich will mal ganz offen sagen, für die Firma, für die ich gefahren bin, die habe ich nicht betuppt. Aber wenn sie ab und zu mal von andern ... lagen ja mehrere Holz da. Von der einen Firma haben wir mal zwei mitgenommen, die wurden dann verkungelt. Die klauten ja bei uns auch das Holz, die andern Flößer. Wenn wir ins Land kamen, dann standen die Bauern: ‚Has keen Holt, kannst auch Botter oder Eieren kriegen, Schinken. Leje mal an.' Da hatten sie die Pferde auch schon hinter dem Deich stehen. Wurde mal angelegt. Ruck zuck war'n se raus."

Das ist eine ganz andere Art von Verkauf, nämlich mehr oder weniger heimlicher Handel mit schwarzer Ware.

Dieser Schwarzhandel hatte dabei durchaus System. „Wenn sie unten ins Land kamen unterhalb Minden, da war die Nachfrage sehr stark. Heute kann man offen darüber sprechen. An einer Fährstelle wurde regelmäßig angelegt. Da war Holzindustrie." Gehandelt wurde nur gegen Naturalien, nicht gegen Geld. Wasmuth umschreibt diese Art von Schwarzhandel mit „kompensieren".

Auf den ersten Blick scheint dieser Tausch von Holz gegen Schinken u. ä. der Argumentation zu widersprechen, das Tempo der späten Flößerei hätte zum Ende des Warenhandels der Flößer geführt. Doch hört man genau hin, ist dies eine ganz andere Art von Handel. Wurde vorher ein großes Sortiment feilgeboten, durchaus auch im Auftrag von Fabrikanten, wurde verkauft, zwischengehandelt, weiterverkauft, diverseste Geschäfte getätigt, wird nun in rasender Eile heimlich Holz an Land geschafft. „Ruck-Zuck" waren die Bauern mit dem schwarzen Holz verschwunden, die Flößer ebenso.

Der Kleinhandel, der eine enorme zeitliche Verzögerung mit sich brachte, spiegelt eine ganz andere Einstellung zu Schnelligkeit und Zeit. In unserem Jahrhundert, in dem Termingeschäfte zur Regel wurden, verbot sich eine zögerliche Arbeitsweise mit langwierigen Nebengeschäften von selbst.

Flößen als Zeitvertreib

Flößer nahmen nicht nur Waren mit, sondern gelegentlich auch Passagiere.

Möglicherweise war der Personentransport auf Weserflößen im 18. Jahrhundert sogar regelrecht üblich. Zumindest läßt sich das „Reglement des Commandanten Geldes zu Hameln, Münden und Nienburg" von 1742 so verstehen. Dort heißt es zum „Schreibgeld": „Von jedem auf und nieder fahrenden Schiffe selbiges möge groß oder klein, beladen oder unbeladen seyn inclusive der Dielen Schiffe so pahsagiers mit ihren Sachen aufgenommen. Ingleichem von jedem Floße, selbiges möge gantz oder kleiner seyn 2 mg. Und sind hiervon nur die ledigen Dielen Schiffe ausgenommen und von Schreibgebühren frei."[1]

Daß nur die Dielen-Schiffe ohne Passagiere von den Schreibgebühren ausgenommen sind, läßt vermuten, daß auf Flößen Passagiere vorausgesetzt wurden.

Ein systematischer Personenverkehr wie bei den Ordinari-Flößen auf der Donau, die nach Fahrplan verkehrten[2], kommt an der Weser jedoch nicht vor. Ansonsten ist die Mitnahme von Passagieren erst wesentlich später belegt. Daß die Elvershausener Flößer ihre Frauen bis Northeim zum Einkaufen mitnahmen, wurde erwähnt. Diese Nutzung der Flöße als bequemes Beförderungsmittel betrifft zumindest schon das 19. Jahrhundert, da die Rhumeflößerei 1883 und wenig später auch die Leineflößerei zu Ende ging.[3]

Eigene Familienmitglieder und Familienmitglieder von Kollegen und Arbeitgebern wurden bis zum Ende der Flößerei immer wieder mitgenommen. Hier ist an die „Hochzeitsreise" des Flößers Henne zu erinnern. Willi Wasmuth nahm einmal seinen Sohn mit, aber auch Kinder der Holzhändler. Frau Stindt, der wir die fotografische Dokumentation der Weserflößerei in den 30er Jahren verdanken, war die Tochter des Bremerhavener Holzhändlers Stindt. Ein Foto von der Werra,

Toni Stindt, Tochter eines Bremerhavener Holzhändlers, die ihre Floßreisen zur Fotodokumentation nutzte, beim Mittagessen auf dem Floß
(Stindt)

Häufig reisten Familienmitglieder von Flößern mit wie 1956 der Sohn von Willi Wasmuth
(Wasmuth)

das um 1930 entstand, zeigt „Ehefrauen von Wernshausener Sägewerkskollegen", die der Flößer Reinhard Nößler „auf der Werra ,spazieren'"-fährt.[4] Die fünf Frauen und das eine Mädchen auf dem Foto sitzen auf der Springpritsche. Ihre Sonntagskleider und ihr leichtes Schuhwerk erweisen, daß es sich um einen Ausflug handelt. Das Floß wird sich in Ortsnähe befinden, auf jeden Fall an einer ungefährlichen Fahrtstrecke. Der Flößer nämlich schwenkt neckisch die Flößerstange durch die Luft.

Diese mitfahrenden Angehörigen im weitesten Sinne waren geradezu privilegiert. Die Mitfahrt auf einem Floß galt nämlich schon als erstrebenswert und unterhaltsam, als die Flößerei noch üblich und damit keineswegs etwas seltenes war.

Wenn 1930 Schütze Floßbau und Floßfahrt auf der Oertze beschreibt, kleidet er seine Darstellung in eine Rahmenerzählung von einem Großvater, der den Enkel in Waldarbeit und Flößerei einführt. Schließlich dürfen beide einen Streckenabschnitt mitfahren. Der Großvater hält zum Dank für dieses Entgegenkommen die Flößer frei.[5] Großvater und Enkel fahren hier nicht mit, um einen nächsten Ort zu erreichen, sondern aus Interesse und Spaß. Auch wenn diese Geschichte eindeutig konstruiert ist, bleibt als ernst zu nehmender Kern, daß die Flößer auch einmal Ortsbewohner mitfahren ließen und auf diese Weise u. a. ihre Schnapsration aufstockten.

Auch auf der Fahrt wurden kurzzeitig Reisende aufgenommen. Flöße waren beliebte Anlaufpunkte für Jugendgruppen wie Pfadfinder, vor allem von Kanusportlern und Paddlern, die anlegten und kurzzeitig

Floß mit Paddlern in der Schleuse
(AStM)

mitfuhren. Immer wieder sieht man solche Sportboot-fahrer auf den Fotos der Flößer aus den 20er bis 50er Jahren unseres Jahrhunderts. Der Lehrer Joachim Garfs, der per Zufall einen Tag auf dem „letzten Weser-floß" 1971 mitfahren konnte, erinnert sich sehnsuchts-voll an solche Touren.[6]

Dem Flößer Gottfried Henne waren die jungen Sport-bootfahrer willkommen.

„Es war ein schöner Maientag und morgens früh fuh-ren wir los. Wir hatten viel Paddler auf dem Floß und somit viel Unterhaltung." Auch der Flößer Louis Alrutz aus Gimte erinnert sich noch gern an solch unterhaltsame Reisegefährten.

Hier wird ein Aspekt deutlich, der für die unorgani-sierte Mitnahme von Touristen in früherer Zeit wesent-lich ist: Die Mitreisenden boten den Flößern Ab-wechslung und Unterhaltung bei der Arbeit, waren vielleicht auch zum Kartoffelschälen und zur Beauf-sichtigung des Feuers einzusetzen.

Die Fahrt auf dem Floß hatte für beide Seiten ihren Unterhaltungswert, für den Touristen ebenso wie für den Flößer.

Die Floßfahrten des Wernshausener Lehrers Albin Nattermann galten in erster Linie dem Interesse an der

Paddler leisten den Flößern Gesellschaft
(Henne)

Flößerei mit dem Ziel, diese zu dokumentieren. Doch auch sie waren zugleich ferienhafte Ausflüge. Dies be-legt die Tatsache, daß Nattermann auf einer Fahrt etwa noch einen Freund mitnahm. Und immerhin schreibt er: „Uns schwebten ob der heissen Jahreszeit schöne Illusionen von Sonnen- und Wasserbädern vor," daß diese „aber arg zuschanden wurden", lag nicht an der Floßfahrt, sondern an einem besonders unwirtlichen Sommerwetter.[7]

Und immer wieder kommt in der Beschreibung die Freude an der landschaftlichen Schönheit und an den

Eine Touristin hilft Kartoffeln schälen
(Alrutz)

Nattermanns „Freund K." auf einem Werrafloß, dazu
„lieber Besuch"
(Nattermann)

Ortsbildern, die im Vorbeifahren geboten wurden, relativ ausführlich zum Ausdruck.

Neben den beschaulichen Landschaftsgenuß tritt ein sportlich-abenteuerlicher Zug. Während Nattermann vor seiner ersten Wehrdurchfahrt vorsichtshalber vorher abstieg, sich dann bei der zweiten wegen mangelnder Erfahrung ein nasses Bein holte, fand er später Gefallen daran, setzte sich geradezu lustvoll der Gefahr aus. „Diesmal begann die Fahrt in Salzungen, und da das Tiefenorter Wehr in Ordnung war, passierten wir es mit großem Vergnügen zweimal hintereinander."[8]

Von besonderem Interesse waren auch die gebotenen Speisen.

Der Lehrer, der von Haushaltsführung und Kochen mit einiger Sicherheit nichts verstand, notiert detailgetreu Zutaten und Kochzeiten, alles mundet ihm prachtvoll. Das Andersartige hat seinen besonderen Reiz. Dies wird besonders am Kaffee deutlich: „Ein dunkles Gebräu duftet uns aus den bewußten Töpfen entgegen und erweckt das Verlangen in uns, einmal das Kochkunststück unserer Freunde zu versuchen. Der Trank ist heiß und ziemlich dick, da ein Sieb zum Abgießen des Kaffeesatzes fehlt. Etwas mißtrauisch mustern wir den Trank und — trinken. Auch das geht."[9] Der Genuß des fremden Kaffees gerät in dieser Formulierung fast ebenso zur Mutprobe wie die gewagte Wehrdurchfahrt.

Während Nattermann die Härte der Flößerarbeit intellektuell durchaus begreift, bleibt sie ihm doch fremd. Als Beobachtender, der an der eigentlichen Arbeit nicht teilnimmt, kann er die Fahrt gleichzeitig genießen. Es ist der Reiz des Exotischen, der sich in den Vordergrund drängt.

Der die Texte in seinem Album abschließende Satz verrät ihn endgültig. Nachdem er beschrieben hat, wie die Flößer „die Sachen gepackt, die Werkzeuge geschultert und die Seile angehängt" haben und er sie noch einmal mit dem Fotoapparat auf die Platte gebannt hat, schließt er: „Wir aber kamen bei aller Müdigkeit heim

mit einem Herzen voller Sonne."[10] Zwei Schreibtisch-
menschen haben einen beglückenden Aufenthalt in
der Natur erlebt, und zwar mit Menschen, die zu dieser Natur gehören.

Hier erinnert man sich unwillkürlich an Nattermanns
Flößercharakteristik von 1950: „Im Kampfe mit dem
Elemente stählt sich die Kraft des Mannes . . . Sie [die
Flößer] gleichen den Riesen des Waldes . . ."[11] Diese
romantische Einschätzung von Floßfahrt und Flößer
findet sich häufiger. Nattermanns Formulierung entspricht bis in die Wortwahl der eines Beitrags zur wis-
senschaftlichen Beilage der „Leipziger Zeitung" von
1898, in der der Autor, gerade der Großstadt entron-
nen und der befreienden Natur des Isartals hingegeben,
u. a. schreibt: „ . . . und wie mein Auge aufblickt zieht
an mir ein Floß vorüber, beinahe stolz, beinahe fest-
lich, gleitet es dahin . . ." Im Flößer kulminiert sein
Eindruck dieser Natur: „In täglichem innigen Verkehr
mit der Natur, Städtequalen und Menschengeräusch
hinter sich lassend, verschmilzt er gleichsam mit seinem Element, er wetteifert mit dessen Stärke und mißt
seine Kräfte an ihm . . ."[12] Die heroische Naturhaftig-
keit des Flößers, seine beneidenswerte harmonische
Verbindung mit der Natur, die Verbindung von Natur
und Technik beim Floß sind es, die immer wieder
Stadtmenschen und Menschen mit naturfernen Berufen zur Flößerei zogen und ziehen. Die urtümliche
Verbundenheit der Flößer mit dem Element Wasser —
so wie beim Bauern mit dem der Erde — oder, ganz
prosaisch, die beneidenswerte Arbeit mit ständigem
Aufenthalt in der freien Natur reizte schon damals den
Städter.

Betrachtet man ältere Flößereifotos, fallen neben den
Flößern in Arbeitskleidung häufiger Herren in Anzug
und Hut auf. Oft präsentieren sich diese, in lockerer
Pose auf den Spazierstock gestützt, ausdrücklich als
müßige Ausflügler. Dies entspricht der Angabe des
„Werra-Boten" vom 25. Mai 1904: „Öfters kann man
auf diesen primitiven Fahrzeugen extravagante Touri-

Gemischte Gesellschaft auf dem Floß
(Henne)

sten sehen . . ."[13] Der Kontrast ‚primitives Fahrzeug,
extravaganter Tourist' könnte extremer nicht sein. Das
Primitive, hier positiv als ursprünglich verstanden,
steht auf der gleichen Ebene wie die Vorstellung vom
urtümlichen Flößer. Das Floß wird als eine naturhafte
Technik begriffen, die kein Fremdkörper in der Natur,
sondern eher eine Ergänzung ist. In diesem Sinne finden sich Flöße übrigens auch als romantische Staffage
auf Landschaftsbildern.

Ein solchermaßen naturhaftes Fahrzeug ist auch der
ideale Aufenthaltsort zum perfekten Naturerlebnis.
Ein prominentes Beispiel für diese Sicht ist die Beschreibung einer Neckarfloßfahrt von Mark Twain aus
dem späten 19. Jahrhundert, auch wenn diese äußerst
ironisch mit einem fiktiven Floßunfall endet: „ . . . niemand hat das höchste Ausmaß dieser sanften und fried-
vollen Schönheit begriffen, . . . der nicht auf einem
Floß den Neckar hinabgefahren ist. Die Bewegung
eines Floßes ist gerade die richtige; sie beruhigt alle
fiebrige Betriebsamkeit, schläfert alle nervöse Hast und
Ungeduld ein . . . Wir glitten still zwischen den grünen, duftenden Ufern dahin, mit einem Gefühl der
Freude und Zufriedenheit, das immerzu wuchs."[14]

Eine Floßfahrt konnte für die wenigen zufällig mitreisenden Personen durchaus zum idyllischen Erlebnis werden (Alrutz)

Noch Nattermann steht ganz in dieser Tradition, wenn er den Beginn der Floßfahrt im Morgengrauen folgendermaßen darstellt: „Wir waren schon eine ganze Weile unterwegs, da merkte ich erst, dass wir überhaupt fuhren, so sanft gleitet das Floss auf den Wellen fort. Und als die Dämmerung nun sacht heraufkam, war es ein eigenes Gefühl, die Weiden am Ufer so gespenstisch vorbeihuschen zu sehen. Das Glucksen der Wellen an die Stämme der Auflage war das einzige Geräusch weit und breit."[15]

Genau dieses Naturerlebnis ist es, mit dem das Unternehmen für Tourismusflößerei an der Oberweser heutzutage wirbt. Die Firma Busch-Bootstouristik in Oberweser-Weißenhütte bietet diverse Fahrzeuge und Gruppenfahrten auf der Weser an, neben Kanus, Katamaranen, gemischten Boots- und Fahrradtouren auch Floßfahrten. Diese richten sich zum Teil „an die verträumten und romantischen Naturfreunde". An diese „verleiht Busch-Bootstouristik gern das ‚Weserfloß'. Völlig lautlos gleitet es in gleichmäßiger Fahrt durch ein malerisches Tal. Der Wasserfreund findet Entspannung und Muße beim Beobachten des Spiels der Wellen, in welchen sich das sanfte Sonnenlicht bricht." Der Nachsatz bricht etwas unvermittelt in das Bild von sanfter Ruhe: „Auch die Suüer-Fete mit 50 Personen kann auf dem ‚Weserfloß' steigen." In einem anderen Prospekt werden als Ergänzung der Fahrt wahlweise Flößersteak oder *Land*bratwurst, verschiedene Wurstsorten auf *Land*brot, verschiedenen *Land*kuchen, alles mit Faßbier etc., angeboten. Der modernen Vorstellung von Ursprünglichkeit entsprechend werden gezielt Genüsse, die mit dem Qualitätsnachweis „Land..." als stilgerecht ausgewiesen sind, ausgewählt. Die im erstgenannten Prospekt als romantisch und sanft vorgestellten Floßfahrten können auch als „Die lustigen Floßfahrten" mit Life-Musik gebucht werden, wahlweise von einem zweistündigen Ausflug bis zum Club-Wochenende, das wiederum stilecht mit einem Frühschoppen auf einem Planwagen ergänzt werden

Die Touristenfloßfahrten sind in der Regel feucht-fröhliche Unternehmen
(Aus dem Prospekt der Firma Busch)

kann, der gewissermaßen das Gegenstück zum Floß im Straßenverkehr darstellt. Spätestens hier vergeht zugleich die Illusion von lautlosem Gleiten und Entspannung.

Man eifert hier eher dem sagenhaften leichtsinnigen und trinkfesten Flößer nach.

Vorbild für solche Floßfahrten mit Musik und Bier auf einem wiederverwendbaren Floß ist die bekannteste Gaudi-Flößerei, diejenige auf der Isar, die schon seit Ende des vorigen Jahrhunderts in ähnlicher Form besteht. Vor allem in den 80er Jahren unseres Jahrhunderts entstanden an den verschiedensten Flüssen regelmäßige Touristenfloßfahrten. Aber auch einmalige Floßfahrten zu Stadtjubiläen etwa wurden an Main, Rhein und Neckar durchgeführt, die im Floßbau dann durchaus Anspruch auf historische Richtigkeit stellen. Um die Jahrhundertwende schon läßt sich eine musikalische Untermalung auch von gewerblichen Floßfahrten häufiger feststellen, etwa im Kurort Wildbad oder auf Enz und Nagold. Auf dem letzten Nagold-Floß wurden sogar statt der Bretter Balken als Oblast mitgeführt, um den Touristen größeren Sitzkomfort zu bieten. Doch auch diese Flöße dienten noch, anders als die heutigen Gaudi-Flöße, in erster Linie dem Holztransport.

„Vergleicht man die heutigen Berichte über die Touristenfloßfahrten und die Werbung, die in Wort und Bild für solche Unternehmungen gemacht wird, mit den Äußerungen über touristische Floßfahrten der Vergangenheit, treten deutlich veränderte Bemühungen zu Tage, das Leben der Flößer ‚ungeachtet der Realität im verklärten Licht der Idee vom natürlichen und einfachen Leben erscheinen‘ zu lassen. Das ‚bürgerliche Ideal vom einfachen und arbeitsamen Leben als Selbstverwirklichung‘ bleibt ungebrochen seit der Wende vom 18. zum 19. Jahrhundert bis in die Gegenwart bewußt und unbewußt Grundlage einer touristischen Flößerei.

Wenn heute Natur und Naturbegeisterung in unserer Gesellschaft einen noch stetig wachsenden Stellenwert bekommen, kann es nicht verwundern, daß diese Tourismusflößerei sich immer größerer Beliebtheit und immer größeren Zuspruchs erfreut."[16]

Ein wesentlicher Unterschied liegt in der absoluten Kommerzialisierung.

Während früher ab und an einer oder mehrere Reisende mitfuhren, damit ein wenig zum Unterhalt der Flößer beitrugen, und sei es in Naturalien wie Schnaps oder Schinken, zumindest den Flößern als Unterhaltung auf der Fahrt willkommen waren, ist heute alleiniges Ziel die Unterhaltung eines Publikums. Entsprechend hat sich das Publikum geändert. Waren es früher neben den Angehörigen der Flößer und Holzhändler sowie zufällig begegnenden Sportschiffern die Vertreter des gehobenen Bürgertums, die an einer Floßfahrt teilnahmen, ist die moderne Touristenflößerei schicht-

unabhängig, ist zum Ferienvergnügen für alle geworden, bevorzugt auch von Vereinen und Gruppen.

Der Konsum auf dem Floß, vor allem der von Alkohol, der angeblich zur zünftigen Floßfahrt gehört, wird gezielt gefördert. Aus Flößen mit gelegentlichen Passagieren, die vornehmlich dem Holztransport dienten, sind urtümliche Transportmittel für Touristen geworden. Und auch das primitive Fahrzeug ist häufig nur noch Attrappe und auf jeden Fall modernen Sicherheitsbestimmungen entsprechend gebaut. Das „Weserfloß" „ist 16 m lang und 5,60 m breit. Es bietet auf 40 m² den 50 zugelassenen Fahrgästen ausreichend Platz. 48 teilausgeschäumte Kunststoffrohre von jeweils gut 7,50 m Länge sorgen für einen sicheren Schwimmkörper. Der größte Tiefgang beträgt lediglich 22 cm. Bei Regen schützt ein Planendach unsere Gäste. Bordtoiletten sind selbstverständlich vorhanden." Der Komfort, den die ‚modernen‘ Flöße bei aller Urtümlichkeit bieten, wird so als positiv herausgestellt. Der Kontrast zwischen Technik und Natur wird in einem Artikel in der „WELT" vom 20. Juni 1987 besonders augenfällig. Unter dem Titel „Fröhliche Floßfahrt auf der romantischen Lahn" wird betont, daß man „höchst zivilisiert auf trockenen, motorgetriebenen Balken auf der mittleren Lahn" flössen könne.

Aus der ungestörten Naturanschauung auf einem ursprünglichen Fahrzeug ist eine Gaudi mit modernem Komfort geworden, bei der der naturhafte Anstrich der immer noch bestehenden Sucht des Städters nach Natur-Romantik entgegenkommt. Das historische Ambiente wie das vorgeschobene Naturerlebnis bieten zugleich auch die Rechtfertigung einer Teilnahme.

Bibliographie

Ungedruckte Quellen

Bericht des Floßführers Gottfried Henne (1909—1989)
    Ende Dezember 1989
Gespräch mit Gottfried Henne in Oedelsheim 1989
Gespräch mit Karl Rosemeyer in Imbsen 1989
Gespräch mit Louis Alrutz in Gimte 1990
Gespräch mit Karl Meyer in Hann.-Münden 1990
Gespräch mit Willi Wasmuth in Gieselwerder 1990

Die benutzten Quellen aus den untengenannten Archiven werden in den Anmerkungen jeweils bezeichnet.
Archiv der Stadt Alfeld (AStAl)
Archiv der Stadt Höxter (AStH)
Archiv der Stadt Münden (AStM)
Staatsarchiv Bremen (StA Bremen)

Quellen

Jacob, K. u. Gehring, Fr.: Sammlung der wasserpolizeilichen (strom-, schiffahrts- und hafenpolizeilichen) Vorschriften für den Weserstrom von Hann.-Münden bis zur Kaiserbrücke in Bremen und seine schiffbaren Quell- und Nebenflüsse. Mit Anhang, betreffend die Weser unterhalb Bremen. Hannover 1914
Löbe, Karl (Verfasser): Bericht über die Flößerei auf der Weser. An die Hauptverwaltung der Binnenschiffahrt des amerikanischen und britischen Besatzungsgebietes. 3. Februar 1948.
    Abschrift im Ledermuseum Offenbach/Main.
Polizeiverordnung und Betriebsordnung für die Schiffahrt und Flößerei auf der Fulda unterhalb Cassel. Cassel 1895

Darstellungen

Baumgarten, Wilhelm: Beziehungen zwischen Forstwirtschaft und Berg- und Hüttenwesen im Kommunionharz. Ein Beitrag zur Wirtschaftsgeschichte des Harzes. Braunschweig 1933
Becker, Emilie: Wasserreise Elvershausen—Hannover. Northeimer Heimatblätter, Jg. 39, Bd. 5, Heft 1, März 1974
Behr, Hans-Joachim: Freiheit der Schiffahrt und Stapelzwang. Die Ausbildung des Stapelrechts an der Weser. In: Schiffahrt Handel Häfen. Beiträge zur Geschichte der Schiffahrt auf Weser und Mittellandkanal, hrsg. v. Jutta Bachmann u. Helmut Hartmann. Minden 1987, S. 51—73
Behrens, Karl: Flößerei auf Rhume und Leine. Northeimer Heimatblätter 1951, Heft 2, S. 5—12
Berg, C. H. Edmund Frhr. v.: Notizen über den Holzverbrauch bei den Seeschiffen auf den oldenburgischen Schiffswerften an der Weser. In: Tharandter forstliches Jahrbuch 1864, S. 133—160
Bomann, Wilhelm: Bäuerliches Hauswesen und Tagewerk im alten Niedersachsen. Hildesheim 1977
Brendle, Bernhard. Der Holzhandel im alten Basel. Basel 1910
Brockhaus, F. A.: Bilder-Conversations-Lexikon für das deutsche Volk. Ein Handbuch zur Verbreitung gemeinnütziger Kenntnisse und zur Unterhaltung. 4. Bd. 1841
Bullermann, Heinrich: Wasserwege. In: Der Speicher. Heimatbuch des Landkreises Celle. Celle 1930, S. 332—335
Burckhardt, H.: Die forstlichen Verhältnisse des Königreichs Hannover. Hannover 1864

Cordes, Albert: Holzflößerei auf der Aller. In: Der Speicher. Heimatbuch des Landkreises Celle. Celle 1930, S. 338—340

Delfs, Jürgen: Die Flößerei im Stromgebiet der Weser. Schriften der wirtschaftswissenschaftlichen Gesellschaft zum Studium Niedersachsens NF 34. Bremen 1952

ders.: Die Flößerei auf der Ise. Vortrag Flößereitagung Lauenburg. Manuskript 1989

Delfs, Lina: Floßländen und Floßhäfen im Mündungsgebiet der Geeste im 19. und 20. Jahrhundert. In: Hans-Walter Keweloh: Auf den Spuren der Flößer. Wirtschafts- und Sozialgeschichte eines Gewerbes. Stuttgart 1988, S. 136—154

Denecke, Dietrich: Beziehungen zwischen Stadt und Land in Nordwestdeutschland während des späten Mittelalters und der frühen Neuzeit — Historische Geographie städtischer Zentralität. In: Kat. Ausst. Stadt im Wandel. 3. Bd. 1985, S. 191—204

Deppe, A.: Holzflößerei auf der Göttinger Leine. In: Göttinger Blätter NF 3. 1937. H. 1, S. 59—63

Eggeling, Hans-Henning: Die wirtschaftliche Entwicklung der Stadt Northeim i. Hann. vom Mittelalter bis zum Ersten Weltkrieg. Northeim 1960

Estor, J. G.: Kurzer Begrif von dem Floßrechte und denen Holzmagazinen. In: Allgemeines Forstmagazin. Bd. VIII. 1766, S. 120—129

Fahlbusch, Dr.: Die Flößerei auf der Ilme. Aus einem Erbbuch des Amtes Hunesrück. In: Göttinger Blätter für Geschichte und Heimatkunde Südhannovers, NF 2. 1936, Heft 34, S. 52—55

Förster, Gustav Robert: Das forstliche Transportwesen. Wien 1885

Frank, Carl: Der Holzhandel in Mainz während der letzten fünfzig Jahre. Denkschrift zum fünfzigjährigen Bestehen der Holzhandlung N. Frank in Mainz. Mainz 1908

Friderici, Robert: Kassel und das Stapelrecht der Stadt Münden. In: Festschrift Eckhardt. Marburg 1961, S. 55—75

Fuchs, Johann Baptist (1757—1827): Erinnerungen aus dem Leben eines Kölner Juristen. Bearb. von J. Heyderhoff. Köln 1912

Garfs, Joachim: Das allerletzte Weserfloß. Holzminden o. J.

Gedenkblatt zum hundertjährigen Bestehen der Firma E. & S. Fischer Dampfsäge-, Hobelwerk und Holzhandlung Wernshausen. 1813, 23. Februar 1913. Wernshausen 1913

Gercke, Achim: Hermannsburg. Die Geschichte eines Kirchspieles. o.O. o.J.

Gönnenwein, Otto: Das Stapel- und Niederlagsrecht. Quellen und Darstellungen zur hansischen Geschichte, hrsg. vom Hansischen Geschichtsverein. NF IX. Weimar 1939

Griese, Kurt: Gimte, das Fischer- und Flößerdorf an der Weser. In: 800 Jahre Stadt Münden an Werra, Fulda und Weser. Streiflichter in seine Geschichte. Münden 1983, S. 109—113

Hampe, Heinrich: Das Töpferhandwerk in Oberode an der Werra (Sydekum-Schriften zur Geschichte der Stadt Münden 5). Hann.-Münden 1981

ders.: Gesandelte Irdenware des 16. Jahrhunderts aus Oberode a. d. Werra. In: Keramos 116, 1987, S. 43—48

ders.: Die letzte Töpferei in Oberode an der Werra. o. J.

Hausrath, Hans: Transportwesen. In: Heinrich Weber (Hrsg.): Handbuch der Forstwissenschaft. Bd. 2: Produktionslehre. Tübingen 1925, S. 768—855

Jägerschmid, Karl Friedrich Viktor: Handbuch für Holztransport und Floßwesen zum Gebrauche für Forstmänner und Holzhändler und für solche, die es werden wollen. 2. Bde. u. 1 Tafelband. Karlsruhe 1827/28

Jentsch: Der Einfluß der Kanalisierung der Oberweser und der Herstellung des Mittellandkanals auf die Forstwirtschaft des Wesergebiets (Mündener forstliche Hefte 11). Berlin 1897

Keller, H.: Weser und Ems, ihre Stromgebiete und ihre wichtigsten Nebenflüsse. Eine hydrographische, wasserwirtschaftliche und wasserrechtliche Darstellung. 4 Bde., Berlin 1901

Keweloh, Hans-Walter (Hrsg.): Flößerei in Deutschland. Stuttgart 1985

ders.: Vom Baum zum „schwimmenden Dorf". Der Bau von Flößen. Ebda., S. 55—77

ders.: Die Floßfahrt und ihre Technik. Ebda., S. 78—110

ders.: Die Flößerei auf der Weser. In: Schiffahrt Handel Häfen. Beiträge zur Geschichte der Schiffahrt auf Weser und Mittellandkanal, hrsg. v. Jutta Bachmann u. Helmut Hartmann. Minden 1987, S. 171—185

ders.: Flößerei und Stapelrecht — Zur Holzversorgung in Mittelalter und Neuzeit. Ebda., S. 40—53

ders. (Hrsg.): Auf den Spuren der Flößer. Wirtschafts- und Sozialgeschichte eines Gewerbes. Stuttgart 1988

ders.: Flößerromantik und Tourismusflößerei. In: Deutsches Schiffahrtsarchiv 11, 1988, S. 73—98

ders.: Flöße und Floßholzhandel auf dem Rhein. (Im Druck)

Knigge, Wolfgang u. Schulz, Horst: Grundriß der Forstbenutzung. Entstehung, Eigenschaften, Verwertung und Verwendung des Holzes und anderer Forstprodukte. Hamburg/Berlin 1966

Knösel, H.: Ein Beitrag zur Geschichte des Holzhandels im niedersächsischen Berglande. In: Niedersächsisches Jahrbuch 11, 1934, S. 131—152

König, Friedrich Wilhelm: Bruchstücke des Inn- und Ausländischen Flozholz-Handels in dem Herzogthum Wirtemberg. Schwarzwald 1785

Kremser, Walter: Niedersächsische Forstgeschichte. Eine integrierte Kulturgeschichte des nordwestdeutschen Forstwesens. Rotenburg (Wümme) 1990

Lamschus, Christian: Die Holzversorgung der Lüneburger Saline in Mittelalter und Früher Neuzeit. Vortrag Flößereitagung Lauenburg 1989. Manuskript 1990

Liersch, Klaus-Martin: Zur früheren Holzflößerei auf der Rhume. Manuskript 1988

Lückert, Manfred: Die Werra. Historische Fotografien und Berichte. Landschaft und Leben am Fluß zwischen Thüringer Wald und Hann.-Münden. Bad Sooden-Allendorf 1990

Mauke, Wilhelm: Der Isarflößer. Ein Capitel Culturästhetik. In: Wissenschaftliche Beilage der Leipziger Zeitung, Nr. 144 v. 15. Dezember 1898, S. 593

Medicus, Ludwig Wallrad: Forsthandbuch oder Anleitung zur deutschen Forstwissenschaft. Tübingen 1802

Müller, Theodor: Schiffahrt und Flößerei auf der Schunter im 18. Jahrhundert. In: Forschungen zur braunschweigischen Geschichte und Sprachkunde 15, 1954, S. 135—159

ders.: Schiffahrt und Flößerei im Flußgebiet der Oker. Braunschweig 1968

Nattermann, Albin: Geschichte der Werraflößerei. Wernshausen o. J. (1950)

Noack, Gerhard: Das Stapel- und Schiffahrtsrecht Mindens vom Beginn der preußischen Herrschaft 1648 bis zum Vergleiche mit Bremen 1769. Hannover u. Leipzig 1904

von Pezold, Johann Dietrich: Die Industrialisierung. Geschichte der Stadt Münden im 19. und 20. Jahrhundert, Heft 2. Münden 1981

Piot, Gilles u. Schweizer, Birgit: Die Darstellung der Flößerei in Literatur und Malerei. In: Keweloh, Hans-Walter: Flößerei in Deutschland. Stuttgart 1985, S. 111—117

dies.: Arbeits- und Lebenswelt eines Flößerdorfes am Beispiel von Unterrodach. Ebda., S. 118—147

dies.: Die Differenzierung im Kleingewerbe — Zum Begriff des „Vollflößers". In: Keweloh, Hans-Walter: Auf den Spuren der Flößer. Stuttgart 1988, S. 155—179

dies.: Die Flößerei ist weiblich. Ebda., S. 180—204

Radkau, Joachim: Vom Wald zum Floß — ein technisches System? Dynamik und Schwerfälligkeit der Flößerei in der Geschichte der Forst- und Holzwirtschaft. Ebda., S. 16—39

Reddersen, Erika: Die Veränderungen des Landschaftsbildes im hannoverschen Solling und seinem Vorlande seit dem frühen 18. Jahrhundert. Niedersächsischer Ausschuß für Heimatschutz, Heft 5. Oldenburg 1934

Ruling, Johann Philipp: Physikalisch-Medicinisch-Oekonomische Beschreibung der Stadt Northeim und ihrer umliegenden Gegend. Göttingen 1779

Scheper, Burchard: Über Gründungsversuche der Carlsburg im Rahmen stadtgeschichtlicher Entwicklungen auf dem Gebiet der heutigen Stadt Bremerhaven. In: Civitatum Communitas. Studien zum europäischen Städtewesen. Festschrift Heinz Stoob, hrsg. v. Helmut Jäger, Franz Petri, Heinz Quirin, Teil 2. Köln/Wien 1984, S. 798—824

Schmidt, Martin: Die Flöß-Schleusen im Radauborn. In: Unser Harz 1989, Heft 2, S. 25—28

Schütze, Hermann: Mit dem Floß die Oertze hinunter. In: Der Speicher. Heimatbuch des Landkreises Celle. Celle 1930, S. 335—337

Schwappach, Adam: Forstpolitik, Jagd- und Fischereipolitik. Leipzig 1894

Sombart, Werner: Der moderne Kapitalismus. 2 Bde. München/Leipzig 1924/1928

Sponeck, Carl Friedrich Graf v.: Handbuch des Floßwesens (Manuel du Flottage), vorzüglich für Forstmänner, Kameralisten und Floß-Beamte. Stuttgart 1825

Stenbock-Fermor, Alexander Graf: Deutschland von unten. Reisen durch die proletarische Provinz. 1930. Neudruck Luzern/Frankfurt 1980

Thöne, Friedrich: Hans Vredemann de Vries in Wolfenbüttel. In: Braunschweigisches Jahrbuch, Bd. 41. 1960, S. 47—68

Tinnappel-Becker, Margarethe: Elvershausen 1082—1982. Geschichte und Geschichten. Eigendruck 1982

Vangerow, Hans-Heinrich: Vom Stadtrecht zur Forstordnung (Miscellanea Bavarica Monacensia 66). München 1976

Vennigerholz, G. J.: Beschreibung und Geschichte der Stadt Northeim in Hannover und ihrer nächsten Umgebung. Northeim 1894

Weigand, Heinrich (Hrsg.): Heimatbuch des Kreises Northeim. Northeim 1924

Westhoff-Krummacher, Hildegard: Westfalen als Absatzmarkt für Fürstenberger Porzellan. In: Kat. Ausst. Weißes Gold aus Fürstenberg. Kulturgeschichte im Spiegel des Porzellans 1747—1830. Münster/Braunschweig 1988, S. 21—31

Wittich, Richard: Der letzte Flößer erzählt (Oberweser-Schriften 2). Oberweser 1978

Anmerkungen

Flößerei im Weserraum

1 Artikel in „Meppener Tagespost" vom 23. Juli 1964
2 Burckhardt. Forstliche Verhältnisse. 1864. S. 115/116
3 Ebda. S. 129
4 Hausrath. Transportwesen. 1925. S. 849
5 Ebda.
6 Knigge/Schulz. Forstbenutzung. 1966. S. 349
7 Löbe. Bericht Flößerei Weser. 1948. S. 3
8 Vangerow. Stadtrecht. 1976. S. 59 u. Anm. 1287. S. 245
9 AStM B 1833
10 Ebda.
11 AStAl I.D.1.2
12 Ebda.
13 Gedenkblatt Fischer. 1913. S. 22
14 Lamschus. Holzversorgung Lüneburg. MS 1990
15 Ebda.
16 Kremser. Niedersächsische Forstgeschichte. 1990. S. 125
17 Vgl. dazu Radkau. Vom Wald zum Floß. 1987
18 von Berg. Notizen Holzverbrauch. 1864. S. 148 ff.
19 Jägerschmid. Floßwesen. 1. Bd. 1827. S. 105—114
20 Medicus. Forsthandbuch. 1802. S. 587
21 Siehe dazu Delfs. Floßländen und Floßhäfen. 1988
22 Scheper. Gründungsversuche Carlsburg. 1984. S. 819
23 Ebda. S. 820
24 Ebda.
25 Sombart. Kapitalismus. 1924/28. 2. Bd. S. 1180
26 AStH VII B, 8 Bd. 4
27 Medicus. Forsthandbuch. 1802. S. 623 f.
28 Schwappach. Forstpolitik. 1894. S. 140
29 Keller. Weser und Ems. 1901. Bd. I. S. 220
30 König. Flozholz-Handel. 1785. S. 54/55
31 Jentsch. Kanalisierung Oberweser. 1897. S. 66
32 Ebda. S. 65

Die Trift

1 Estor. Kurzer Begriff vom Floßrecht. 1766. S. 126
2 AStAl I.H.11.b.Nr. 3
3 Ebda.
4 Delfs. Flößerei Weser. 1952. S. 32
5 Ebda.
6 AStAl I.H.b.Nr. 3
7 AStAl IV.b. Criminalia Nr. 22
8 Delfs. Flößerei Ise. MS 1989. S. 6
9 Ebda. S. 2
10 Delfs. Flößerei Weser. 1952. S. 36
11 Nattermann. Werraflößerei. MS 1950. S. 36
12 Müller. Flößerei und Schiffahrt. 1968. S. 176 ff.
13 Delfs. Flößerei Ise. MS 1989. S. 6
14 Estor. Kurzer Begriff vom Floßrecht. 1766. S. 122
15 Delfs. Flößerei Ise. MS 1989. S. 2
16 Jägerschmid. Floßwesen. 2. Bd. 1828. S. 199 ff.
17 Estor. Kurzer Begriff vom Floßrecht. 1766. S. 125
18 Ebda.
19 Vgl. Deppe. Holzflößerei Leine. 1937

Die Langholzflößerei

1 Delfs. Flößerei Weser. 1952. S. 64
2 Jägerschmid. Floßwesen. 1827. S. 8—44
3 Sponeck. Handbuch des Floßwesens. 1825. S. 120
4 Knigge/Schulz. Grundriß der Forstbenutzung. 1969. S. 66
5 Bomann. Bäuerliches Hauswesen. 1977. S. 9
6 Hausrath. Transportwesen. 1925. S. 853
7 Delfs. Flößerei Weser. 1952. S. 68
8 Jägerschmid. Floßwesen. 1827. S. 60
9 Delfs. Flößerei Weser. 1952. Anh. 2. S. 114

10 Ebda. S. 60

11 Bomann. Bäuerliches Hauswesen. 1977. S. 6

12 Behrens. Flößerei Rhume. 1951. S. 6

13 Jaegerschmid. Floßwesen. 1827. S. 183

14 Ebda. S. 182

15 Delfs. Flößerei Weser. 1952. S. 62

16 Sponeck. Handbuch des Floßwesens. 1825. S. 130

17 Nattermann. Werraflößerei. MS 1950. S. 38

18 Behrens. Flößerei Rhume. 1951. S. 6

19 Delfs. Flößerei Weser. 1952. S. 61

20 Vgl. zu dieser Entwicklung ebda. S. 62 f.

21 Nattermann, Werraflößerei. MS 1950. S. 37 ff. Auf Nattermann greift zurück: Delfs. Flößerei Weser. 1952. S. 50 ff.

22 Delfs. Flößerei Weser. 1952. S. 65

23 Polizeiverordnung Weser. Hann.-Münden — Bremen. 1907. S. 12

24 Delfs. Flößerei Weser. 1952. S. 67

25 Cordes. Flößerei Aller. 1930. S. 339

26 Nattermann. Werraflößerei. MS 1950. S. 36

27 Ebda. S. 14

28 Delfs. Flößerei Weser. 1952. S. 50

29 Nattermann. Werraflößerei. MS 1950. S. 70

30 Keller. Weser und Ems. 2. Bd. 1901. S. 380

31 Polizeiverordnung Weser. Hann.-Münden — Bremen. 1907. S. 12

32 Ebda.

33 Keller. Weser und Ems. 1. Bd. 1901. S. 230—232

34 Polizeiverordnung Fulda. 1895. § 9

35 Delfs. Flößerei Ise. MS 1989

36 Keller. Weser und Ems. 3. Bd. 1901. S. 22

37 Bomann. Bäuerliches Hauswesen. 1977. S. 10

38 Delfs. Flößerei Weser. 1952. S. 20

39 Polizeiverordnung Aller. Reg. Bez. Lüneburg. 1914. 12. S. 361

40 Vgl. f. d. Neckar Keweloh. Floßfahrt. 1985. S. 100 f.

41 Jägerschmid. Floßwesen. 1. Bd. 1827. S. 417

42 Ebda. S. 67

43 Delfs. Flößerei Weser. 1952. S. 47

44 Ebda. S. 42

45 Ebda.

Flößbar ist der kleinste Fluß

1 Hausrath. Transportwesen. 1925. S. 850—853

2 Jägerschmid. Floßwesen. 2. Bd. 1828. S. 188

3 Delfs. Flößerei Weser. 1952. S. 32
Fahlbusch. Flößerei Ilme. 1936. S. 54

4 Delfs. Flößerei Weser. 1952. S. 23

5 Nattermann. Werraflößerei. MS 1950. S. 23

6 AStM B 1835

7 Müller. Schiffahrt und Flößerei. 1968. S. 67

8 Keweloh. Floßfahrt. 1985. S. 82—83

9 AStH Reg. B (nach 1815 l XV c), 37

10 Nach Delfs. Flößerei Weser. 1952. S. 121

11 Ebda. S. 95

12 Jägerschmid. Floßwesen. 2. Bd. 1828. S. 273—274

13 Müller. Schiffahrt und Flößerei. 1968. S. 109

14 Müller. Schunter. 1954. S. 140

15 Ebda. S. 141

16 Ebda. S. 145

17 Delfs. Flößerei Ise. MS 1989

18 Vgl. Müller. Schiffahrt und Flößerei. 1968. S. 57—59

19 Ebda. S. 155—156

20 Ebda. S. 157

21 Delfs. Flößerei Weser. 1952. S. 23

22 Nach Lückert. Werra. 1990. S. 163

23 Keller. Weser und Ems. 2. Bd. 1901. S. 366

24 Ebda. S. 368

25 Ebda. S. 366

26 Ebda. S. 362

27 Müller. Schunter. 1954. S. 154

28 Ebda. S. 151—152

29 Jägerschmid. Floßwesen. 1. Bd. 1827. S. 257 ff.

30 Reddersen. Solling. 1934. S. 97

31 Fahlbusch. Flößerei Ilme. 1968. S. 52

32 Müller. Schiffahrt und Flößerei. 1968. S. 137

33 Nach Delfs. Flößerei Weser. 1952. S. 120
34 Nattermann. Werraflößerei. MS 1950. S. 66
35 Tinnappel-Becker, Elvershausen. 1982. S. 108
36 Schmidt. Radauborn. 1989. S. 25—28
37 Müller. Schiffahrt und Flößerei. 1968. S. 58
38 Ebda. S. 59
39 Schmidt. Radauborn. 1989. S. 27
40 Müller. Schiffahrt und Flößerei. 1968. S. 60—61
41 Ebda. S. 66 ff.
42 Ebda. S. 62
43 Müller. Schunter. 1954. S. 152
44 Ebda.
45 Venningerholz. Northeim. 1894. S. 60
46 Delfs. Flößerei Weser. 1952. S. 33
47 Nattermann. Werraflößerei. MS 1950. S. 57—58
48 Keweloh. Floßfahrt. 1985. S. 84
49 Müller. Schiffahrt und Flößerei. 1968. S. 137
50 Delfs. Flößerei Weser. 1952. S. 26
51 Knösel. Holzhandel. 1934. S. 146
52 Nattermann. Werraflößerei. MS 1950. S. 59
53 Delfs. Flößerei Weser. 1952. S. 25—26
54 Nach ebda. S. 119—120
55 Behrens. Flößerei Rhume. 1951. S. 8
56 Nattermann. Werraflößerei. MS 1950. S. 52—53
57 AStM MR IV, 6—47
58 Ebda.
59 v. Pezold. Die Industrialisierung. 1981. S. 29
60 Nattermann. Werraflößerei. MS 1950. S. 69
61 Keller. Weser und Ems. 2. Bd. 1901. S. 389—390
62 Ebda. S. 390
63 Delfs. Flößerei Weser. 1952. S. 22
64 Keller. Weser und Ems. 2. Bd. 1901. S. 229
65 Ebda. S. 230
66 Müller. Schiffahrt und Flößerei. 1968. S. 133
67 Jentsch. Kanalisierung Oberweser. 1897. S. 64
68 Nattermann, Album Nr. 47

Rechtliche Hindernisse und Handelsschranken

 1 Brockhaus. 1841. Bd. 4. S. 697
 2 Delfs. Flößerei Weser. 1952. S. 24
 3 Müller. Schiffahrt und Flößerei. 1968. S. 69
 4 Ebda. S. 97 ff.
 5 Ebda. S. 101
 6 Vgl. ebda. S. 109 ff.
 7 Ebda. S. 50; vgl. auch S. 37
 8 Ebda. S. 48 ff. u. 92
 9 Vgl. ebda. S. 91 ff.
10 Delfs. Flößerei Weser. 1952. S. 25
11 Ebda. S. 24

Das Stapelrecht

 1 AStM B 1827
 2 Gönnenwein. Stapelrecht. 1939. S. 74
 3 Behr. Freiheit. 1987. S. 53
 4 Keweloh. Auf den Spuren. 1988. S. 43
 5 StA Bremen 2 — R.8.f., Nr. 3/4
 6 StA Bremen 2 — R.8.f., Nr. 24 ff. und 29 ff.
 7 AStM B 1827
 8 AStM B 1859
 9 Keweloh. Auf den Spuren. 1988. S. 47
10 AStM MR VI, 4—46
11 AStM B 1828
12 Ebda.
13 StA Bremen 2 — R.8.f.
14 AStM B 1828
15 AStM B 1859
16 Keweloh. Auf den Spuren. 1988. S. 48—49
17 StA Bremen 2 — R.8.f.
18 Noack. Stapel- und Schiffahrtsrecht Mindens.
    1904. S. 8
19 StA Bremen 2 — R.8.f.
20 AStM B 1828
21 Behr. Freiheit. 1987. S. 65

22 StA Bremen 2 — R.8.b.4.e.
23 Noack. Stapel- und Schiffahrtsrecht Mindens. 1904. S. 2
24 Keweloh. Flößerei auf der Weser. 1987. S. 176
25 Nach Behr. Freiheit. 1987. S. 66
26 AStM B 1837
27 AStM B 1836
28 AStM B 1833
29 Ebda.
30 Ebda.
31 Ebda.
32 Behr. Freiheit. 1987. S. 65
33 AStAl I. D.1.2.
34 Ebda.
35 Keweloh. Flößerei auf der Weser. 1987. S. 174
36 Kommunalarchiv Minden Stadt Minden C Nr. 1041
37 StA Bremen 2 — R.8.e.4.b., Nr. 5
38 StA Bremen 2 — R.8.e.4.b., Nr. 79
39 StA Bremen 2 — R.8.e.4.a.
40 StA Bremen 2 — R.8.e.4.c.
41 AStM MR VI, 4—46
42 Ebda.
43 AStM B 1859. Hier zit. Gildenbuch. S. 639. Pro Memoria
44 AStM MR VI, 5—47
45 AStM B 1860
46 Ebda.
47 StaMün B 1834
48 StA Bremen 2 — R.8.f., Nr. 3/4
49 StA Bremen 2 — R.8.e.4.b.
50 StA Bremen 2 — R.8.e.4.b., Nr. 59
51 StA Bremen 2 — R.8.e.4.b., Nr. 73
52 Brendle. Holzhandel im alten Basel. 1910. S. 19—20
53 Friderici. Kassel und das Stapelrecht. 1961. S. 67 ff.
54 Gönnenwein. Stapelrecht. 1939. S. 45
55 Denecke. Beziehungen. 1. Bd. 1985. S. 191—218
56 AStM MR VI, 5—47
57 Ebda.
58 Ebda.
59 Ebda.
60 Ebda.
61 Brockhaus. 1841. Bd. 4. S. 697

Flöße als Hindernisse

1 AStM B 1828
2 Delfs. Flößerei Weser. 1952. S. 81
3 Ebda. S. 78
4 StA Bremen 2 — P.3.B.3.b.
5 Ebda.
6 Jägerschmid. Floßwesen. 1. Bd. 1827. S. 188 ff.
7 AStM B 1828
8 StA Bremen 2 — P.3.B.3.b.3
9 Ebda.
10 Ebda.
11 Ebda.
12 Ebda.
13 Ebda.
14 Ebda.
15 Ebda.
16 Ebda.
17 Vgl. Delfs. Floßländen. 1988

Die Flößer

1 Förster. Transportwesen. 1885. S. 512
2 Ebda. S. 514
3 Delfs. Flößerei Weser. 1952. S. 94
4 AStM MR VI, 5—47
5 Delfs. Flößerei Weser. 1952. S. 98
6 Freundlicher Hinweis v. G. Hoßfeld auf Fotos bei-der Fassungen
7 Müller. Schiffahrt und Flößerei. 1968. S. 32
8 Jägerschmid. Floßwesen. 2. Bd. 1828. S. 516
9 Gedenkblatt Fischer. 1913. S. 24

10 Piot u. Schweizer. „Vollflößer". 1988. S. 155 ff.
11 Delfs. Flößerei Weser. 1952. S. 92
12 Ebda. S. 94
13 Griese. Gimte. 1983. S. 110
14 AStM MR VI, 5—47
15 Ebda.
16 AStM B 1836
17 AStM MR VI, 5—47
18 Ebda.
19 Keweloh. Vom Baum zum „schwimmenden Dorf". 1985. S. 67
20 Behrens, Flößerei Rhume. 1951. S. 6
21 Delfs. Flößerei Weser. 1952. S. 61
22 Ebda.
23 Ebda.
24 Nattermann. Werraflößerei. MS 1950. S. 72—73
25 Ebda. S. 48
26 Piot u. Schweizer. „Vollflößer". 1988. S. 155 ff.; dies. Die Flößerei ist weiblich. 1988. S. 180 ff.
27 Nattermann. Werraflößerei. MS 1950. S. 59—60
28 Gedenkblatt Fischer. 1913. S. 25
29 Stenbock-Fermor. Deutschland von unten. 1930. S. 14 f.
30 Ebda.
31 Eggeling. Northeim. 1960. S. 30
32 AStM MR VI, 5—47
33 Müller. Schiffahrt und Flößerei. 1968. S. 178—179
34 AStM B 1835
35 Ebda.
36 Ebda.
37 Ebda.
38 Piot u. Schweizer. Darstellung. 1985. S. 117
39 Tinnappel-Becker. Elvershausen. 1982. S. 105—106
40 Keweloh. Die Floßfahrt. 1985. S. 86
41 Behrens. Flößerei Rhume. 1951. S. 10—11
42 Schütze. Oertze. 1930. S. 337
43 Keller. Weser und Ems. 1. Bd. 1901. S. 380
44 Nattermann. Werraflößerei. MS 1950. S. 81—83
45 Nattermann. Album Nr. 13
46 Ebda.
47 Nattermann. Werraflößerei. MS 1950. S. 89—90
48 Ebda. S. 89
49 Gercke. Hermannsburg. o. J. S. 100
50 Nattermann. Album Nr. 27
51 Nattermann. Werraflößerei. MS 1950. S. 15
52 Keweloh. Rheinflößerei. 1991 (im Druck)
53 Jägerschmid. Floßwesen. 1. Bd. 1827. S. 194
54 Eggeling. Northeim. 1960. S. 29
55 Becker. Wasserreise. 1974. S. 15
56 Cordes. Aller. 1930. S. 339
57 Nattermann. Werraflößerei. MS 1950. S. 88; ders., Album Nr. 16
58 Lückert. Werra. 1990. S. 157
59 Gedenkblatt Fischer. 1913. S. 28
60 Nattermann. Album Nr. 50
61 Delfs. Flößerei Weser. 1952. S. 96
62 Ebda.
63 Piot u. Schweizer. Darstellung. 1985. S. 111
64 Ebda.
65 Cordes. Aller. 1930. S. 338
66 Nattermann. Album Nr. 16
67 Nattermann. Werraflößerei. MS 1950. S. 80—81
68 Ebda. S. 80
69 Ebda. S. 54
70 Keweloh. Floßfahrt. 1985. S. 106
71 Fuchs. Erinnerungen (1757—1828). 1912. S. 20
72 Nattermann. Werraflößerei. MS 1950. S. 85
73 Wittich. Der letzte Weserflößer. 1978. S. 33
74 Nattermann. Album Nr. 27
75 Nattermann. Album Nr. 32
76 Schütze. Oertze. 1930. S. 335
77 Nattermann. Album
78 Nattermann. Werraflößerei. MS 1950. S. 88
79 Schütze. Oertze. 1930. S. 337
80 Nach Delfs. Flößerei Weser. 1952. S. 116
81 Lückert. Werra. 1990. S. 171
82 Behrens. Flößerei Rhume. 1951. S. 10
83 Lückert. Werra. 1990. S. 157

84 Frank. Der Holzhandel in Mainz. 1908. S. 11
85 Ebda. S. 6
86 Nattermann. Werraflößerei. MS 1950. S. 90
87 Keweloh. Flößerromantik. 1988. S. 94
88 Becker. Wasserreise, 1974. S. 15
   Tinnapel-Becker. Elvershausen. 1982. S. 107

Das Floß als Transportmittel

1 Jägerschmid. Floßwesen. 1828. Tafelband. Tafel VI
2 von Berg. Notizen Holzverbrauch. 1864. S. 148 ff.
3 Jägerschmid. Floßwesen. 1828. Tafelband. Tafel XXXII
4 Delfs. Flößerei Weser. 1952. S. 29
5 Ebda. S. 28
6 Ebda. S. 29—30
7 Nach ebda. S. 119
8 Ebda. S. 28
9 Nattermann. Werraflößerei. MS 1950. S. 40
10 Behrens. Flößerei Rhume. 1951. S. 7
11 Cordes. Aller. 1930. S. 338 ff.
12 Müller. Schiffahrt und Flößerei. 1968. S. 67 f.
13 Ebda. S. 69
14 Ebda. S. 182
15 Delfs. Flößerei Weser. 1952. S. 27
16 Müller. Schiffahrt und Flößerei. 1968. S. 57
17 Ebda. S. 137
18 Ebda. S. 186
19 Freundliche Mitteilung H.-J. Brüning
20 Müller. Schiffahrt und Flößerei. 1968. S. 137
21 AStM MR VI 5—47
22 AStM MR VI 4—46
23 v. Pezold. Industrialisierung. 1981. S. 19
24 AStM MR VI 6—23
25 AStM MR VI, 4—46
26 Ebda.
27 AStM MR VI, 6—23
28 Delfs. Flößerei Weser. 1952. S. 28
29 Lückert. Werra. 1990. S. 163
30 Hampe. Töpferhandwerk in Oberode. 1981
31 Hampe. Die letzte Töpferei. 1986. S. 13
32 Ebda. S. 14
33 Delfs. Flößerei Weser. 1952. S. 26
34 Westhoff-Krummacher. Kat. Ausst. Fürstenberg. 1990. S. 27
35 Nattermann. Werraflößerei. MS 1950. S. 40
36 Behrens. Flößerei Rhume. 1951. S. 7
37 Lückert. Werra. 1990. S. 171

Flößen als Zeitvertreib

1 AStM B 1831
2 Keweloh. Floßfahrt. 1985. S. 101
3 Eggeling. Northeim. 1960. S. 30
4 Lückert. Werra. 1990. S. 168
5 Schütze. Oertze. 1930. S. 336
6 Garfs. Das allerletzte Weserfloß. o. J.
7 Nattermann. Album Nr. 8
8 Ebda.
9 Ebda. Nr. 17
10 Ebda. Nr. 50
11 Nattermann. Werraflößerei. MS 1950. S. 95
12 Mauke. Der Isarflößer. 1898. S. 593
13 Nach Lückert. Werra. 1990. S. 159
14 Twain. Gesammelte Werke. 1977. S. 92
15 Nattermann. Album Nr. 5
16 Keweloh. Flößerromantik. 1988. S. 94—95